U0519866

广东外语外贸大学翻译学研究中心
西安外国语大学高级翻译学院　　　　　　资助
广东省高等教育"创新强校"项目"外语科研方法系列研究"

外文科研方法丛书

外语小科研入门

黄忠廉　刘丽芬　著

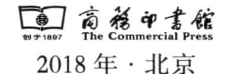

商务印书馆
2018年·北京

图书在版编目（CIP）数据

外语小科研入门/黄忠廉，刘丽芬著.—北京：商务印书馆，2018
（外文科研方法丛书）
ISBN 978-7-100-15998-2

Ⅰ.①外⋯　Ⅱ.①黄⋯　②刘⋯　Ⅲ.①外语教学—教学研究　Ⅳ.① H09

中国版本图书馆 CIP 数据核字（2018）第 064803 号

权利保留，侵权必究。

外文科研方法丛书
外语小科研入门
黄忠廉　刘丽芬　著

商　务　印　书　馆　出　版
（北京王府井大街36号　邮政编码100710）
商　务　印　书　馆　发　行
北　京　冠　中　印　刷　厂　印　刷
ISBN 978 – 7 – 100 – 15998 – 2

2018年12月第1版　　　开本 880×1230　1/32
2018年12月北京第1次印刷　　印张 10$^{3}/_{8}$

定价：35.00元

总　序

"外文",是外国语言文字、外国语言文学、外国语言文化的简称,历来受老牌大学看重,所构成的学科为"外国语言文学",通称"外语学科"。在此使用"外文"二字,旨在承传薪火,重振以语言为基础、偏重文学、更重人文素养的传统,使其涵盖面更广,包容度更大,昭示未来趋势,以求消除其单科性、工具性之弊,以应形势变化之需。为行文方便,有时用"外语",实指"外文"。

外文科研方法是研究外文的方法,其参照系是母语研究方法。自 2015 年始,外国语言文学涵盖了外国语言学及应用语言学、外国文学、翻译学、比较文学与跨文化研究、国别与区域研究五个分支学科,其日趋成熟的标志之一,就是将方法论纳入学科基础研究。目前各学科之中,外国语言学研究又是核心,其从业者之众,刊发阵地之多,堪称史上、当今世上之最。

百余年来,国内外语学科探索植根于传统的研究方法,同时不断引进、借鉴或尝试国外各种理论和方法。自世纪之交以来,涉及外文科研方法的论著日渐增多,相关成果,尤其是对普通语言学、应用语言学、翻译学等领域研究方法的思考与总结,凝聚了每代学者的智慧,推进了中国的外文研究。

时至今日，学科之中，研究体系急需建设者少不了外语学科；学人之中，科研能力最需提高者少不了外语学人；学生之中，科研素养亟待培养者少不了外语学生。因此，我们设计"外文科研方法丛书"，其价值至少有三：

第一，试建科研方法论体系，促进外语学科建设。学科发展，时机成熟，方法论思考便成必然之势。本丛书研究以各分支学科为个案探索特性，以外国语言文学为全貌探索共性，尤其要加强对外国文学、比较文学与跨文化研究、国别与区域研究方法的探索，力求使外文科研方法产生规模效应，形成外语学科发展中国特色，助推整个学科建设和发展。

第二，为研究性学习铺路，完善外文科研方法论体系。本丛书可促进外语学人从学士到博士后的研究性学习，为其学术表达绘制一条拓展路线，提高其学术能力和研究水平，力求接地气、讲实用、重操作，尝试填补外文科研方法论某些空白，以完善其体系。

第三，整理学人研究门径，加强外语人才培养。外文科研人才欲登堂入室，必先找到门径，因此，系统研究从本科生科研起步到硕士生、博士生学术方法论训练，从论文写作和修改，到投稿和发表，从项目申报到著书立说，均可促进高层研究人才的优质培养。

国内论及外文科研方法的著作，本丛书将悉力酌收，根据外文科研始末的链序精心排列，涉及科研能力如何培养、论文写作如何展开、国内外各级项目如何申报、中外科研方法如何结合、外语文章如何修改和在国内外发表等。这一思路，仅由先行推出的三部著作便可窥一斑：《外语小科研入门》涉及小文章、小译文和小课题三类，可奠定外语科研基本功，促进小科研由知识型与译介型升至学术型，将知识转为学识和能力；可作为本科生的选修课、硕士生的必修课，也可作为大中小学青年老师的补修课；《外语研究方法论》助力外语科研闯五关，即识途关、学养关、选题关、研究关和写作关，宏观上探索外语研究的整套方法、全盘计划与方略；第三部探讨外语论文的修改与发表，基于师生和文友的互批互改、作者与编辑的互动，探讨论文修改与发表的真经，展示选题、构思、展开、自改、互改、成文等环节的修改直至发表的历程，更包括发表后的回视，对不足或可拓展空间的反省，以期达致更高的学术境界。

  本丛书呈开放型，后续著作成熟一本推出一本，最终形成不同类型，如外语小科研类、外语科研训练通识类、外语跨学科研究类、中外科研方法比较类、外语学位论文训练类、外语学术论文写作类、外语论文修改类、外语论文发表类、外语论文国外发表类等，旨在发掘、总结、丰富、完善国内外文科研方法论，推介国外相关成果，突出基础性、原理性、实践性、实用性等，助力外语学科繁荣昌盛、外语学人队伍壮大、外语学子顺利成才。

黄忠廉

2018 年阳春

白云山麓三语斋

目　录

代　序　　为了缺席的思辨 ································· 孙有中 i
代自序　　试验与回声 ·· iii
代前言　　致科班训练缺失者 ································· vii

概　说　篇

第一章　外语小科研 ·· 2
　第一节　小科研简介 ·· 2
　　1. 小文章 ··· 3
　　2. 小译文 ··· 6
　　3. 小课题 ··· 8
　第二节　小科研类型 ··· 10
　　1. 知识型 ··· 10
　　2. 译介型 ··· 11
　　3. 学术型 ··· 15
　第三节　小科研特点 ··· 18
　　1. 简要性 ··· 19
　　2. 知识性 ··· 21
　　3. 理论性 ··· 22

4. 新颖性 ……………………………………………… 27
5. 普及性 ……………………………………………… 30
6. 可读性 ……………………………………………… 33
7. 趣味性 ……………………………………………… 37

选 题 篇

第二章 小文章选题来源 ……………………………… 42
第一节 源自事实 …………………………………… 43
1. 事实说话 …………………………………………… 43
2. 选题例话 …………………………………………… 43
第二节 源自教学 …………………………………… 47
1. 教学相长 …………………………………………… 47
2. 选题例话 …………………………………………… 48
第三节 源自读书 …………………………………… 50
1. 勤读多思 …………………………………………… 50
2. 选题例话 …………………………………………… 51
第四节 源自札记 …………………………………… 55
1. 笔记生花 …………………………………………… 55
2. 选题例话 …………………………………………… 56
第五节 源自对比 …………………………………… 58
1. 比中鉴别 …………………………………………… 58
2. 选题例话 …………………………………………… 59
第六节 源自理论 …………………………………… 61
1. 理论关照 …………………………………………… 61
2. 选题例话 …………………………………………… 61

第七节　源自历史 ··· 66
　　1. 动中察变 ··· 66
　　2. 选题例话 ··· 66
第八节　源自话题 ··· 71
　　1. 冷暖有知 ··· 71
　　2. 选题例话 ··· 72
第九节　源自生活 ··· 74
　　1. 处处留心 ··· 74
　　2. 选题例话 ··· 75

写 作 篇

第三章　小文章写作层次 ··· 80
第一节　观察层 ··· 80
　　1. 捕捉现象 ··· 80
　　2. 观察例话 ··· 81
第二节　描写层 ··· 88
　　1. 揭示规律 ··· 88
　　2. 描写例话 ··· 89
第三节　解释层 ··100
　　1. 解释原因 ··100
　　2. 解释例话 ··100

第四章　小文章写作类型 ··110
第一节　材料型 ··110
　　1. 材料选注型 ··110

    2. 材料引述型 …………………………………… 111
    3. 材料列举型 …………………………………… 113
    4. 材料补充型 …………………………………… 115
    5. 数据统计型 …………………………………… 117
  第二节 讲述型 …………………………………………… 122
    1. 故事型 ………………………………………… 122
    2. 趣谈型 ………………………………………… 124
    3. 通俗型 ………………………………………… 128
  第三节 笔记型 …………………………………………… 130
    1. 类型特点 ……………………………………… 130
    2. 写作例话 ……………………………………… 130
  第四节 批评型 …………………………………………… 132
    1. 类型特点 ……………………………………… 132
    2. 写作例话 ……………………………………… 132
  第五节 正误型 …………………………………………… 134
    1. 类型特点 ……………………………………… 134
    2. 写作例话 ……………………………………… 135
  第六节 考释型 …………………………………………… 137
    1. 类型特点 ……………………………………… 137
    2. 写作例话 ……………………………………… 137
  第七节 论说型 …………………………………………… 141
    1. 类型特点 ……………………………………… 141
    2. 写作例话 ……………………………………… 141

第五章 小文章谋篇详说 ………………………………… 147
  第一节 标题方式 ………………………………………… 147

1. 立文眼 …………………………………………………147
　　2. 巧设目 …………………………………………………149
　　3. 标题用语 ………………………………………………150
　第二节　谋篇过程………………………………………………151
　　1. 立题 ……………………………………………………153
　　2. 抓点 ……………………………………………………153
　　3. 列纲 ……………………………………………………156
　　4. 成形 ……………………………………………………157
　　5. 改定 ……………………………………………………157
　第三节　谋篇方式………………………………………………160
　　1. 列举式 …………………………………………………161
　　2. 阐释式 …………………………………………………167
　　3. 图表式 …………………………………………………171
　　4. 解析式 …………………………………………………180
　　5. 谈话式 …………………………………………………185
　　6. 论理式 …………………………………………………191
　　7. 考证式 …………………………………………………198
　　8. 随笔式 …………………………………………………202
　　9. 商榷式 …………………………………………………206

第六章　走向大论文………………………………………………213
　第一节　大论文概说……………………………………………213
　　1. 学术论文的特点 ………………………………………213
　　2. 两类大论文比较 ………………………………………214
　　3. 学术论文过渡例析 ……………………………………216
　第二节　由小至大的拓展………………………………………222

1. 并联式拓展 ……………………………………………223
   2. 串联式拓展 ……………………………………………224
   3. 组合式拓展 ……………………………………………225
   4. 融合式拓展 ……………………………………………231
   5. 双向式拓展 ……………………………………………239

翻 译 篇

第七章 全译策略 ……………………………………………246
  第一节 全译七法 ……………………………………………246
   1. 对译 ……………………………………………………247
   2. 增译 ……………………………………………………248
   3. 减译 ……………………………………………………249
   4. 移译 ……………………………………………………249
   5. 换译 ……………………………………………………250
   6. 分译 ……………………………………………………251
   7. 合译 ……………………………………………………252
  第二节 全译例话 ……………………………………………253
   1. 全译例析之一 …………………………………………253
   2. 全译例析之二 …………………………………………256

第八章 变译策略 ……………………………………………259
  第一节 摘译 …………………………………………………260
   1. 摘译概说 ………………………………………………260
   2. 摘译例话 ………………………………………………260
  第二节 编译 …………………………………………………263

  1. 编译概说 ……………………………………………263
  2. 编译例话 ……………………………………………264
 第三节 译述 ………………………………………………265
  1. 译述概说 ……………………………………………265
  2. 译述例话 ……………………………………………266
 第四节 缩译 ………………………………………………267
  1. 缩译概说 ……………………………………………267
  2. 缩译例话 ……………………………………………268

课 题 篇

第九章 小课题立项 ………………………………………270
 第一节 项目申请概说 ……………………………………270
  1. 项目的作用 …………………………………………270
  2. 项目申请书格式 ……………………………………271
 第二节 项目申请书设计 …………………………………271
  1. 立项基本要求 ………………………………………272
  2. 申请书填写例话 ……………………………………273

成 果 篇

第十章 成果与去向 …………………………………………284
 第一节 成果形式 …………………………………………284
  1. 乐见的小文章 ………………………………………284
  2. 适切的小译文 ………………………………………286
  3. 妥善的小报告 ………………………………………290

第二节 成果去向 …………………………………291
1. 发表及例话 …………………………………291
2. 上报及例话 …………………………………298
3. 刊发园地精览 ………………………………302

科研之道首在得法（代跋） ……………………304

代序　为了缺席的思辨

2017年元旦前夕，大学同窗好友黄忠廉教授微信留言，约我为其在商务印书馆即将推出的"外文科研方法丛书"的第一本《外语小科研入门》作序。春节期间，我便收到他沉甸甸的书稿。大学时代，忠廉就讲究学习方法，品学兼优，硕士毕业后从教至今，一直潜心学问，龙虫并雕，一贯注重问学之道，培养学生也很有一套。老同学治学之勤奋，之严谨，之硕果累累，一向令我钦佩。

近年来，我一直倡导加强外语专业学生的思辨能力和研究能力培养。忠廉教授认为，"外语界接受科研训练晚于文史哲各科"，"外语专业学生涉足科研比文史哲至少要晚2—3年"，对此我深有同感。学术素养一直是我国外语专业学生甚至是大学外语教师的一个短板，《外语小科研入门》设定的读者对象正是大学本科生、硕士生、中小学教师、大学青年教师，可谓雪中送炭。该书有三大功用：

教学用书　该书可用于加强对学生学术能力与研究方法的训练。外语界认为外语专业本科教育做不到或不必做学术训练的观点当下还比较普遍，而该书将证明，本科生结合自己的外语课程学习，发现"小"问题，研究"小"问题，提高思辨能力和研究能力,不仅必要,而且可能。现在,越来越多的高校外语专业开设了研究方法与学术写作课程,该书可成为这类课程不可或缺的参考文献。

补课用书 在本科、硕士、甚至博士阶段未经系统的学术训练,导致研究能力低下的外语专业学生,不妨把该书拿来作为补课之用。本科之后硕士期间补,硕士之后博士期间补,毕业之后工作中补,只要有亡羊补牢的精神,外语专业的年青一代完全可以解决"思辨缺席"的问题,成为时代急需的创新型人才。

自修用书 科研无论大小,文章无论长短,贵在产出原创的思想,贵在以理服人。莘莘学子初涉学术研究,难免眼高手低,不得要领。该书提供了大量生动的研究案例,深入浅出,娓娓道来,可为初学者指点迷津,加油充电。

俗语云:书山有路勤为径,学海无涯苦作舟。或许,《外语小科研入门》一书会使青年朋友们的读书治学生活变得轻松愉快起来!

孙有中

2017 年春

于北京外国语大学

代自序　试验与回声

本书由研究型教学催生而成，先后以各种形式试用于华中师范大学、黑龙江大学和广东外语外贸大学，试验对象为英、俄、法、德、日、西等语种的研究生、部分本科生和青年教师。试验重点不在方法本身，而在通过互动式训练，逐步形成了一种颇有成效的成长模式。

课前研读写读后感　本书阐述不求深，力避掉书袋，只求通俗，立于方法的普及。因此，要求习练者课前预习基本方法与案例，以助发现问题；有了问题及其解决的欲望，寻觅答案之旅就是认识问题、增长知识、拓宽视野、提升能力的过程。写出对方法的初步认识，通过鲜活的案例分析言简意赅地写下析例心得，对小科研方法习练产生感性认识。

课堂研讨相互批判　本试验采用文章共欣赏、疑义相与析的研究型教学模式。案例分析是试验最大的特色之一，案例力求具有代表性和问题性，少而精，可从正面、反面或正反两面展开分析，力求简明地揭示问题。从方法知识和案例出发，结合写作实践展开批判，相得益彰。尤其是对批判的再批判，最能激起思想火花，达到训练批判性思维的目的。

课后比悟习得良方　比较课前读后感与课堂大脑风暴的感

受,是习练者明差距知方向的最佳方式。课上众人互问互答,相激相生,有助于各显长短,彼此发现差距:这些问题为何我没看出?为何我不能柳暗花明?为何我厚此薄彼?等等。进而产生新的感想,激发新的灵感,课后将其结合所知内容加以总结,去找寻新问题的理论依据,层层提升自己的理论批判思维能力。

试验十余载,教学两相长;习练者反馈多多,现选录几段:

回声 1 发现参与就有乐趣,坚持就有收获!每次分析都有新想法,有新收获。

回声 2 感到课前准备与不准备,上课效果大不一样,为准备而准备和认真准备大不一样。

回声 3 每每遇到这类文章,都有淘宝似的心情,不是只找优缺点,更求弄明写作思路和框架,以便将来多多研习,不断超越。

回声 4 课前看到例3和例93"一量名结构"没看懂,也没查阅,未认识到其普遍性和重要性。讨论之后,才觉得思考不够,认识到不能忽略身边的小事,处处留心皆学问。

回声 5 分析总结文章特点按照结构予以解构和建构,一层接着一层,这样逻辑性强,也便于以后慢慢仿学,内化为自我。

回声 6 以前读别人的论文,不知道该如何分析,研讨了本课程里丰富的例析范式,才恍然大悟:每篇文章都蕴含着这么丰富的信息!

回声 7 学术研究是一长期过程,需要"深挖坑、广积粮",即围绕一个研究方向不断探索,积累学术研究的经验与成果。本课程教师现身说法,告诉你如何实现这一目标。

回声 8 通过几篇短小精悍的文章,可以看出每个事物或现象背后都有自己的故事,每个词汇都有可能成为创作的主题。

只要去探索，去追踪，只要付诸实践，必能挖掘出其背后的秘密。因此，要训练一双善于观察的敏锐的眼睛，要练就一颗善于思考的灵动的大脑。

回声 9　之前对小文章的态度是不屑一顾的。其实，自己错了。小文章可以做出大学问，最重要的是我认为练好小文章，可为毕业论文写作做好积淀。

回声 10　以前认为科研就是高大上的论文，曾因写不出而苦恼不已，上完"外语小科研入门"一课才明白，原来科研能力培养也需循序渐进，不能一蹴而就。

回声 11　之前对"一群……的英语表达法""方向介词 to 与 for 用法辨析""know better than to do sth. 结构随笔"之类的文章很是不屑：内容简单，观点不多。主要是由于预习时只着重文章内容而未关注细节，比如文章的发表地、受众、价值等，仅凭自己的认知和思维引领阅读，发现新知的视角严重受限。而伴随课堂的互动，我的新知已经写满了每页的空白……

回声 12　由老师课堂点评，感到"研究"二字无处不在，任何事物貌似都可与研究挂钩写文章。因此特别想请教怎样做才能将八方来源与研究挂钩。

回声 13　以前总是为论文选题发愁，听完本课程，我才明白学术与生活本来一体，对身边事物加以深入思考，就能成为很好的选题！

回声 14　课上、课中和课后，比着学，收获极大；此次课堂内容量比较大，第一遍看文章时只抱着找文章内容形式缺点的态度去阅读，这样不会吸取到文章精髓。课堂听取其他同学的观点是我再次提升认识、学习新知的时候。而课后回忆与重新阅读是我真正品咂其中"味道"的时候：体会别人的文字运用和全局的掌控，发现文章写作的优缺点，关注不曾留意的方式方法，比如文中文献多次出现该如何标注、如何避免文不对题、简单却带特色的词汇研究如何写成小文、如何转换研究视角等。

回声 15 身上的每个细胞似乎都从待机状态激活了。每个细胞敏感、细细地感受着每个文字，慢慢梳理文字中不平整的纹络，精心修剪多余的枝叶，为它浇水施肥，使之焕然一新，重现新绿。突然发觉，原来报刊文章并非无可挑剔，有些地方还值得商榷或重新思考。瞬间感到，科研似乎离我很近，并非遥不可及，甚至有一天我也可深入其中，自得其乐。以前觉得难如登天的事，现在只要努力还是有可能实现！要知道，对于学术水平初级的我们，其实还是有发挥的平台的。我们可从小文章、小译文、小课题入手起步，一点点实践，一点点积累，一点点摸索，最终总会踩出自己的学术之路。

回声 16 不知道写什么？本课堂告诉你处处有题可写！不知道如何写？本课堂启迪你立题、抓点、列纲、成文！让你欲罢不能，爱不释手！

回声 17 什么是小科研？如何做好小科研？它一步一步地指导我们进入专业学术领域，向我们传授的不仅是研究方法，更多是在教我们缜密思考和统领全局的能力。这种能力对学习、生活抑或工作都是极为有益的。

回声 18 小科研使我明白"不积跬步无以至千里"的道理，凡事脚踏实地，夯实基础，认真钻研，定会水到渠成。

回声 19 发声才是硬道理啊。勤于思，还要善于写！怎么写？得看怎么想！怎么想？看看本书或可入门！

代前言　致科班训练缺失者

外语科研欲登堂入室，得先摸到门径。本书名为"外语小科研入门"，以"小"为其定性，以"入门"为其定位，属于入门式初级读本，旨在激起科研兴趣，培养初步的科研能力。具体目的有一二三四。

1. 补上一门小课

外语界接受科研训练晚于文史哲各科，并非耸人听闻！若将科研起点设在大学，外语专业学生涉足科研比文史哲至少要晚 2—3 年，甚为可惜！

为何晚？并非不勤奋，相反，是他们专注于听说读写译，如英语学生入校要纠音，训练纯正的语音语调；其他语种的学生则要从字母学起，要走过较长的咿呀学语的童稚期。文史哲的学生一入大学即可投身研究性学习，人家都要飞了，我们却在爬行！

外语专业是不是就自甘落后呢？不是！难道就没辙了？也不是！外语专业本专科生与硕博士生，甚至是大中专与中小学教师完全可以在学与教的过程中训练科研方法。可以开设"外语小科研"选修课或系列讲座，更可以自学，让我们的教学成为研究性的教与学。

2. 澄清两点认识

一线青年教师，硕士研究生，尤其是本科生，总认为科研高深莫测，高不可攀，难以接近。对科研的这种认识或多或少有些偏差，大致可归为两点：

第一，只有研究生毕业才可做研究。其实，科研并不高深，可以起步得更早，人人可为。科研是对教与学的科学思考、分析与研讨。科研就在身边，就在教与学中，源于教学，反哺教学。不应疏忽手边的实践，舍近取远，另辟蹊径，去找所谓的选题，真正的科研多数源自实践与实际。结合教学进入科研，可从教与学的各环节反思与总结，发现教与学中的问题，善于分析其产生的原因，寻求解决方案。比方说，上了大一，学了类似于英语"How are you?"的交际手段，该如何汉译？搜集例子，与汉语比较总结，至少可以得出适用于小孩、女郎、中年人、老人等的不同译法！再追究其中的奥秘，即可成一篇趣味小文！

第二，只有大文章才算研究。因为在很多人看来，面面俱到才算研究，宏大论题才可作文，大论文可求全面，可藏玄机。其实，大论文只是科研的一种成果形式，初学或者练笔者最好的练习方式还有小文章、小译文与小课题。此外，玄奥不是论文的本质，论文可分层次，有规模大小之别，大论文多数是基于小文章的，要么由小做大，要么由小聚大。面对所感兴趣的问题，抓住一点，集中思考，深入追究，也能产生专门性认识，也是一种文章做法。

3. 训练三种形式

科研并非研究人员的专利，本也不难，难就难在缺乏点子，缺乏展开的思路，缺少写作训练。平时如何训练？可从身边的小科研，如小文章、小译文、小课题做起，训练外语科研素质。

有些想法适于写小文章，有的小点子，暂时拉不长，写出初步想法，传播于世。有的国外信息原文不长，适于全译；有的片断精彩，或含有精华，适于变译，多快好省有的放矢地向国内外译介。做科研，一般从小课题着手，可以立小项目，如系、院、校级项目，算是起步，尤其是刚走上教学岗位的青年教师要积极参与和主持项目；有的大课题，可以切分成小论题，写成小文章。有了小课题的经验，就可以申请省、部与国家级项目。

研究与思考问题的能力越来越受到社会的重视。常写小文章，常动手译国内外信息，常做小课题，应成为大学生的一项基本功，这是听说读写所不能培养的，是对外语专业学生能力培养的一种必要补充。

4. 锁定四类读者

本书专为外语专业本科生、研究生、中小学外语教师、高校外语青年教师等四类读者量身定做！本书多数例证出自这四类读者，例末的作者身份即为明证。若干作者因刊物停办或改办，或因信息不详而未能联系上，敬请作者联系 zlhuang1604@163.com。

外语专业到了大学四年级才要求写学士学位论文，此前连学术语言都很少接触，要在不足两个月的时间内写出一篇六千字以上的学位论文，谈何容易！实在是勉为其难。而小科研是有益的尝试，正可为其进行必要的预练。

研究生在开题研究专题之前，更有必要训练写小文章，做些小译文。在写作过程中学位论文的各章各节各小点的写作，不少可以写成小文章，有的可以先期发表；掌握国外文献更需变译其中的内容，添入文中。小文章与小译文足以练笔，足以保证自己逐步走向大论文。

中小学外语教师钻研教材，设计课堂教学，关注学生的学习过程，所面对的正是中小学生外语学习中所产生的问题，写成小文章适于中小学类报刊发表，以解决学生知识性问题、提高教学艺术为主。此外，小科研还是其提高教学水平、职级晋升不可或缺的条件。

高校外语青年教师做小科研，既是练笔，又是积累，更是大科研步步为营、思想逐渐成形的过程；再说有的选题适合做大文章，有的适合做小文章，当大则大，宜小则小。连外语界学术名家也写学术小文，把学问做得丰富多彩，反倒显得有张有弛，相得益彰。

总之，小科研，大作用。对外国语言、文学与文化的 WHAT、HOW 与 WHY 逐一思考，即可将小科研从译介型与知识型提升为学术型，有效地促进知识向学识与能力转化。

概 说 篇

首先,应该树立观念:科研并不高深,只要会观察,善思考,会读书,肯动笔,多数人都可以科研。可从小科研入手,从小文章、小译文与小课题入手,经过三种训练,可以突破缺点子无思路的瓶颈。任何小文章、小译文或小课题都可成为练习的好机会。做小科研,必有材料准备阶段,查相关书文,读为己用;译相关材料,洋为中用。而小文章、小译文既可是小课题的基础,又可作为其结项成果。

第一章 外语小科研

外语小科研，简言之，指对外国语言、文学与文化三大领域某个知识性与学术性小问题进行译介与研究的科学活动，或对其中某个大问题作简要的译介与研究。小文章字数不过三千，小译文字数一般也三千字左右；小课题一般限于较窄范围内某个较小的研究对象，难度不大，多为知识性总结，传播性译介，初浅式研究。

第一节 小科研简介

小科研，指难度小、篇幅小、门槛相对低的小规模科学研究。所谓"小"，或指字数少的知识性总结；或指涉及面较窄的粗浅式研究；或指难度低的普及性科研；或指发表园地不大、以大众阅读为主的写作。小科研不拘泥于大科研的写作模式与规范，标题短小精悍，一看标题便知文章有无价值。

据活动规模可分为小文章、小译文与小课题。小文章与小译文均可单独操作，有时小译文可能是小文章写作的前奏，是获得国外信息的一种手段。小文章与小译文可能同时是小课题的产品，多数情况下只有大小文章或小报告才是小课题的最终成果。小科研要求以较小的篇幅表达较完整的知识或科研发现，浓缩的都是精华。

1. 小文章

小文章可分为知识型文章与学术型文章，据国内通行的不成文规定，多指数百字至三千字左右的文章，更多的是千字短文，俗称"千字文"。小文章是大文章的热身，大课题的基础，正所谓"文贵简，文贵精"，字数虽少，结构虽简单，但也要求整理知识，产出思想。它是训练科学思维的敲门砖，因为费时较少，训练量较小，写作要求相对较低，发表园地相对较多，除外语专业中小型报刊外，非外语报刊也可刊登，因此既适于初涉科研者试笔，又适于科研大手写科普。

文章不一定都是鸿篇巨著，古人就是榜样！尤其是在快节奏的当下，小文章往往显出独有的魅力，更叫人喜闻乐见。小文章好做又不好做，好写，是因为难度低，范围窄，比较好驾驭。但是小文章好比小小说，对结构等都有比较严格的要求。请看例。

【例1】　　　英语截短词 taxi 趣谈

由于现代生活节奏的进一步加快，人们对工作效率的要求也在不断提高，于是在非正式或随意性的谈话或写作中人们对一些英语词汇进行了截短（clipping）或缩短（shortening），从而出现了大量的截短词（clipped word）或缩短词（shortened word），如 bus，phone，ad，dorm. Lab，flu，bike，coke，telly，grads，pop，zoo，等等。截短词使用便捷，省时省力，使用频率极高。在众多的截短词中，taxi 当数最能反映时代特点与需求的完美杰作。那么这一杰作是如何造就的呢？

taxi，汉译"的士"（从 taxi 的广东方言发音而来），意为"出租汽车"，是人们生活中使用频率很高的英语词汇。从构词上看，英语 taxi 取自混合词 taxicab，而 taxicab 本身又是 taximeter cabriolet 的一级截短词，也就是说，taxi 是 taximeter cabriolet 的二级截短词。从词义上看，如今的 taxi 还仍留 tax（税）的痕迹，这一痕迹源自"taximeter"（自动计费计，即安装在出租汽车中测量行驶距离和等待时间以计算和显示车费的仪器）。其实，taximeter 是由法语词 taximètre 转化而来，而后者又来自德语 taxameter，其中，taxa 形成于中世纪的拉丁语，意为"税金"或"费用"，metre 来自古希腊语 metron，意为"度量，测量"。可见，"出租汽车"的完整概念诞生于法国，法国的出租汽车历史应大大早于美国。当美国首次从法国进口装有计程器的出租汽车时，美国人将其称为"taxicab"（为法语"taximeter cab"的截短词），后来，该又进一步被缩短成"taxi"，并成为人们生活中必不可少的常用英语词。

如今，各个国家的出租汽车上都有 taxi 的标志。关于这一流行作法还有一段有趣的故事。

上世纪初，美国纽约青年艾伦（Allen）偕女友雇一辆马车去百老汇（Broadway）看戏，车夫见艾伦穿戴不俗，举止文雅，便存心宰他一下，谁料艾伦外柔内刚，岂肯就范，于是两人争斗起来。怎奈艾伦不是马车夫的对手，竟被打翻在地。艾伦在女友面前当众受辱，十分恼怒，遂怀恨在心，伺机要砸掉纽约马车夫的"饭碗"。不久，艾伦买了一辆轿车，命名为 taxicar，并把"taxi"字样写在车身上。他开着轿车上街载客，抢马车夫的生意。由于当时汽车发明不久，因而汽车载客生意十分红火，很快出现了一辆又一辆的载客小汽车。这些出租车几乎都写着"taxi"字样。艾伦杜撰的这一"taxi"

便成了一种新型行业——出租汽车载客的标志,并在全世界广泛流传开来。

"出租汽车"这一名称由烦琐的"taximeter cabriole"过渡到简单的"taxi"完全是现代社会快节奏发展的结果。

——李云川,东北财经大学教师,《英语知识》2009(9)

【例析】文章段首由现代生活的快节奏入手,引出城市生活须臾不可缺少的交通工具 taxi,采用提出问题到解决问题的模式,由其英语构词法角度分析其截短机理,从语义上探寻其内涵;接着追索其法语、继而德语、最终拉丁语的来源。第 1 段列举了一些截短词,除 taxi 加以分析外,其他如 bus、flu、coke 等仅是演变结果,读者多半不了解其来源,相反,若加上这些词截短词的原形便能进一步增强文章的说服力。第 2 段从词源分析得出"出租汽车"的概念产生于法国的结论有些勉强,毕竟文中还提到了法语词 taximetre 源自德语 taxametre,稍显混乱,易混淆读者思维。若先阐述 taxi 的两次截短,再做 taximetre 的词源与词素分析,最后写 taxi 所指概念的产生以及截短词的最终形成,效果会更佳。本文研究英语截短现象,而不是汉语缩略现象或翻译问题,因此若依主旨剔除冗余,删除第 2 段开头有关 taxi 汉译"的士"的文字,会更胜一筹。

文章至此,还谈不上有趣,作者用段 3 与段 4 讲述了 taxi 用作出租车标志的小故事,读来十分有趣,新人耳目。文章是趣谈,有"趣"部分过短,谈构词部分过长,标题中"英语"二字可去。若照西方人写此类文章的习惯,会将故事提前至文首,以故事开篇,再由截短词倒追其原形,溯其来源,是否更有趣?更能吸引读者?另外,文中的外文词或语不必加引号,即便加引号,文中也不统一,因为英语词语在文中已属于异体符号,本身就具有区分性，不必赘用引号。段 5 是对文首的呼应，不妨舍去，文章更简洁。段 1 列举英语单词时用了英语逗号，宜换作汉语逗号，因为英语词是作为语言单位而进入汉语文本的。

2. 小译文

小译文不仅是小科研的一种形式，还可为小文章提供材料。首先，应该明确，翻译也是科研；其次，翻译练笔可以检验与提高外语水平。

小译文可分为大众型译文与学术型译文，一般也以千字为限，以适用于一般性报刊，最长也不过万字，刊于学术报刊，或者提供给特定的客户。小译文可练笔益智，可为稻粱谋，亦可快速传播异域文化，促进交流。

外语专业的一大优势便是读与译外国文献较快，获取国外各类信息较一般人要便利，国外报刊与各大网站的各种最新发现发明均可成为译的对象，各种趣事也可译介给国内，可刊发于国内各大报刊与网站。做小译文，一可检阅与提高自己的外语水平，二可吸收他人的思想，丰富自身，三可拓宽小文章创作的思路方法。而这一有利条件未被外语专业充分认识与重视。随着外语水平的普遍提高，越来越多的非外语专业人士加入翻译行列，而小译文是最常用的最基础的，可以常规化。

【例 2】　　　　吃鱼不宜喝红酒

众所周知，吃海味时喝红酒会产生难闻的鱼腥味，而"吃肉时喝红酒，吃鱼时喝白酒"也确实是经验之谈。到底是什么因素在作怪？

日本藤泽市莫西亚公司的研究人员做了一项实验，为 7 个富有经验的品酒员准备了 38 种红酒和 26 种白酒。在 4 个不同时段，品酒员品尝这些酒，同时吃着最有可能散发鱼腥味的扇贝肉。研究人员从化学角度分析了酒跟鱼腥味之间可能存在的联系。

研究小组报道指出，罪魁祸首似乎应是铁。当酒中铁元素的含量达到每公升2毫克以上时，佐酒所食用的海鲜味道就会变坏。为了对研究结果实行双重校验，研究小组把扇贝肉干浸泡在酒样中。当浸泡在铁元素含量低的酒样中，扇贝肉的味道是正常的；而浸泡在铁元素含量高的酒样中，扇贝肉却会散发出鱼腥味。目前还没有把扇贝肉中跟酒发生反应的化合物提取出来，但研究人员认为这种化合物是一种不饱和脂肪酸，遇到铁后能够快速分解，释放出腐败的鱼腥味。

此项研究的主要发起人田村孝之认为，这项新发现为葡萄酒制造商提供了依据，他们应该认真考虑降低铁污染的办法。葡萄酒酿造专家戈登·彭斯则指出，还有更充分的理由避免吃鱼肉喝红酒——即使不考虑铁含量的问题，任何醇厚的红酒都有可能淹没许多海鲜菜肴精美细致的味道。（译自美国《科学》杂志网站）

——胡德良，邢台学院副教授，《光明日报》2010-01-25

【例析】常言道"吃肉喝红酒，吃鱼喝白酒"，有何道理？科学实验是最好的回答：许多红酒中的铁元素会破坏鱼类食物的味道。类似的科技发现常见于 Science 等报刊，译者胡德良常为《光明日报》等报刊译稿，领域涉及宇宙探秘、医疗卫生、家庭保健、生命科学、能源科学、地球科学、环境科学等，广受欢迎，走出了一条译介国外科技的路子。

本文同时包含了饮食常识与化学知识，其思路清晰，知识性强，且语言通俗易懂，可以见出从感性经验经过由表及里的理性验证上升为结论进而助力于实践的过程。从内容来看，文章向大众普及了科学知识。"吃鱼不宜喝红酒"本属未知信息，作者却明知故问，引出下文一步步的证明。段 1 提出吃海味喝红酒有腥味之怪象；段 2 与段 3 则是实验设计、研究过程及结果；段 4 是实验结果对酿酒业的启示。全文提出问题，验证问题，解决问题，不仅益智，最终增进了人们的健康，彰显了小译文的作用。

3. 小课题

小课题有别于专家的大型课题研究，是以基本方法较深入地研究熟悉的对象以解决实际问题的小型科研形式，具有微型化、问题化、周期短、见效快、易实施、实效性强等特征，也是走向科学研究的初阶。各省市自治区、各大学、甚至是有的外语院系常设本科生与研究生科研课题。可是，外语专业相对其他专业立项者少，表明外语专业学生科研意识薄弱，方法训练不够，输在了科研起跑线上。

另外，硕博士生在读期间应抓住一切可立项的机会，最好是尽早地进入导师的项目，勇于承担其中的子课题，甚至是"孙"课题，以求得到全面的科班训练。与此同时，应鼓励研究生在导师指导下大胆立足自我选题，独立主持项目。

较之于小文章与小译文，小课题是最能体现小科研的学术水准的。第一，小课题的整体框架设计更近于学位论文，更学术化；第二，小课题研究成果可以小文章、小译文发表或结项；第三，小课题由于起点低，定位清楚，易于把握，可供初学者训练自己科研管理与规划能力，为以后完成大课题奠定基础。下例即为明证：

【例3】 汉语欧化与汉译"一量名结构"研究

详见例93。

【例析】本课题是硕士研究生类课题,负责人张小川2007-2010年于黑龙江大学随笔者攻读英语语言文学翻译学方向硕士学位,现供职于大庆师范学院外国语学院。研究生第一学年结束后,定题时笔者让他比读《伊索寓言》,让谈读后感。面谈时,发现汉译寓言中"一个人"之类的"一量名"结构现象远远地高于地道的汉语寓言,他觉得有意思,笔者认为有价值,便定下了题目。后来他以其中一部分内容为题,成功申报了黑龙江大学学生学术科技创新项目。

通过小课题的论证、立项、写作、发表等环节,负责人既得到了相应的科研训练,又有大小文章发表,顺利结项,可谓是一举多得。三年期间,发表了《冻土解冻》(《中国科技翻译》2010（2））、《汉译"一量名结构"研究述评》(《俄语语言文学研究》2010（2））等译文与论文。围绕本项研究,他写成硕士学位论文《汉译"一量名结构"研究》,获评校优秀硕士论文。

毕业后,基于项目他在《外语研究》等刊发表了《汉译"动量名结构"译源研究》、《汉译"一量名结构"译源研究》、《汉译"一量名结构"与欧化研究》、《直译与死译》等论文。2014年获批黑龙江省社会科学研究规划年度项目"服务于翻译质量控制的误译问题研究"与黑龙江省教育厅人文社会科学研究项目"误译研究与应用"。2014年其科研成果《汉译"一量名结构"翻译策略研究》获大庆市第十六次社会科学优秀科研成果项目类三等奖,《汉译"一量名结构"译源研究》获黑龙江省外语学科优秀科研成果翻译类论文二等奖。2014年担任学院科研秘书,2015年被聘为副教授。

第二节 小科研类型

外语小科研大致分为知识型、译介型与学术型三类。前者侧重科普功能,中者兼具文化传播与科普功能,后者侧重学术专业性。小科研类型实为两种标准划分的结果,可据内容来源分为原创型与外来型,可据性质分为知识型与学术型。

1. 知识型

知识型科研以普及知识为目的,或将深奥的问题科普化,写得浅一些;或译介国外某一新知,输入新思想;或将某方面的零星认识系统化,展示给读者。

这些知识,既包括常识,也涉及特定的专业知识。知识型小科研旨在用大众语言将专业性知识浅化为常识,或通过深挖常识的科学背景,提高其科学性,或将甲语文化新知介绍给乙语文化读者,以此抓住要点介绍新知,挖掘隐藏于事物背后的秘密。如例1,将人们熟知的taxi的来历说得如此有条有理,加深了人们对这一外语词与外来事物的认识。又如:

【例4】 趣话 hip hop

广义而言,hip hop 多指流行于城市年轻人中一种凸显自我的街头文化,甚至可以说成是一种生活态度,包括语言、服饰或标榜"帅"、"酷"的招牌动作。若具体体现在装束上,其最明显的标志是他们宽松的T恤、轻便的球鞋,随意裹在头上的头巾,率性的鼻环和粗宽的耳环、项链或手环,动感十足间处处张扬个性、引领时尚。

狭义来说,hip hop 指的是产生于上世纪70年代的美国黑人

rap music（说唱音乐），就一定程度而言，"说唱音乐"实为"嘻哈"风格的核心。这类音乐最不可缺少的元素是 break dancing（霹雳舞，由哑剧和精湛的体操技巧相结合的一种舞蹈），霹雳舞强调即兴发挥，追求个性化，反映不与主流相融的桀骜不驯。

随着时间的迁移，这种自由的舞风也融入了其它很多元素。时下谈哈萨克舞步时，常常在嘻哈前加上"雷鬼"二字，reggae（雷鬼）源于牙买加，一种节拍性强、唱腔特别的南美黑人音乐。它把非洲、拉丁美洲节奏和类似非洲流行的那种呼应式的歌唱法，与强劲的、有推动力的摇滚乐音响相结合。

——曹玉江，信息不详，《写作》2009（10）

【例析】本文旨在介绍一种街头文化，既简介 hip hop 的表现特征，又追述了其渊源，介绍其艺术内涵发展。"嘻哈"实为 hip hop 二词减译了音素 p，只是作者没有点明。此外，译作"霹雳舞"的 break dancing 于1980年代传入中国大陆，一般译作"霹雳舞"，属于音译+意译。文章题含"趣话"二字，可是语言缺乏活力，趣味性相对较弱，倒是知识性很强。

2. 译介型

译介型科研指翻译（全译或变译）介绍读者所需的国外信息的小型译作，包括读者感兴趣的或最新的国外信息。重在译语读者的接受，对原作的忠实度要求不高，因此，译介型总体分两种，一种是力求保全原文信息不变的全译，另一种是为了满足特定条件下特定读者特殊需求的变译，如例5是全译，而更多的变译例证请看第八章。

译介型有时也兼具知识型特点。因为翻译国外最新信息也可普及知识，所以译介型的小科研兼具文化传播与科普的功能。

【例 5】　　　　Proverbs 趣话谚语

Proverbs are the popular sayings that brighten so much Latin American talk, the boiled-down wisdom that you are apt to hear from professors as from peasants, from beggars as from elegantes. Brief and colorful, they more often than not carry a sting.

When a neighbour's dismally unattractive daughter announced her engagement, Imelda remarked, "You know what they say, Senora: **'There's no pot so ugly it can't find a lid.'**" And when her son-in-law blustered about how he was going to get even with the boss who had docked his pay, Imelda fixed him with a cold eye and said, "**Little fish does not eat big fish.**"

One afternoon, I heard Imelda and her daughter arguing in the kitchen. Her daughter had quarreled with her husband's parents, and Imelda was insisting that she apologize to them. Her daughter objected. "But, Mama, **I just can't swallow them, not even with honey.** Then talk so big until we need something; then they're too poor. So today when they wouldn't even lend us enough to pay for a new bed, all I did was say something that I've heard you say a hundred times: **'If so grand, why so poor. If so poor, why so grand?'**"

"Impertinent!" snorted Imelda. "Have I not also taught you, '**What the tongue says, the neck pays for**?' I will not have it said that I could never teach my daughter proper respect for her elders. And before you go to beg their pardon, change those trousers for a dress. You know how you mother-in-law feel about pants on a woman. She always says. '**What was hatched a hen must not try to be a rooster!**'"

Her daughter made one more try. "But Mama, you often say, '**If the saint is annoyed, don't pray to him until he gets over it**. Can't I leave if for tomorrow?'"

"No, no and no! Remember：'**If the dose is nasty, swallow it fast.**' You know, my child, you did wrong. But, '**A gift it the key to open the door closed against you.**' I have a cake in the over that I was making for the Senora's dinner, I will explain to the Senora. Now, dear, hurry home and make yourself pretty in your pink dress. By the time you get back, I will have the cake ready for you to take to your mother-in-law. She will be so pleased that she may make your father-in-law pay for the bed. Remember：'**One hand washes the other, but together they wash the face.**'"

谚语是使拉丁美洲人民言谈生动活泼的俗语，是洗练睿智的语言。大学教授说，田野农夫也说，市井乞丐说，名媛闺秀也说。谚语简洁明快，丰富多彩，往往还语含机锋。

当邻居家一个长相寒碜的女儿要出嫁时，伊美尔达说："太太，您可听见大伙儿说什么吗：'**罐儿再丑，配个盖子不发愁；姑娘再丑，找个汉子不心忧。**'"当伊美尔达的女婿气势汹汹要找克扣他工钱的老板扯平时，她冷眼瞪着他说："**胳膊拧得过大腿吗？**"

有天下午，我听见伊美尔达和女儿在厨房里拌嘴，是女儿刚跟公婆吵了架，她非要女儿去赔不是不可。做女儿的却偏不依。"可是，娘，我受不了，就是**拌了蜜也咽不下呀！**他们满嘴讲大话，可是一旦求上他们，却又穷得不得了。就拿今天来说吧，我们想借一点刚够买张新床的钱，他们却不肯，我只说了些您平日常挂在嘴边的话：'**穷人不摆阔，摆阔别吝啬！**'"

伊美尔达鼻子哼一声:"没规矩!难道我还没有教过你:**孩子说错话,父母要负责**?我才不愿意让人家指着脊梁,说我根本就不会教女儿尊敬长辈。去赔不是吧,可先得用长裙换掉男裤。你婆婆最讨厌妇女穿男裤,这你是知道的。她总是唠叨什么:**生成了母鸡就别老想着打鸣儿!**"

做女儿的还想争论一番:"可是,娘,您不是常说吧,**得罪了菩萨也得等菩萨消了气再磕头嘛**!明天再说难道就不成吗?"

"不行、不行,就不行!要记住:'**药越难吃,越要快吃。**'你知道,孩子,是你错了嘛!不过,'**大门把你关在门外,礼物送到自然开。**'我炉子里正烤着蛋糕,本是给太太当正餐的,这我可以给太太解释解释。好吧,乖孩子,赶紧回家,穿一身粉红连衣裙,打扮得漂漂亮亮的。等你回来时,蛋糕也就好了,拿去送给婆婆。婆婆准会高高兴兴,说不定会向你公公说情,替你们付床钱哩。可得记住,'**一只手只能洗一只手,两只手就可以洗面子了。**'"

——武波,外交学院教授,《英语沙龙》(实战版)2005(7)

【例析】本例是全译,从段到句,从句到词,都力求完整地译出原文的一切信息。整个译文流畅生动,文中的谚语是文化的结晶,跨语难译,却译得极妙,值得品味。第一、三、四、七、八则谚语译得对应,其中第一、八则押韵,朗朗上口,妙趣天成。第二则套用了汉语谚语"胳膊拧不过大腿",第五、六、九、十则谚语重理亦重情,助词、语气词"儿""了"等彰显了谚语的生命气息。第九则"大门把你关在门外,礼物送到自然开"若改译为"大门把你关在外,礼物送到自然开",更对仗。

文中粗体为本书作者所加。不过,第二则谚语可译作"小鱼吃不了大鱼";文中"娘"为汉语方言,建议改为"妈";

第七则中"菩萨"为中国佛教用语,为传译原文文化意象计,建议改为"圣徒",整个谚语则可译作"惹恼了圣徒,也得等他气消了再祈祷吧";第十则可改为"左手洗右手,双手能洗脸"。

3. 学术型

学术型小科研是带有考据、论述成分、较为严谨、篇幅较长的小型科研文章。

学术是系统且专门性的知识。知识型小科研多看重具体事实,是人类实践所得的认识或经验。译介型小科研要么有用,要么有趣。学术型小科研探讨专门性知识,与知识型小科研的区别在于所蕴含的知识框架更加专门化与系统化,当知识的涉及面达到一定程度,便倾向于专门化、抽象化,跨向学术型科研,因而兼具理论性与抽象性。但是其研究程度、受众或发表园地又不及大论文;小文章要言之有物,论之有理,才能体现一定的学术性。

但是小科研的学术性在深度与广度上要浅些窄些或者泛泛而论,要么是对事物的研究程度尚浅,涉及面尚不广;要么受限于读者对象与发表园地,不必过深过宽过专。写法上既可以是严格的论文式,更可以是学术随笔式。

【例6】　翻译语料库:深化译论研究的有效工具

主持人话语:1950年代伦敦大学"英语用法调查"语料库首次建立,1960年代国外语料库语言学研究起步,1990年代飞速发展。1990年代以来国内开始介绍,介绍对象为语料库的语言结构与应用、该学科的目的和方法等,其中对西方翻译语料库研究的介绍近来比较热门。国内的研究也走出了稳健的一步,如新世纪之初,北京外国语大学建立了"汉日对译语料库"(徐一平）和"通用型汉英双语对应语料库"（王克非）。已建或在建的翻译研究语料库还有："《红楼梦》中英文平行语料库"（刘泽权）、"莎士比亚戏剧英汉平行语料库"（胡开宝）、"《天演论》变译平行语料库"（黄忠廉）、"历时性英汉平行语料库"（胡开宝）、"国际交流语用研究语料库"（胡庚申）、"汉英会议口译语料库"（胡开宝）等。

近年来，基于语料库的翻译研究得到国家社科基金资助的比重逐步加大，这是一个不可忽视的信息。与翻译相关的是双语语料库，又分为对应语料库、翻译语料库和类比语料库三种。翻译语料库在研究中的作用越来越大，是翻译研究语言学派新的亮点。目前全译语料库研发是主流，而变译语料库研发有待开掘。在翻译学基本理论研究方面，翻译语料库可以通过语料对比计量翻译基本单位并确定其中枢单位，通过宏微观过程的观察揭示翻译的机制，通过多视角的考量建构翻译的标准体系，通过语形、语义和语用三者的定量分析建立翻译原则体系，通过译文与原文的静态与动态对比探索翻译的内在规律，通过各类语料特征的发掘总结出科学的翻译类型，通过各类翻译的共性考察最终揭示翻译的本质。在翻译学应用理论方面，可以通过丰富的全译和变译语料，完善对、增、减、转、换、分、合七种全译策略和增、减、编、述、缩、并、改、仿八种变译策略的系统建构；从平均句长、词频统计、特色词汇、主题词、关键词、译者用词变化、语法结构、叙事结构等方面展开科学的翻译批评；从大纲制订、教材编写、教学内容、师资培训、翻译测试、机译学习等方面深化翻译教学研究；基于语料库的机译的成功率目前要高于基于规则的机译，因此翻译语料库在此领域大有作为；翻译语料库是词典编纂极其重要的源泉，有助于例证的甄别与选择，可大大缩短词典的编撰与校订周期。此外，在译语研究方面，它有助于译语的词汇、语法、搭配、语义、语篇、语用、文体等方面的研究（如译语的词义、词语搭配、词语韵律、词语运用的语域、词使用的频率、词表制订等项的研究；译语句法量化研究；译文的简略化、明晰化、规范化研究等）。

说到底，翻译语料库是译论研究现代化的有效手段，其定量研究可催生译论观点的萌发，可对译论观点证实或证伪。语料或数据的有效性有时是译论研究的生命，无效数据却是貌似科学的陷阱，因此语料库并非万能，更深刻的研究终究是定性的。从语种上看，国内英日语界的研究目前领先，其他语种相对滞后，应借鉴外国和国内英语界的研究经验。本栏所荐的4篇文章，均是国家社科基金项目或者教育部重大项目的成果，有一定的代表性，在研究视野和开拓性方面会给人一定的启迪。

——黄忠廉，黑龙江大学教授，《外语学刊》2009（2）

【例析】本文是作者应《外语学刊》主编李洪儒教授之约为其2009年第2期"语料库与翻译"专栏所写的"主持人话语"。本例富含知识，信息量大，术语较多，读者对象主要是专家或本领域专业人员。文首交代语料库的创建与发展，进而转入国内语料库的研建状况。力求有理有据，令人信服；第3段有小结，回扣主旨，简单明了。

文中介绍了翻译语料库的类型与作用，尤其是指明了在翻译学基本理论与应用理论方面的运用与作用，换言之，廓清了众多研究领域或方向，如"变译语料库研发有待开掘"一句点明选题空白。文末肯定了翻译语料库的工具性，同时指出了其优缺点，如在鼓励大家看到语料库的研究前途之外，又指明"语料库并非万能"。

文章还倡导了引进西式年代表示，如"1990年代"，可代替烦琐的"二十世纪九十年代"，用起来简洁方便。回头再看，第2段理论阐述的层次若用数字标明，会更清晰，"在翻译学基本理论研究方面、在翻译学应用理论方面、此外"之前分别用"1）、2）、3）"，似乎更显层次。如果版面许可，这三部分可分为三段。

第三节 小科研特点

小科研既然定位于"小"，就应"小气"，兼具科研的秉性。无论是哪类小科研，都以小文章、小译文或小报告为终极目标。从形式看，要求简要性；从内容看，可能要求知识性、理论性或新颖性；从效果看，可能要求普及性、趣味性与可读性。

小科研的七大特点按形式、内容与效果三层次与三种研究类型的关系见表1。小科研的特点可是内容的，也可是形式的，比如"简要性"既指内容也指形式，知识性只是指内容特点等。这些特点多是不分家的，只是分析角度不同，侧重点不同，有交叉之处，如知识性文章可能包含一定的理论性，趣味性文章也具可读性。

表1 小科研七大特点与三种类型的关系

特点 类型	简要性	知识性	理论性	新颖性	普及性	趣味性	可读性
知识型	+	+	±	±	+	±	±
译介型	+	±	±	±	±	±	±
学术型	+	+	+	±	±	±	±

注：+ 表具有，± 表兼有。

1. 简要性

简要性体现为：内容简洁以求精，形式简单以求明。

唐代刘知几有言，"文尚简要，语恶烦芜。"（《史通·表历》）"简"即节约文字，"要"即要点突出。常言也道：文贵简，文贵精，即为文要尽可能去繁冗，避重复。具体而言，做小科研时，务必注意切题准确，内容精简，以有限篇幅说清问题。长度受限时，必以简要为先，这正是小科研"小"的奥秘。

就选题而言，小科研多数攻其一点，不及其余；定点深挖，多向延伸，深入浅出；或定点出发，单向推进，串联同类事实，追踪深入。成文时，力求简单明了，言简意丰，要点突出。本书所有例证均可依此做各种分析。

【例 7】　　　瞄准前沿　普惠学界

《中国社会科学报》要瞄准学术前沿，就得根深叶茂。根深才能吸足水分，叶茂才能获得养分。以译学研究为例，夯实译论基础是研究的根本；将研究半径扩至语言学与文学，支起显微镜，可催生译学的本体问题；再扩至心理学、社会学、政治学、信息科学等，拿起放大镜，可涉及重大或现实问题；最后扩至哲学、史学等，架起望远镜，可探测译学的高度与深度。

贵报 2012 年改为一周三刊是学界的幸事，身为学人，心有祈求，试列五种。第一，亦庄亦谐：保持大气，更求美观，插图不必太大；可融"京派"与"海派"的风格，创国家特色。第二，问题与对策：突出问题意识，追踪国际动态，可设问求答，问得明确，答复准确，引领学界思考，实现研究对策化。第三，鱼渔兼授：贵报目前关注的多是知识，知识要传播，智慧更应开启，不妨常设类似"方法论"的专栏，既惠及本学科青年学者，也可供其他学科借鉴。第四，特色与普及：全报分学科设"特色研究"，重在宣介我国学者的独创性研究，同时让"学术大手"成为"普及高手"，拉近学术与大众的距离。第五，走出与引进：编辑要保持经常参加学术会议的传统，密切关注学术前沿，同时与国外相关报刊建立协作机制，加大学术推出的力度，促进编辑的学者化和国际化。

——黄忠廉，黑龙江大学教授，《中国社会科学报》
2011-12-29

【例析】拙文是2011年12月29日应《中国社会科学报》之约，为该报"读者之声"写的小文，要求字数不超过600字。该报提出了两个问题：一是"《中国社会科学报》学科版的选题意识逐渐加强，请您结合自身情况谈一下如何准确把握学术前沿问题？"二是"《中国社会科学报》创刊以来得到了学术界的广泛支持，2012年将改成一周三刊，您有哪些期待？"。拙文正是紧扣两点而成。

文章篇幅极小，文字力求考究凝练。文短，开头最好开门见山，直入主题，避免车轱辘话。第1段强调了纵向要基础扎实，才能保障横向繁荣发展。从纵到横，由基础至发展，这一切的中心即是报刊的办报宗旨，瞄准学术前沿，惠普学界，以根深与叶茂的关系比喻整个学术研究。以译学研究为例，以显微镜、放大镜、望远镜为喻分出三个层次，言简意赅，以少许胜多多。通过观察感受，运用形象思维对事物加以描述，从微观到宏观，与前面的根深叶茂相对，巧用"支""拿""架"三个动词，勾勒学术研究三个可以不断拓展的层次。

第2段则是《中国社会科学报》惠泽学界的五个方面，以条款罗列，更加简明，既包括取得的成就，又含对该报的期待。

这五条步步深入，前三条为后两条铺垫，重点仍在普及。第五条主要说"走出"，大方向上与国家战略"文化走出去"相对应。

文章力求语言凝练，四字格较多，有古文味道；有些词语是临时组造，如"鱼渔兼授"。

2. 知识性

知识性体现为：富含知识。

知识性理解起来不难，不论小文章、小译文还是小课题，都肩负着向大众传递有益信息的责任。小文章或小译文，多以传播知识为主。知识性并非简单转抄某一学科知识，而是根据读者对象巧妙选取所需，融会于心，重新组织，对其重难点重新安排，有时还要加入己见。知识性不仅仅含有新知，旧知重组也是知识性的表现之一。

【例8】　　　　　西班牙语不是小语种

2000年9月25日《北京青年报》第19版《新翻译18个语种全部高学历》一文，第三段说："这些教师大部分将担任小语种国家的翻译工作，包括泰语、波兰语、土耳其语、西班牙语、希腊语、马来语、瑞典语、葡萄牙语等十几种语言。"

文中把西班牙语排在小语种内的说法不妥。西班牙语不仅在西班牙本国，而且在拉丁美洲大部分国家都作为官方语言使用。西班牙语在世界上使用范围较广泛，使用人口达3.45亿，因此，西班牙语也成为国际通用语言，并且还是联合国的工作语言。当然，同英语相比，西班牙语在世界范围内的使用显得逊色了。但它仍然属于大语种。

——谷士错，信息不详，《咬文嚼字》2002（4）

【例析】普通人不是语言专家，也不都是外语专业毕业，因此对国际通用语言、非通用语言的划界比较模糊。1945年4月25日《联合国宪章》规定汉、法、俄、英、西五种语言为官方语言，英法语为会议工作语言；1948、1968与1973年又分别确定西班牙语、俄语、汉语与阿拉伯语为工作语言。作者正是通过读报捕捉到公共媒体对这一认识的模糊，指出西班牙语的使用范围与人数，最后卒章显态，指明它仍属大语种。

本例很符合简要性，用简练的语言澄清事实，传播知识。文章从西班牙在本国、拉美及全球的使用说明西班牙语是大语种。文章先摆问题，后说理由，观点明确，属于典型的知识型小短文。当然，要否定或肯定事实，须拿出界定的标准，有必要先界定"大""小"的判断标准。本文点到了西班牙语在世界的使用人口，若能与其他语种使用人口相对比，读者会更有直观感受。比如作者可以指出，西班牙语是仅次于汉语与英语的世界第三大语言，是世界第二大通用语，至少有24个国家讲西班牙语；目前在中国，属于就业前景很是看好的语种。

此外，文章标点使用混乱，而正确使用标点，无形之中也在普及标点符号知识。"当然，同英语比，……"一句前的西式句号应改为汉式句号"。"，而最后一句与前一句的语义极为紧密，话未说完，应该使用"，"。

3. 理论性

理论性体现为：求真论理。

理论性是科研追求的终极高度。对某一问题比较系统而专业地研究与探讨，就体现了理论性，这是小科研较高的属性。对外国语言、文学与文化的认识始于现象，但不能止于现象，以对其感性认识为基础，加以深化，析出规律，升至理性认识，即可走向一定的理论高度。

理论性主要是针对学术型小科研，于知识型略有欠缺，于译介型或有涉及。理论性不仅仅指所写或所译文章具有理论性，更重要的是文章要有彰显求真论理与析出规律的过程。

【例9】"翻译硕士专业学位"更应突出应用性和实践性

中国是翻译大国，但非强国，只有抓好翻译队伍建设，才有望成为翻译强国。随着我国经济、科技、文化的发展，对高层次翻译人才的需求持续增长，MTI 的设立正满足了这一需要。MTI 是 Master of Translation and Interpreting 的简称，汉译"翻译硕士专业学位"。我国现有的各种硕士专业学位，相对学术性学位而设，旨在培养适应特定职业或岗位需求的应用型高层次专门人才。2007 年，国务院学位委员会首次批准了 15 家 MTI 试点教学单位，近来国内高校踊跃申请 MTI 授予权。由于 MTI 设立不久，国内对其认识尚不清晰，有待厘清。

翻译能力≠外语能力

随着高等教育由精英型转向大众型，我国懂外语者越来越多，一般人认为，会外语就能做翻译，把外语人才等同于翻译人才。其实，外语能力有五种：听、说、读、写、译。"译"居最高层，包括前四项。"听、说"经过训练可以促成口译能力，"读、写"经过训练可以促成笔译能力。但是此前对翻译能力的认识，仅限于本科外语专业所培养的翻译能力，只要求基本的口笔译能力，这与时兴的本科翻译专业所要求的能力不可相比，与 MTI 所要求的职业化、满负荷专题训练所练就的高级翻译能力更是不可同日而语。

外语能力不等于翻译能力，MTI 旨在培养专门性、应用型、职业化的高级翻译。

专门化与专科性

翻译课在高校外语专业教学中是一专门科目，多开在高年级，因此有人认为外语人才已是专科性人才，外语专业翻译方向硕士生更是专科性人才，但与MTI相比，其翻译训练量不足，实践时间不够，培养程序不严，职业化特点不明。许多外语专业的硕士生（更不用说本科）毕业后不能马上适应专业的翻译工作。这种供需断裂，主要是缺少专业翻译人才培养机制和学制的保障。

专门化，指以培养翻译职业人才为目的。具体体现为：第一，MTI培养讲究适销对路，是一种长期的应需培养，鼓励具有不同学科不同专业者报考，有口笔译实践者优先。第二，要求教学单位必备卫星电视、同声传译实验室（以口译培训为主的单位）、多媒体教室等，半数以上的核心课程必须利用多媒体进行教学，为学生提供自主学习的现代化设备，以保障学习者翻译实践训练最大化。第三，与传统的外语专业翻译课授课方式不同，MTI要求分类授课，除分出口译课、笔译课外，口译课又分为同声传译和交替传译，再细分为会议口译、商务口译、法庭口译等；笔译课再分出社科翻译、科技翻译、文学翻译、经贸翻译等。第四，译才培养更有的放矢，题材体裁专业对口，获MTI者可进入外事外贸部门、对外交流机构、科技信息院所、新闻出版部门、各专门性翻译机构等，直接上岗。

MTI人才培养仍属专科性培养，但更趋于专门化了。

职业化≠专业化

外语人才应该是专门从事外语工作或与外语相关的职业的人才。相对于其他人文社科专业而言，外语人才是专业人才。但就日益发达、分工日益精细的翻译事业而言，外语人才则不一定是合格的翻译人才。翻译越来越要求职业化，即以译立世，以译谋生，以译服务于社会。MTI 职业化培养有如下特点：第一，考前最好具有特定的翻译职业背景，考生来自翻译一线（2009 年 3 月 2 日，全国专业学位教育指导委员会向教育部建议，从当年起，面向应届毕业生招收专业学位研究生，实行全日制培养）；第二，能马上满足社会各行业实际翻译之需，出炉的是"翻译熟练工"；第三，培养方式既可脱产，也可半脱产或不脱产，表明 MTI 培养与职业岗位需求紧密相关；第四，针对未来可能从事的具体翻译领域，进行相应的实战训练，瞄准就业目标。

MTI 基于专业化，更追求职业化。

应用性与理论性

传统外语专业硕士学位是科学学位，重在理论传授和科研训练，好比培养科学家；翻译硕士专业学位是专业学位，也是一种职业学位，重在提升操作能力，强化实践训练，好比是培养工程师。各自的培养重心不同，决定了 MTI 所培养的高层次专业人才与国计民生直接关联，培养目标更明确，偏重应用性，直接面向社会生活或科技生产。以授课为例，除了必要的理论课传授，要求口笔译教师必须有相当量的译著和高规格的口译经历；为突出应用性，邀请翻译一线资深的译者参与授课。以学位论文写作为例，形式可以多样，突出选题的现实针对性与应用性，至多研究理论在实践中的应用，不主张做纯理论研究。以上手能力为例，获 MTI 者动手动口能力更强，将是某行业中懂得翻译的半个行家，对某专业知识具有相当的了解，毕业后可直接投身于某行业的专业翻译。

MTI 重视一定的理论性，更突出应用性。

实践性≠实用性

上世纪末以来,翻译教学开始重视实用文体的翻译,但囿于教学体制,学生的实践时间和实践条件受到限制。尽管意识到了翻译训练的实用性,但实践性未得到充分体现。虽有"翻译理论与实践"研究方向培养硕士,也强调翻译实践性,但是,除了"翻译工作坊"之类的授课形式,对翻译的质与量大纲没有明确统一要求,训练材料没有突出实用性,对实践时间、翻译实习均未作要求,有的学校干脆缺乏翻译实践训练,缺乏翻译实践是难以培养合格的职业翻译的。而 MTI 突出实践环节,明确规定教与学实践训练的质与量(如笔译不得低于 10 万字)。从翻译职业需求出发,要求夯实双语知识基础,加强百科知识(文化、经济、法律、金融、科技等),注重口笔译技能训练。训练包括译前准备、速记方法、分析方法、记忆方法、变通方法、翻译手段现代化、专业翻译术语库建立、工具书运用等。为突出个性化实践训练,通过教学单位承接各类翻译,学生参与,在干中学,课前学生翻译,课堂讨论或个别指导,针对性更高,翻译技能提高得更快;半脱产和不脱产者更可以结合所在单位的翻译任务,一举多得;定向培养者还可以依据所在单位的需求,产学兼顾,相得益彰。

好翻译是教出来的,更是练出来的,MTI 更突出翻译的实践性。

——黄忠廉,黑龙江大学教授,《中国社会科学报》
2010-06-15

【例析】文前标题的压图及作者单位职务略去。在 MTI 问题上如何求真论理?如何反映学界与笔者的思想?全文以对比的眼光审视了对 MTI 的认识,对比点是翻译能力与外语能力、专门化与专科性、职业化与专业化、应用性与理论性、实践性与实用性。由此可见笔者从宏观到微观、从泛泛的话题到切实的主题逐步走向论题，最后坐实为标题，且以 MTI 涉及的要素为主，用作 A 与 B 对比的前项 A，以求凸显。

当时笔者所求之真所论之理是：翻译能力是外语能力的一种，且是其最高体现。专门化是专科性的具体体现，是专科在培养模式上的创新，有利于专科性的发展。职业化点明了翻译职业化时代的到来，有别于科学学位而将翻译当作高级技能培养，使之成为一个职业类型。MTI 与外语专业硕士学位最大的不同在于减少了理论性训练，加强了应用性训练，颠覆了传统外语专业硕士培养的模式，这一点现在仍需提醒。在实际 MTI 训练中，有的单位认识到实用性，但未加强实践性，把实践完全或大部分交由学生自练，也是一种偏颇；实用不经实践难以造就学习者的实干能力；实践也并非只练实用对象，比如文学翻译被许多单位忽视，干脆不开此类课程或内容。要知道文学翻译是翻译的贵族，其重要性值得长期关注。

不过，直至现在，文章小节标题的一致性设置始终是笔者的遗憾！本想用鲜明生动的"≠"表示 A 与 B 的非等值关系，可是"专门化与专科性"与"应用性与理论性"总是不愿就范：第一，"专门化"与"专科性"相关而不同，术语不同类；第二，"应用性"与"理论性"呈对应关系，更非"≠"所示的关系。

4. 新颖性

新颖性体现为：创造求新。

外国语言、文学与文化每个时期的发展变化，均可择机介绍给国内读者；身为他者，国人对上述三方面时常会有新认识或新发现，更可道出，以飨读者。

小文章或小译文有时追求新颖性或创造性，小科研可训练大科研所需的基本能力。旧材料翻新意，新材料孕新见，推进已有的认识，纠正原先的偏误，这都是小发现，小创新。发人之所未发，见人之所未见，译人之所未译，都具有新颖性。

【例 10】　　　pie 的最新用法

在众多的食品当中，pie 算得上是美国的典型食品之一，有南瓜馅饼（pumpkin pie）、苹果馅饼（apple pie）、肉馅饼（meat pie）、鸡肉馅饼（chicken pie）等等，不一而足。pie 成了英美饮食文化不可或缺的一部分。语言是文化的载体，因此，在英语里自然少不了它。

形容什么"非常容易"，英语说 as easy as pie，pie 指"轻而易举的事情"；have a finger in the pie 意为"干预某事、染指某事"；put one's finger in another's pie 意为"多管闲事"； pie in the sky 指"没有希望实现的事情"、"渺茫的幸福"；若一个人的行为举止或思维方式非常美国化，我们可以说："He is as American as apple pie"；in apple pie order 意为"整整齐齐"。

近年来，pie 的用途有了新的发展，首先，可被某些人用做公开场合攻击政界要人等的东西。如：

And hundreds of politicians, business people and celebrities across the world have been attacked with apple pies, chocolate cakes and other dessert. 世界上数以百计的政治家、商界要员和名人都被人用苹果馅饼、巧克力蛋糕和其它甜点攻击过。

"There are few better ways of getting noticed than by pushing a big pie in someone's face," a Dutch pie thrower told journalists."没有比往一个人的脸上扣个大馅饼更能引起世人瞩目的方法了，"一位荷兰馅饼投掷者对记者如是说。

When the Mayor of San Francisco was hit by a pie he called his attackers terrorists. 当旧金山（圣弗兰西斯科）市长被饼砸时，他把攻击者称作恐怖分子。

其次，pie 还可由名词活用为动词，指"向人投掷馅饼"。世界上许多政界要人比如克林顿、布莱尔都被饼砸过。有时投掷者也用鸡蛋、奶油蛋糕等。请看例句：

Bill Gates has been "pied". So has economist Milton Friedman. 比尔·盖茨被馅饼砸过，经济学家弥尔顿·弗雷德曼也遭受过同样的噩运。

——刘守平，新乡教育学院副教授，《英语知识》2002（5）

【例析】本例通过 pie 的语义与语法的变化折射了日常语言点滴向前发展的轨迹。此类文章随时可做，因为外国语言、文学与文化一直与时俱进，些许发展变化即可译入，有所新见便可写出示人。

文中的 pie 是美国常见的食品，正是借其常见性来表达日常各种现象。本文抓住这一点，在介绍其本义与含转义的惯用语之后，归纳总结了其用法的两个新发展，一是 pie 作为食品的名词词义的工具性拓展，即用来攻击政界要人等的工具，成了"砸人的东西"；二是将这一名词活用为动词，指"向人投掷馅饼"。题目带"新"，很吸引人。但是如何出新，是应谈的重点，新知常由旧知出，前面的旧知介绍要简明精练，把篇幅更多地留给新知。新增名词义以及活用为动词义之外，还可适当增加新用法的由来、趋势、特点等，不能只简单罗列两个新用法，举几个例，而且引例数量也不协调。

5. 普及性

普及性体现为：瞄准大众。

小科研是大科研的前期训练，一般涉及问题不太深，普及性文章即是其中一类。此类文章重在读第一遍时能普及较多的知识，益其知，怡其情，将专业的知识浅化易化，多为信息的收集与罗列，多求广度，不求深度。此外，普及性文章还有活跃版面的作用，是许多报刊欢迎的对象。所刊园地多为大众性报刊，或中低档学术刊物，或添作大刊的补白，现在绝大多数刊物不见补白了。

普及性文章并不好写，科学大手不一定是科普高手。普及要求深入浅出，简明而有条理，要求科学知识了然于胸而随性于笔。

【例 11】　　　　东方文学大师——泰戈尔

（1）拉宾德拉纳特·泰戈尔（Rabindranath Tagore）（1861—1941）是一位印度诗人、哲学家和印度民族主义者。泰戈尔用英语和孟加拉文写作。（2）英国诗人叶芝被他的诗深深感动，在叶芝的鼓励下，泰戈尔亲自将他的《吉檀枷利》（意即"献诗"）译成英语，1913年，他为此获得了诺贝尔文学奖。（3）泰戈尔一生共创作了50多部诗集，12部中、长篇小说，100余篇短篇小说，20余种戏剧，还有大量有关文学、哲学、政治的论著和游记、书简等。此外，他还是位造诣颇深的音乐家和画家，曾创作2000余首歌曲和1500余幅画，其中歌曲《人民的意志》已被定为印度国歌。（4）在60余年的艺术生涯中，他继承了古典和民间文学的优秀传统，吸收了欧洲浪漫主义与现实主义文学的丰富营养，在创作上达到炉火纯青的地步，取得了辉煌成就，成为一代文化巨人。（5）1913年他获得诺贝尔文学奖，是首位获得诺贝尔文学奖的亚洲人。颁奖词曰："由于他那至为敏锐、清新与优美的诗；这诗出之以高超的技巧，并由他自己用英文表达出来，使他那充满诗意的思想业已为西方文学的一部分"，获诺贝尔文学奖。英国政府封他为爵士。但他拒绝了英国国王授予的头衔，他是第一个拒绝英王授予的荣誉的人。（6）泰戈尔做过多次旅行，这使他了解到许多不同的文化以及它们之间的区别。他对东方和西方文化的描写至今是这类描述中最细腻的之一。（7）泰戈尔一生的诗歌创作受印度古典文学、西方诗歌和孟加拉民间抒情诗歌的影响，多为不押韵、不雕琢的自由诗和散文诗；（8）他的小说受西方小说的影响，又有创新，特别是把诗情画意融入其中，形成独特风格。

（9）泰戈尔因诗而蜚声世界。（10）他的诗歌体裁和题材丰富多彩，清新隽永；小说格调新颖、感染力强；戏剧种类繁多，富于哲理意味；歌曲或哀婉缠绵、或威武雄壮，不拘一格。（11）如此波澜壮阔，使他成为东方文学大师。

（12）泰戈尔的诗集用英文出版的有：*Gardener*（《园丁集》），*Jitanjali*（《吉檀枷利》），*Crescent Moon*（《新月集》），*Fruit-Gathering*（《采果集》），*Stray Bird*（《飞鸟集》），*Lover's Gift and Corssing*（《爱者之赠与歧路》）。

下面我们欣赏泰戈尔一些带有哲理、晶莹清丽的名句：

Let life be beautiful like summer flowers and death like autumn leaves. 让生如夏花之绚烂，死如秋叶之静美。

Once we dreamt that we were strangers. We wake up to find that we were dear to each other. 我们曾经梦见大家都是不相识的。我们醒了，却知道我们原是相亲相爱的。

My heart, the bird of the wilderness, has found its sky in your eyes. 我的心是旷野的鸟,在你的眼睛里找到了天空。

Wrong cannot afford defeat but Right can. 错误经不起失败,但是真理却不怕失败。

We read the world wrong and say that it deceives us. 我们把世界看错了,反说它欺骗我们。

Man barricades against himself. 人对他自己建筑起堤防来。

Do not linger to gather flowers to keep them, but walk on, for flowers will keep themselves blooming all your way. 只管走过去,不必逗留着采了花朵来保存,因为一路上花朵自会继续开放的。

Stray birds of summer come to my window to sing and fly away. And yellow leaves of autumn, which have no songs, flutter and fall there with a sigh. 夏天的飞鸟,飞到我窗前唱歌,又飞去了。秋天的黄叶,他们没有什么可唱的,只是叹息一声,飞落在那里。

I cannot choose the best. The best chooses me. 我不能选择那最好的,是那最好的选择了我。

Don't cry because it is over, smile because it happened. 不要因为结束而哭泣,微笑吧,为你的曾经拥有。

——唐晓群,湖南省怀化市洪江实验中学教师,《英语知识》2008(11)

【例析】泰戈尔是大文豪,可是几人知道他还是不错的艺术家?即便是知其文豪身份,又有几人知道他还是小说家?名人效应有时会因一时成名而遮蔽其他。感谢作者为读者介绍了身为文学艺术大师的泰戈尔,短短篇什还让人领略了泰戈尔的诗风。

如何更好地介绍文学大家?作者想结合一般介绍与具体例证,为读者普及知识,却未能自然天成,文章的结构与逻辑有可商榷之处。首先是结构不当：首段太长，给人"大头娃娃"的印象；其次是条理不当：内容凌乱杂糅，逻辑不清；第三，文题不符：依文章题目，后面的名句选录与主题不太搭，可以舍去。据《英语知识》的期刊定位，全文不妨调整如下（文中序号为本书作者所加）：

第1段：人物介绍（1）+艺术成就（3+8+10+11）；

第2段：创作特色（4）+诗歌成就（2）+获诺奖（5）；

第3段：单谈诗，过渡到下文的诗歌选录（9+6+7+12）；

余下：译诗选录。

另，文章的语言还可雕琢，如泰戈尔的诺贝尔颁奖词汉译实在不雅，不妨译作："其诗深邃敏锐，清新曼妙，以登峰造极之技，尽抒诗情，跻身于西方文学之林。"（Because of his profoundly sensitive, fresh and beautiful verse, by which, with consummate skill, he has made his poetic thought, expressed in his own English words, a part of the literature of the West.）又如，"人对他自己建筑起堤防来"意思没有表达到位，也缺少了名言警句的意味，不妨改为"人们往往自设樊篱"或者"人们往往作茧自缚"。"夏天的飞鸟，飞到我窗前唱歌，又飞去了。秋天的黄叶，他们没有什么可唱的，只是叹息一声，飞落在那里。"亦有如下缺陷：stray 意思理解失误；没有表达出定语从句与主句之间的逻辑关系；没有译出 flutter 的词义。试改译为"夏天，失群的小鸟飞到我窗前，歌后离去。秋天，黄叶无歌可唱，只好震颤着，一声叹息，飘零而去"。

6. 可读性

可读性体现为：言辞雅洁。

既然小科研讲求知识性与普及性，其内容就会力避深奥，文字力求流畅可读。可读不一定要写得情趣盎然，但至少要朴实自然，少用专门的术语，语言文字大众化。即使理论文章，也应讲究喜闻乐见。内容简易可读，结构清晰明了，语言通晓畅达，用词力避生僻。

【例12】 　　　　学术研究切忌"掉书袋"

当下不少论著，文风堪忧。古人所讥讽的掉书袋之风不仅没有遁形，反而愈演愈烈。所掉的书袋也扩大了阵容——不仅掉古书袋，掉的还有"今书袋"、洋书袋。

严肃的学术研究本应是借助已有理论、知识、经验对科学问题的假设、分析、探讨和推出结论进行证伪或证实的过程。掉书袋者则反其道而行，将创新演变成了以下几种歧途。一是语录汇编。学者为文，引文连篇，请人代言，人云亦云，整篇文章找不到直抒己见的踪影，甚至基本常识也要引证，结果是满篇"引号＋术语"。二是故作古雅。学界有人学严复作《天演论》，追求古雅而忘了时代。结果是缺乏训练，尔雅不成，半文不白，内容似懂非懂，思想似清非清，弄得现代读者云遮雾罩。其实，学术语言具有时代特点，思想与时俱进的同时，语言也需与时俱进。三是简单问题复杂化。一个一目了然的问题，掉书袋者常常将其复杂化，用术语堆起文字的迷魂阵，故作高深。其实文章要精，长文好写，短文最难作。四是神话连篇。有种"神话"文字令人望而生畏，这种文字主要来自翻译腔或翻译式写作。借鉴国外文献，未经纯熟的转换就落笔入文，字是中国字，（句）法是外语法。听不懂，看不明，中西混杂，佶屈聱牙，难以卒读。

为何掉书袋者总不绝迹呢？究其因，无外乎：第一，缺乏才情。才情不够,知识来凑。思想不丰,引文来充。知识有余,自创太少。心得不够,见解不多,靠知识堆积,而不靠心智提炼,导致不少论文或专著综述或引用过半,甚至达五分之四者居然并不罕见。缺少才情,导致信心不足,论述本已充分,但总觉得援引洋人或权威才可壮壮胆。乱堆观点,多方引证,还源于对所研究的问题并不十分清楚,或自己没有感受,只好借人说话,整个研究不经意间沦为一堆事实和抽象判断的杂拌。第二,训练无素。简洁出思想并非生就的本领,而需要专门训练。季羡林文字干净,缘于其国学功底,更得益于其导师瓦尔德斯米特教授的学术训练。唯陈言之务去,学贵创造。真正做到了这一条,自然会将废话剔净,抛开无关引用。第三,引之无文。引用文献也有学问。如果适当采取间接引用代替直接引用,即可以简洁晓畅之文传达深刻繁难之义。第四,译腔作祟。受印欧诸语的影响,引用国外文献不会用短句表述,全是句法成分十全十美的长句,该省时不省,该简时不简,句子失去空灵,失去活力,其根本原因在于没有充分消化理论。有的学者写作也受翻译腔的影响,结果是学术语言越来越合法而缺乏灵性,越来越成为中外语的杂糅。

如何才能不掉书袋?需要消化所读之书,几经反刍再回馈学界。为此,需要做到以下几点。一是智慧写作。求智慧的文字,必是有感于事实或理论的文字,是叫人战栗的文字,只有动心,才能动人。真学问既积于点滴,由事实生发观点,观点积小成大,由事实走向归纳,突出原创;也可由理论走向演绎,将一般演绎成特殊,将他人的思想渗入自己的血肉,再度表达出来,如出己心,进而避免简单引用。因此,要善于引用,他人思想若是极为精当,能代为心声,则可直引;若是见解不错,语言不简,则大胆转述和浓缩；若观点分散，则可综述。二是专业训练。训练理论与事实相结合，理论论述时，事实有以一当十之效，以事论理，既可明理，又有实感。训练表述，力求专家看了不浅，外行看了不深，非专业读者阅读比较轻松，才能见出大家的功力。训练用百字缩千言，以尺幅秀千里，以少许胜多多，养成有话则长、无话则短的文风。三是略显文采。言之无文，行之不远。有时，我们的学者并不缺乏思想，缺的是深入浅出表达学术思想的功力，其思想多淹于晦涩的语言。吕叔湘著文既求学术，又求可读，他撰文的两个理想是：一是谨严，一个字不能加，一个字不能减，一个字不能换；一是流畅，像吃鸭梨，又甜又爽口，简明耐读。钱锺书、费孝通、季羡林等学人海外归来，学贯中西，可是回到国内，撰文著书，无不明白简洁，所引文字都极为精当，也引得必要。可见，凡真学问者，都能把深奥说得简明。四是深入浅出。用最浅显的文字表达最深刻的道理，是问学的至高境界。至于深入深出，深出固不可取，但深入仍是前提；浅入浅出，适于普及，不失其用；浅入深出，则是文章大忌，浅入囿于认识不深，深出则因表达不逮。

深入浅出、平易近人、准确生动的学术语言更利于思想传播，即使做严肃的学术研究，又何乐而不为呢？

——黄忠廉，黑龙江大学教授，《中国社会科学报》2010-09-21

【例析】学术杂记也讲可读性！本文有感于现时的学风与文风，发一家之言。全文力求逻辑思路清晰，结构安排合理：发现问题—描述问题—找寻原因—解决办法。每段内容都归纳几点，分别叙述，便于突出。

文首点明"当下不少论著，文风堪忧"！直接亮相，并指出三种形态，段末的"今书袋"是自造词语，加上引号引人关注。二问二答中，读者明白了学术为何贵于创造。全文力求行文流畅，文字清新，层次清晰，形式活泼，旨在追求可读性。

文中第 2 段批评掉书袋将学问做入了四种歧途。第 3 段开始追问"因何掉书袋"，探得原因有四，是文章的重点，宜充实；对读者益处也最大，因此着墨最多。说话如存世，要知道如何上天堂，就要知道如何下地狱，这样才不会走错。找到了原因，第 4 段则要解决问题，又追一问"如何才能不掉书袋"，要努力的方向也有四个。

文末轻轻一问，更是促人深省，扪心自问。时隔几年，又觉得结尾可以略微加入前文的内容，试改为："即使做严肃的学术研究，若能勤于练笔，勤于思考，学术语言深入浅出，平易近人，准确生动，又何乐而不为呢？！"

7. 趣味性

趣味性体现为：风趣有味。

小文章若能写得饶有趣味，也是争取读者的高招。文章要有味，得生动，或有趣，有时甚至幽默。幽默的内容，幽默的语言都能为读者营造轻松活泼生动有趣的氛围。除了内容有趣外，还可幽读者一默，通俗一点，上口一点。形式可以活泼多样，可用讲述式、对话式、聊天式等，也可从种种生活现象说开去。此外，趣味文章的标题也尽量"趣"味盎然，"趣"字用得精巧，容易吸引人，更容易发表。

比如例 1 标题本应从"趣谈"出发，由于作者结构安排欠佳，略显欠趣：若将年轻人艾伦的故事设为首段，再述 taxi 的衍变发展，一直紧扣"趣谈"的主题，则更加引人入胜。再如：

【例 13】 美国英语趣话

据说，萧伯纳曾说过，英国和美国是被同一种语言分开的两个国家。然而至今尚无人考证此话的真伪。如果他真的说过，那么他错了，因为这两个国家是被两种语言——英语和美语分开的。

说英语的人都知道，"陆军中尉"一词，美国人叫 lieutenant，英国人叫 liftenant；"秋天"英国人叫 autumn，美国人则称 fall；甚至通过从 A 到 Zee（美国英语字母 Z）和从 A 到 Zed（英语字母 Z）的字母表的语音进行比较，人们也能发现这两种语言的区别。

尽管英国人与美国人谈话通常都能互相理解，但也有出问题的时候。英国人说到 flat，通常指的是一套住房，并且指的是纽约的那种公寓套间；美国人则更愿意把 flat 理解成漏气车胎。还有一个常被引用的例子：一个英国人为叫醒一个美国人的妻子而向这位美国人致歉，然而他并没有像他料想的那样解释成不得不请她下床，意思恰恰相反，当然后果可想而知。英美两国语言的区别如此明显，以致有人说，如果两国互派间谍，凭着说话的口气就能很快识破其国籍。

英国人认为英国英语为母语，美国英语则为子语。实际上，美国英语更广泛地吸收了美洲印第安语、西班牙语、荷兰语、德语、依地语及其他几种语言，以及美国市井社会中的粗语、棒球隐语。chewing-gum（口香糖）是个人人皆知的美国词语。其它众多的美国词汇也能信手拈来：back-wode（落后的边远地区）、beachcomber（海滨巨浪）、beelime（捷径）、cold snap（骤冷）、dugout（棒球运动员休息室）、gimmick（暗机关）、grapevine（小道消息）、high-falutin（大话）、mileage（旅费）、等等。娱乐杂志《杂耍》给美国英语增添的如 freeloader（揩油者）、whodunit（侦探小说）、soap opera（肥皂剧）、demo（试播唱片）、pushover（闲差事）、blockbuster（风行事物）、cliffhanger（惊险小说）及 showbiz（娱乐业）等大量广为使用的词汇，为美国英语形成自己的特色立下了赫赫战功。

美国英语除了自己的创新外，还大量借用了英国英语。Living-room（起居室）、nursing-home（小型私人医院）、greenhorn（生手）、trash（皮料）、ragamufin（流浪儿）都是输入的英国英语词组；smog 以前指伦敦由烟和雾混合而成的黄色浓雾，现在用来描绘洛杉矶的烟雾再恰当不过了。许多在旧世界已死掉的词，在新世界仍保持活力。

马克·吐温很早就愤愤不平地说："英王的英语并不是英王独占的。它是个股份公司，美国人拥有大多数股份。"人们不得不承认，过去大约100年中，美国向这座跨大西洋的"熔炉"中贡献的东西比联合王国多得多。

麻烦的是，这个拥有大部分股份的"市场"今天非常萧条。美国英语在其全盛时期吸取了从百老汇到纽约的波威里街、从哈莱姆区到好莱坞的灵感。然而自那以后，它便陷入了电子计算机行话的羁绊之中。

大约50年前，一只蛾子飞进了弗吉尼亚州的一台技术尚较原始的政府计算机里，导致了整个系统的关闭。此后，人们就用"病毒"一词来形容计算机遇到的意外障碍和陷阱。这大概是这个输入、输出、硬件、软件世界里最后一个富有想象力的单词了。而与此同时，最先产自美国、最大限度地扩展每个词和词组涵义的口香糖英语，却极大地丰富了欧洲语言。所以美国的词汇学家们认为，美国英语的发展如今已从大街上移到了办公室，现在需要的是让它再回到人行道上去。

——早立编译，信息不详，《世界博览》1992（8）

【例析】从文题关系看，内容与题目基本一致，文章基本反映了"趣话"的主旨。开篇反驳名人观点，旋即激起读者的阅读期待！同一事物有何不同指称，同一字母读音有何差异，这种种差异又如何产生相应的交际困难，且听作者从历史渊源与现实的依附关系、由英式英语到美式英语的顺序一一道来。

英国人视英式英语为正宗，视美式英语为旁支。不巧，这源与流的关系被历史弄得颠来倒去！美式英语一面吸收了英式英语，一面自造新词，还不拒其他语言的细流，终于汇成江河。作者的行文顺序则反映了他对美式英语与英式英语渊源的认识。毕竟美式英语受英式英语的影响，后者信守传统，前者坚持开放，从根本上决定了两国语言的分野。第4段美式英语海纳百川，兼收并蓄，有了独到的发展，才会出现第5段的创新，成了英语发展的弄潮儿，于是"母"被"子"超胜，以至于第6段美国作家马克·吐温对英式英语的霸王地位愤愤有词！可是，到了技术时代，美式英语又过于技术化，人们期待英语生活化，返璞归真，注入鲜活的生命力。

只可惜，第3段所举"英国人叫美国人妻子起床"一例未讲清，文章的趣味性打点小折，不知是原作不清，还是编译有误。因此，对变译（即非全译）文章的批评既可能是批评原作，也可能是批评译者。

选 题 篇

　　懂得外语小科研的性质、类型与特点，有助于明确方向，免走弯路；便于写得早，写得快，写得好。早、快、好均落脚于写，写是硬道理。要写，先得有选题，要有选题，就得去寻找。

第二章　小文章选题来源

选题是科研第一关，由大到小，有三种理解：大而言之，指确立研讨的主要对象与范围，即选择课题；中而言之，指确立需要证明的命题，即选择论题或议题；小而言之，指确立论文或项目的名称，即选择标题或题目。由此可见，课题、论题与标题呈三级关系。

选题的三种理解是互相联系的。课题包孕一个或多个论题，课题与论题均要落脚为标题。选题的过程循此而行，先定大的课题，从中再定子课题，甚至是子课题的子课题，由子课题再定某个论题，最后取上标题，定点研究。从课题到论题再到标题，如同由面到线再到点，是逐步缩小的过程。

选题的前提是有题可选。要选题，得善于发现问题；要发现问题，得对外国语言、文学与文化现象具有敏感性。小文章的选题一般是选择小课题中的小论题，最后定下文章标题。其选题来源多半与教与学相关，进而与教学及其对象所依的理论或实践相关。

第一节　源自事实

1. 事实说话

外语研究面对每一个事实，要常问：它到底是什么样？为何产生？由何引起？受何规律支配？其第一步，说到底是要研究事实，让事实说话。

科学是从大量事实中总结出规律，前提是对事实或现象要感兴趣。而事实即事情的真实情况，包括事物、事件、事态，即客观存在的一切物体与现象、社会上发生的不平常的事情与局势及情况的变异态势。从事实出发的研究，采用的是自下而上的归纳法。只有知道了什么，才能研究怎么样，进而研究为什么。外语界的研究尤其需要训练这种发掘之功，即从个别事实中归纳出一般原理的逻辑思维方法，因为小科研多半始于对个别事实的直接感知，其最终目的是揭示一般性、本质与规律。

不过，事实真相不会自己排列聚堆，作者须将自己的认识贯穿其间，按照一定的逻辑顺序进行整合。只要用心观察，学习生活中处处蕴藏选题，善于观察，善于发现，从小做起，才能慢慢做大。

2. 选题例话

做外语小科研，就要对外国语言、文学与文化的事实精观细察，清晰认识事实的特点与形式，深究其意义与价值，就会形成认识，即可以之为题做番研究。

【例 14】 "一群……"的英语表达法

汉语中,无论"一群"后所跟的对象是什么只用一个量词"群"就可以了。但英语中所接的对象不同,表达"群"的词多有不同。本文谈谈"一群……"的英语表达法。

1. a band of 一群(为了某一目的而纠结在一起的人,含贬义)。如:

a band of thieves 一伙小偷

a band of gangsters 一群匪徒

a band of revelers 一群寻欢作乐的人

a band of robbers 一群强盗

2. a bevy of 一群(特指少女或少妇;也可指一群鸟,尤指鹌鹑)。如:

a bevy of quails 一群鹌鹑

a bevy of young women 一群年轻妇女

a bevy of young actresses 一群年轻女演员

a bevy beautiful girls 一群漂亮的姑娘

3. a crowd of 一群(无组织的、拥挤的人)。如:

a crowd of lookers on 一群围观的人

a crowd of cheering children 一群欢呼的孩子

a crowd of shoppers 一群购物者

a crowd of people 一群人

4. a drove of 一群(被驱赶的畜群)。如:

a drove of horses 一群(被赶着的)马

a drove of sheep 一群(被赶着的)羊

a drove of boars 一群(被赶着的)公猪

5. a flock of 一群(羊、鸟等)。例如:

a flock of sheep 一群绵羊

a flock of birds 一群鸟

a flock of wild geese 一群大雁

a flock of goats 一群山羊

6. a gang of 一群（常指有组织的匪徒、罪犯等，含贬义；也可指一群有组织的人，属中性词）。如：

a gang of prisoners 一群囚犯

a gang of criminals 一帮罪犯

a gang of swimmers 一群游泳的人

a gang of youths 一群少年

7. a group of 一群（是最常用的表示群众概念的一个中性词语）。如：

a group of students 一群学生

a group of children 一群孩子

a group of retired teachers 一群退休教师

a group of girls 一群女孩子

8. a herd of 一群（大的动物群体）。如：

a herd of elephants 一群大象

a herd of cattle 一群牛

a herd of buffaloes 一群水牛

9. a horde of 一群（尤指一大群人，常含贬义。也可指一大群昆虫）。如：

a horde of lazybones 一群懒汉

a horde of locusts 一群蝗虫

a horde of flies 一大群苍蝇

a horde of fans 一大群粉丝

10. a mob of 一群（企图闹事的人）。如：

a mob of angry people 一群愤怒的人

a mob of peasants 一群农民

a mob of mutineers 一群叛徒

a mob of rioters 一群暴徒

11. a pack of 一群（关在一起的动物或一起猎食或成群结队的动物）。例如：

a pack of wolves 一群狼

a pack of dogs 一群狗

a pack of hounds 一群猎犬

12. a pride of 一群（引人注目的鸟兽）。例如：

a pride of lions 一群狮子

a pride of peacocks 一群孔雀

13. a swarm of 一群（昆虫等，尤指跟随一蜂王的蜂群；也可指令人反感的一大好群人）。如：

a swarm of ants 一群蚂蚁

a swarm of locusts 一群蝗虫

a swarm of bees 一大群蜜蜂

a swarm of fans 一大群球迷

14. a troop of 一群（尤指移动中的一大群人，也可指野生动物）。如：

a troop of schoolchildren 一群小学生

a troop of boy scouts 一群童子军

a troop of deer 一群鹿

a troop of visitors 一群参观者

——程丽、江隆华，郧阳师专教师与湖北丹江口一中教师，
《英语知识》2008（8）

【例析】本例讨论汉英表示"一群"义的一对多的手段。共列举了14类，归了类，但并非简单列举，每类括号里的文字实为各类英语表达手段的特点，也是彼此的意义差别。全文的主体是例证，通过例证可以感知各类表达法，即获得规律性认识。

综观全文，作者的宏观构篇有问题，第一，文章讲"'一群……'的英语表达法"，却用"a band of 一群（为了某一目的而纠结在一起的人，含贬义）"类的英汉对应方式，应反过来，将其后的括号打开，如"一群 a band of，表示……"，后者更为简洁。第二，文章按首字母编排14类英语表达法，无可厚非，还可按内容编排，即人—人+动物（褒义表达在前，贬义表达在后）—动物，各小类中再按字母顺序排列，这样逻辑顺序与形式顺序相结合，更显科学。

另外，本文若能对个别量词的精确概念意义进行解释，文章会更有深度。

第二节　源自教学

1. 教学相长

教学相长指在具体课程的教学中通过教与学的互动，教师得以提高，学生得以进步。教师写教学日记，学生写学习心得均是接地气产生选题的途径。

从教的方面看，教师教对知识的巩固、提高、创新有促进作用。要把自己的想法诉之于学生，学生的一个表情，一个动

作，一个疑问，都会激活教师，启发他从新的角度来发现矛盾，产生选题。另外，学生的问题，哪怕是无知的，也可能拓开教师未曾注意的思路。比如讲精读课上的翻译，不同的学生有不同的译法，一般是先求译对，后求译好，存在两个层次问题，可以产生选题：教学翻译的层次问题。

从学的方面看，学生学不只是关注自身与教师，也可关注学友间的互动，同样可以擦出思想的火花。要想掌握新知，最好的方法是学一遍。学习必有斩获，除了已有知识，更有自己的学习心得。比如，学习外语对话，学生爱用完整句，可不可以探讨对话中的学生腔？如何看待对话练习与实际对话的差别？对话练习与语篇省略关系如何？

2. 选题例话

教可以知困，学可以求新。教者对教的过程、学者对学的过程均可以留心发现问题，找到选题，继而写出一篇篇小文章。

【例 15】　　方向介词 to 与 for 用法辨析

请看一道选择题：

Though it was raining very hard, he decided to sail ＿＿＿ Hainan.

A. to　　B. towards　　C. for　　D. into

最佳答案不是 A，而是 C。介词 to 和 for 都可以表示方向，意为"去、往、到……"，但两词用法有所不同。介词 to 表示方向有两层含义。第一层含义是 toward or in the direction of a place or person。第二层含义是 expressing motion or direction toward a point, person, place or thing approached and reached, as opposed to "from"。也就是说，to 的第二层意义含有"接近或到达"，与 from 意义相反。例如：

1. He came to London last month. 他是上个月到伦敦的。

2. She stood up and walked to the door. 她站起身来,走到门口。

例 1 表示他已经抵达伦敦。例 2 表示她已经走到门口,其结果是她当时正在门口。

介词 for 表示预定目标、去向(intended destination),含义是 with the purpose of reaching。例如:

3. The children set off for school after they had breakfast. 孩子们吃过早饭上学去了。

4. I bought two soft-seat tickets for Wuhan. 我买了两张去武汉的软席票。

例 3 表示孩子们出发前往学校,只是说明往学校方向而去。例 4 表示火车开往武汉方向,并不说明火车与武汉之间的位置关系。请比较下列两例:

5. He has flown to the U.S. 他已飞抵美国(他现在接近或到达美国,强调终点)。

6. He had left for the U.S. before I came back. 在我回来以前,他已出发前往美国(行动的目的是到美国去,侧重于离开起点)。

介词 to 通常接在往来行动的动词后面,例如:go, come, move, walk, return, proceed, march, ride, send 等等。

介词 for 通常用在含有离开、启程等意义的动词或词组后面。例如:be bound for 启程往、开往……, be destined for 注定……, embark for 乘船去……, head for 向……前进, leave for 离开……前往……, make for 走向……、往……走去, run for 朝……跑去, sail for 启航去……, set forth for 启程、前往……, set off for 动身往……, set out for 出发往……, start for 动身去……, steer for 向……航行, 等等。

巩固练习题，注意后五道高考题比较灵活：（笔者略）

——缪庭，江苏省如东高级中学教师，《英语知识》2010（6）

【例析】本例由一道选择题导入，表明选题产生于教学，即产生于英语测试。由最佳答案 C 与 A 即 for 与 to 的选择性进入差异性的讨论，切入自然，指明二者同义之后再指出二者用法有别，一语道破异同。剩下的任务则是用例重点区分二者，最后以练习题巩固这一区分，指明与高考密切相关之处，进一步突出其教学价值。

文章采用试题解答到词义辨析的倒叙方式，可吸引读者。文章辨析的是 to 与 for 的关系，重在区别。据文中分析，to 的第一层含义一笔带过，侧重写 to 的第二层含义与 for 的差别，详略得当！

但是，解释词义照搬英语词典，to 的义项 2 由 "expressing motion or direction toward a point, person, place or thing approached and reached, as opposed to 'from'" 交代，义项 1 "toward or in the direction of a place or person" 与 for 的含义 with the purpose of reaching 也最好注明汉义，更方便读者。文章结构尚可，分段似乎不太合理，还可将区别 to 与 for 含义的段落归拢；例 5 与例 6 的分析文字应从括号内取出，集中比较。

第三节　源自读书

1. 勤读多思

读书有思，一者来自精读，二者来自泛读。精读能读到深处，可以肯定前人成果，提高知识的深度，进而发掘自己的思想。

泛读能捕捉大量的信息，扩大知识的广度，进而丰富自己的思想。

无论是精读，还是泛读，读书要善于提问。学问学问，要学就要问。提出问题，不仅要卓越的见识，更需足够的胆量。没有提问与质疑，便无立论可言。读书要善于提问，善于质疑，学贵知疑，小疑则小进，大疑则大进。有疑，再结合所读内容思考，还可请教老师同学。思考一些问题，再与有关论著结合起来学习，会发现更多的问题。

2. 选题例话

读书生疑，疑处即可产生选题。疑又可分自我之疑，于自己所不知的内容；他人之疑，于他人所不知的内容，二者均可以写成文字。因此，小文章要研究问题，要么是没有解决的问题，要么是他人不知道的问题。

【例16】　　未竟的《圣经》文学全译梦

《圣经》，尤其是其前部《旧约全书》，既是宗教经典又是希伯来文学总集，有着极为丰富的文学内容。诗歌乃《圣经》精华，《约伯记》、《诗篇》、《箴言》、《传道书》、《雅歌》、《耶利米哀歌》六部是诗，《民数记》之《井之歌》、《撒母耳记Ⅱ》之《弓歌》等也是诗。《圣经》具有丰富的文学性，但遗憾的是，唐代以来的《圣经》汉译未能留下一部文学性全译本。

变译损伤《圣经》文学性

唐代以来的《圣经》翻译出现过译述、摘译、编译等变译形式。所谓变译，与全译相对。如果说全译力求保全原作的内容与形式，尤其是宏观形式，那么，变译是对原作进行内容、形式以及风格的变通式翻译，遵循"需要什么就译什么，喜欢什么就译什么，爱什么样就译成什么样"的原则，其最大特点是有意改变原作内容和形式，以满足特定的需求。如选取原文主要内容或读者感兴趣的部分内容的摘译，对原作进行加工整理再翻译的编译，转述原作主要内容或部分内容的译述，择取原作重要或主要内容的缩译，诗歌译成散文的改译，等等。

《圣经》变译已使其失去了完整性，其文学性亦受磨损。后来有译者力求全译，但《圣经》汉译的文学性只是偶受重视，《圣经》汉译文学性让位于宗教教义，主要缘于译者无限忠于和敬畏于"上帝之言"，多数采取直译甚至死译，可接受性较弱。

《圣经》汉译文学化之旅始于严复。1908年，基督教组织大英圣书公会请严复翻译《新约》中的《马可福音》，严复译了前四章，约3400字。与翻译《天演论》一样，严复对原作大加变通，有归化倾向，大施变译策略，如改变原文的地理环境，把原文第2章23节的"麦田"、"麦穗"改为"稻田"、"（稻）穗"；再如删改与中国传统价值观不相符的内容，因"马太效应"与本土的"平均"、"公道"观相抵，索性将相关内容删除不译。严复学贯中西，翻译水平一流，古雅的文风更是独领风骚，严译《圣经》的文学性是《圣经》文学性与严复文学才华的璧合。不过，他视译为作，且译且作，其产品是名副其实的翻译文学，却非典型的文学全译，属于文学变译。

1919年的"官话和合译本"是最早且具有文学意味的白话译本，被誉为"新文学运动的先锋"和"白话文运动的先锋"，也被当时的中国文学界认定为"圣经文学"。即便是该本初版时采用竖排，对诗歌与散文显然未加区分，《圣经》诗歌的文学性因被忽略而失却。20世纪三四十年代，李荣芳、朱维之等也译过《圣经》诗歌，译者文学水平都很高，可惜只译了部分诗歌，部分地传达了圣经的文学性。

1941年，朱维之在上海青年协会书局出版的《基督教与文学》，首倡"文学"《圣经》翻译观，明确主张用与原作相近的体裁去翻译，如用骚体译《耶利米哀歌》，用五七言诗体译《诗篇》，用戏剧体译《约伯记》，用象征派诗体译《启示录》，以求各得其体。这对后来的《圣经》翻译有一定的引导作用。但是，四言、五言、七言、骚体等是中国常用的诗歌体制，以此译经，似乎是"以诗译诗"，有别于西方《圣经》诗歌翻译散文化的传统，但仍不是原作的诗歌形式，失去了原作的形式，也就失去了原作的文学性。

1946年，吴经熊在上海商务印书馆出版了《圣咏译义初稿》，他对原文作了归化和改写，比如为每首诗加题，属于编译；再如添加和删改原文内容等，也不是全译，而是摘译、译写等。

足本全译是努力方向

1946年，吕振中在燕京大学宗教学院出版《吕译新约初稿》，1970年，他又在香港圣经公会出版《圣经》全译本。吕氏多采用直译法，虽为全译本，学术价值高，但文学性较弱。

较多地关注《圣经》汉译的文学性则是20世纪60年代之后，究其原因，除了逐步认清其文学性、以文学翻译代神学翻译之外，译界认识到，只有文学性的《圣经》汉译才能走下圣坛，吸引更广泛的非教徒读者。1979年的"现代中文译本"是全译本，追求了文学性，但其诗歌翻译重在译意，多为译述，诗性特点因过于信守奈达的"动态对等"原则而亏失，导致《圣经》文学性大损。

近10年来，彰显《圣经》汉译的文学性成了大陆翻译家的一种追求。如张久宣翻译的《圣经后典》在1996年由商务印书馆出版；冯象根据希伯来原文翻译了"摩西五经"、《雅歌》、

《诗篇》等，2004年在江苏人民出版社出版《创世纪》；王汉川译的《创世纪》和《约翰福音》在2005年由群言出版社出版。不过，质疑之声频仍，如任东升在《圣经汉译文化研究》一书中指出，上述译本要么是只译片段，要么重宗教内容、轻文学性，要么翻译时未参照希伯来和希腊原文。香港曾组织神学家、《圣经》专家和中文译审推出全译本，但未被大陆译界认定为文学译本。近年来定居于美国的学者兼译家冯象参考希伯来原文，打算全译《圣经》。把"文学《圣经》"向中国大众和盘托出，这不仅是冯象个人的追求，更是中国翻译家的夙愿。《圣经》文学全译还在于从其原作即希伯来文本译出，这才是足本全译。由转译再译成汉语，受一次磨损之后再经二次磨损，全译与文学味均有所亏。

由上可知，《圣经》始于变译，后来尝试全译，但多囿于教义之重而偏于直译，均失却了文学味。汉译《圣经》的文学性，首先要传达原作的文学性，其次是以文学才情译全《圣经》，这样才可促其跻身于中国翻译文学经典之林。

——黄忠廉，黑龙江大学教授，《中国社会科学报》2011-08-23

【例析】写本文时，感触最大的就是选题角度。读一本书，思考某一问题，纵向看其所反映的对象，可见其动态，再对动态定性，就会产生观点，这种选题往往具有历史价值。

2010年获赠《圣经汉译文化研究》，畅读之余，生出许多想法，其中就涉及本人一直着迷的变译问题，于是写成本篇小文，以谢友人任东升教授。全译《圣经》，译出其文学性，一直是华人世界的翻译梦，但未实现，是"未竟"之业。"未竟"二字既向读者点明了观点，也展现了汉语精炼之美。

段 1 先陈述了《圣经》各部分的内容，介绍《圣经》的诗学性质，提出汉译文学性问题。最后一句话"唐代以来的《圣经》汉译未能留下一部文学性全译本"，引出主题。

段 2—6 讨论《圣经》因变译而损伤了文学性，反映《圣经》历年汉译的历史状况；段 2 在界定变译、介绍其特点之后，段 3—6 列举代表性的变译版本及各自特点，说明《圣经》变译的发展、优劣及其历史功用。正是因为立意重点在"未竟"二字，变译损伤《圣经》文学性，在全文中所占的比例比足本全译所占篇幅多了将近 1/3，反映变译历史的内容才是主体，显得丰富而有实感。

段 7—8 介绍了译界全译如何力求彰显其文学性，却未真正做到。段 8 最后才提到，冯象打算参考希伯来原文全译《圣经》时指出，真正的《圣经》文学全译是从希伯来文本译出，这才是足本全译。足本全译之意此处才水落石出。

文章辨明了《圣经》的翻译踪迹，即由多种变译到尝试全译的过程，之前的变译版本虽有局限，却也体现了其历史、社会作用，某种程度上顺应了读者的时代需求，有其必然性。因此，笔者提出以全译为努力方向的同时，略带贬低前人变译的味道，似乎不妥。

第四节　源自札记

1. 笔记生花

读书做笔记，对当下某些人是种奢啬。不断地写读书札记，勤于写学术日记，利用一切机会收集事实，写下理性思考，是研究性学习的良方。

古人读书治学讲求"四到":眼到、口到、心到、手到。最后一"到"便涉笔记,可见笔记之重要。将读书所得思考整理即可得札记。札记,即以较大篇幅写下读后心得、感想、评述、疑点、意见等。可见,札记是较高一级的笔记形式。

读书不只在长学问,更在于长见识,出思想。遇到满意之书,合意之文,读及会意处,免不了在书文空白间施以笔墨,或记心情,或发议论,不经意间留下妙趣横生的评点,回味无穷的文字,有时稍作缀联,即得一篇高妙小文。

2. 选题例话

随感随记,可写下感性认识与理性思考。这类读书笔记最易形成小文章,所读内容与自己的心得一结合,即可珠联璧合。有的札记可单独成小文章,有的则可串联起来,合成一篇。有的写成小文章后,还可进一步扩大为大论文,如例 66。又如:

【例 17】 "know better than to do sth."结构随笔

在《大学英语》(李荫华主编,上海外语教育出版社出版)第四册第一单元中有这样一个句子:I had had a marvelous steak, but knew better by now than to say so. 这里的"know better than to do sth."是固定搭配,我们在阅读理解或翻译时,切莫望文生义,而应从语义和结构上去理解它。

Know better than to do sth.: to be wise or well-trained enough not to do anything. 可译为"更懂事些(有更多的知识或经验)不至于(不能)做某事"。例如:

(1) She should know better than to show her gratification.
她应该知道不能露出满意喜悦的神色。

（2）His college sons should have known better than to try to get the best out of their employees by threatening them with bodily harm,

他的上大学的儿子们本应该明白，靠用体罚来威胁雇工是不能最大限度地调动他们的积极性。

2. know better than to do sth. 结构，形式上是肯定而意义上却否定，在译成中文时要把 than 译为否定词。类似的结构还有"more...than...can"结构，可译为"到了……不……地步"，"不是……所能……的"，"（使）……难以……的"；有时"more than...can..."结构还可译为"完全不能、简直不可能"。例如：

（1）I have more books than I can read. 我的书多得看不完。

（2）The beauty of the place is more than I can describe.
那地方景色之美，我简直无法形容。

（3）The pressure of his job was more than he could stand.
工作给他带来的压力他完全承受不了。

综上所述，本文开头的那句话应该译为：我吃的大块牛排美味极了，但此时还是不说出来为妙。

——吴全，信息不详，《科技英语学习》2005（1）

【例析】这类选题只要用心，可谓是唾手可得，本例即是源自教学札记。教学中一个词，一句话，其语言结构、语义内涵、汉译转换等等，均可催生问题。本例抓住"know better than to do sth."结构的理解，先抛出问题，让人带疑阅读，再对结构释义，并加例释；然后从形式上捕捉"形肯意否"的逻辑内涵，找到英汉语形式的表达差异，又加例证，文末则释解文首提出的疑惑。文章虽短，却有层次，问题的提出、分析与解决，一应俱全。

读完小文，还发现文中的结构只是讨论的对象之一，因此题目宜在"know better than to do sth."后加一"类"字,以求文题相对。文中的教材宜注明出版年代,以便读者查阅。段2"know better than to do sth."之后宜加入"意为",整个固定词组的释义汉译杂糅,"更懂事些(有更多的知识或经验)不至于(不能)做某事"难以索解,不如处理为"明白不……为好"。文章不长,可去序号"2",再说也未见序号"1"。

第五节　源自对比

1. 比中鉴别

常言道:只有比较,才有鉴别。差异性较大的事物懂得越多,就越能发现事物的特点。对比见异同,由此生选题,可以是 A 与 B 的互比,也可以是 A 背景下 B 的研究,前者是平行比较,后者是影响比较。通过对比能发现事物的本质特征,说服力强,可以总结事物的生存状态或发展过程。

语言对比可助发掘语言的共性与个性,文学比较可助发现人类创作的母题,文化比较可助创建文化交流的最佳方式,等等。现在流行网络文化,有 blog/блог 定名"博客"在先,bloger/блогер 出现后有人将其顺理成章地译作"写博客的人",意义上没错,但有无商榷的地方?试看"翻译"一词的义项:1)一种语际变化行为(translating);2)完成语际变化的人,即译者(translator);3)语际变化的结果,即译作(translation)。而 bloger/блогер 的后缀意为"从事什么行为的人",再看其汉译,发现"博客"所含的"客"字,本义有"客人或从事某种活动的人",如"食客"等,如此看来,bloger/блогер 译作"写博客的人",

就是叠床架屋，有语义重复之嫌。真是不比不知道，一比吓一跳。

2. 选题例话

比较的方面较多：语义的，语形的；当代的，历史的；结构的，功能的；等等。比如，国内"花园"与英语 park 有何区别？从语言与文化角度谈，也可从国内外城市历时发展进行历史比较等。再如"搞"字，英俄语如何翻译？从中可以反观汉语词典所收"搞"的义项并不全面。请看例：

【例 18】　　　葡萄与葡萄干：各有其味

读司葆华《风干的名著》(《光明日报》2008 年 12 月 13 日)，惊愕于"文学作品尤其是名著是不能改编缩写的"的断言。

司葆华批评的对象是"中国名著普及本"、"外国名著学生读本"、"袖珍本"、"卡通本"、"速读手册"等名著改编缩写本。没错，文学名著是个有机体，它可以全貌立世，却只是立世的方式之一，并不能因此而否定其他方式。正如牛奶可存以液态，却不妨碍它以几十上百种成品流通于世。照司先生的意见，《译林》等期刊就不能摘登国外小说让国人先睹为快！外国名著不能改为连环画！刚刚公布的诺贝尔文学奖获奖作品不能缩译成几百字告知国人！此类反例不胜枚举。

其实，读者的需求是多层次多侧面的，因时空而变化，不能一概而论，更不能以偏概全。司先生持有偏见，只能说明批评者的眼界有限，对名著众多的阅读开发渠道了解不够。这种改编缩写本不仅国内有，国外也有，美国曾将《西游记》摘译选成《猴王》，专为儿童量身定做。某些古典名著今有释译本，某些外国名著有不同形式的中译本。某些纸质名著有不同的改编本，某些影视名作也有不同的剪辑版。

名著完整本可以慢慢品味，获得美学享受；变通本可以迅速阅读，获得实用信息，这是两种不同的阅读现实，后者人群多于前者，这也是现代社会的实情。名著之类当然可以不变应万变，但是，以变应变也不失为一种文化选择！这是因为阅读方式的发展也在与时俱进，多元的社会应有多元的阅读观，多元的翻译观。

总之，葡萄与葡萄干人们照吃不误，名著与风干的名著可以并存不悖。

——黄忠廉，黑龙江大学教授，《文汇读书周报》2009-07-03

【例析】本文采用隐喻，将全本的名著喻作葡萄，将改编的名著喻作葡萄干。当时读完报纸文章，突发奇想，灵感一闪，就想到了葡萄与葡萄干一对概念。标题力求引人入胜，喻体贴近生活，吸引读者，使下文阐释内容生动形象。全文结构短小而清晰：提出质疑—反驳理由（用成功的实例说话）—全面总结—点题亮剑。文章结尾点题，前呼后应。

本文涉及翻译中人与人、词与词、方法与方法的对比。有大比，也有小比。大比是读人文章，自己与他人思想对比，有观点分歧，便有针对性地展开讨论，整篇文章就是相对而作的，属于应境之作。小比则是将文学名著的全译与变译当作 A 与 B 进行对比，被评者认为是对立关系，笔者认为是对立且统一关系。

现在回读，觉得段 2 末尾的几个叹号给人感觉太强势，为缓和语气，宜改为逗号或问号。段 3 列出几种变译事实，段 4 分析其存在的社会及文化原因，那么段 2 是否可以缩短，把译林、外国名著改编连环画、诺文学缩译等与段 3《猴王》等并举为翻译事实，以免乍一读，就炸出了火药味。

第六节　源自理论

1. 理论关照

任何研究都离不开理论的指导，掌握了某种理论，藉之可以观察事实，发现不同的事实，这是自上而下的、由一般理论推出特殊或个别结论的演绎式研究；再对一类事实进行自下而上的、由个性到特性再到共性的归纳式研究。两种方法结合，相得益彰，可以把一个小问题研究透。

掌握了本学科或外学科的国内外理论，用之考量外国语言、文学与文化的事实，可以检验之，验察其是否具有普适性，如果适用，就完全运用；如果不适，则要改用。某一理论的产生，可能对外国语言、外国文学以及外国文化的研究提供新视角，如接受美学引入文学与翻译学的研究、数理统计引入语言学与文学的研究等。

2. 选题例话

与源自理论的选题相应的小文章写作，一般是先简介理论，再分析其优劣，然后与所研究的对象相结合，力求在理论的指导下解决某个具体问题。选题源自理论，可以写理论的影响、运用、启迪，不同理论的结合，对理论的讨论、反思、补充、否定、重构、批评等。

【例19】　　　　建构翻译地理学新学科体系

翻译地理学这一与翻译相关的新学科正在形成。其思想萌芽于爱尔兰学者迈克尔·克朗宁（Michael Cronin）2003年出版的《翻译与全球化》一书,该书提出了"翻译地理学"(geography of translation)概念,并对之略作阐释。许建忠教授在2010年出版的《翻译地理学》则以专著形式尝试系统地建构这一学科,表现出了国内学者在学科创新方面的勇气。

翻译地理学是一门关系学科

什么是翻译地理学?许建忠认为它"是翻译学和地理学交叉研究的结果,具体地说,是将翻译及其地理因素相联系,将地理学和翻译学的研究成果引入相关研究,并以其相互关系及其机理为研究对象进行探索","从系统论角度审视翻译、研究翻译,对翻译中的种种现象进行地理剖析和阐释"。

一门新学科的创立,学界最关心的是其独特的研究对象以及据之建立的学科体系。从"翻译地理学"相关定义可知,许建忠从词语结构方面将"翻译地理学"定为"翻译"和"地理"的联合关系。可是,从其所建立的学科体系来看,却偏向于"翻译+地理学"的层次划分,重心落于地理学。这作为一种学科体系划分无可厚非,但与该书所定的研究对象略有抵牾。

从学科划分看,根据研究对象不同,可分研究事物性质的学科和研究事物之间关系的学科。交叉学科或关系学科旨在揭示事物之间的关系,如认知语言学研究认知与语言的关系、社会语言学研究社会与语言的关系等。研究某一事物的学科称为本体学科,把研究事物之间关系的学科称为关系学科,将关系学科从本体学科分化出来,是科学向着精细、系统方向发展的必然结果。基于关系学科的认识,翻译地理学的结构应是"(翻译+地理)/学",而非"翻译+地理学"。

翻译是文化跨越地域的桥梁,地理是翻译赖以生存的空间。由此看来,翻译与地理不是一般的并列关系,而是行为与空间的关系，是人类活动与背景相互依存和相互作用的关系。结合地理因素研究翻译，是翻译研究的一个传统，许多翻译现象，通过地理学研究才能得到比较合理的解释；结合翻译研究地理，却是一个有待发掘的领域，有些地理问题期待翻译学解释。

从关系学科视角建构学科体系

取关系学科的视角，依据翻译与地理的关系，可以从三个方面尝试建立翻译地理学的另一种学科体系。

第一，翻译与地理的对应关系。

翻译要反映自然地理和经济地理所涉及的一切。从语言与其所反映的对象来看，地理因素可映射在语言中，翻译与地理的对应关系需要充分观察和描写。如自然地理方面，各民族语言均能反映气候、水文、地貌、土壤和生物等自然要素，既有共性，也有特性，共性可以对应，特性则要转化，如英汉语中的东南西北可以对译，东风与西风则要转化。

第二，地理对翻译的影响。

从地理学角度研究众多翻译现象，可以考察翻译具有的地理学特征，其中最值得研究的是地理对翻译的影响。具体来说，包括地理对翻译以及译论的产生、发展、变化、消亡等方面的影响及其方式、特点等。

对翻译与译论产生影响的有自然地理因素，更有经济地理因素。以翻译活动为例，西方古代译事兴起于地中海，现代译事兴旺于欧洲，中国现代译事兴旺于香港，都与它们独特的地理位置密切相关。第二次世界大战促进了翻译事业的蓬勃发展；苏联的成立促进了各加盟共和国、各民族语言之间翻译事业的发展。世界语言的地理分布促成了翻译重镇的形成，国际大事导致翻译重心转移。

以译论产生为例。欧洲的翻译活动主要在亲属语言之间展开，由此催生等值论，而中国的翻译活动主要在非亲属语言之间展开，由此催生相似论。等值论不适于非亲属语言之间的翻译活动，而相似论可适于亲属语言之间的翻译活动，更具本质性，更适用于人类语际翻译。20 世纪 50 年代翻译的语言学理论产生于苏联，正与其和国内外翻译事业有关；现代译论传播更快，但在传播的过程中常有水土不服的症状，将其传播路线绘出，可以看出译论产生、发展、扩大、变迁甚至消亡的过程。

我们期待，若干年后研究学界绘制出的翻译地图集，至少包括"世界翻译历史地图"、"世界翻译地图"、"世界翻译理论历史地图"、"世界翻译理论地图"等，以展示翻译活动和翻译理论的区位、产生和发展过程等。

第三，翻译对地理的影响。

通过翻译研究地理，可由翻译了解不同地域之间的文化交流史，尤其可以从译事之兴衰考察经济地理方面所发生的变化，如因为翻译改变人类活动的地理布局、各大洲各国或某国、某地区的人类活动条件和特点的变化等。

纵观人类翻译史，翻译对一洲之影响、对多国之影响、对一国之影响、对某国某地区之影响均有例可查。如《圣经》通过一语多译，在西方形成圣经文化圈，具有面性特点；而佛经翻译从印度到中国，具有线性特点。又如日本在明治维新时期通过翻译学习西方，此后百年在世界政治、经济地理格局中的地位逐渐上升。

翻译与国家安全问题，实际上也是翻译地理问题。某国与他国之间的翻译活动事关地缘政治，与他国可能是近邻关系，如美国与海地等，也可能是远交关系，如美国与阿富汗等。是否及时译得所需信息，有时可以影响世界或地区的战略预测和政治行动。

——黄忠廉、焦鹏帅，黑龙江大学教授与四川大学博士生，
《中国社会科学报》2011-03-24

【例析】本文体裁为书评。好友寄来专著，觉得新鲜，一口气读毕，正好激活了我原先对翻译与地理关系的思考。

笔者要为翻译地理学建构新的学科体系，其逻辑前提是已有人创建了这一学科的理论体系，可见是对已有体系不满意，才起了重新创建的念头。那么，已有的学科体系是什么样呢？请看许建忠《翻译地理学》所建的框架：翻译自然地理论、翻译人文地理论、翻译城市地理论、翻译旅游地理论、翻译政治地理论、翻译文化地理论、翻译经济地理论、翻译民族地理论、翻译宗教地理论、翻译行为地理论、翻译与全球化地理发展。

本文开篇报道了许氏著作面世的信息，并予以充分的肯定。第二部分则先阐明其观点，再针对性地讨论：从许氏给"翻译地理学"所下定义出发，导出其学科应有的性质，再以之为矛，攻其全书的学科体系，发现有矛盾，全书重心在地理学；从全书框架看，相当于将地理学的框架挪入翻译学。既然许氏也认定翻译地理学是关系学科，就应按"翻译＋地理"关系式进行逻辑推演。文章顺次进入第三部分，直抒己见，建构新的学科体系，分三大板块：翻译↔地理、地理→翻译、翻译←地理，即翻译与地理的对应关系、地理对翻译的影响与翻译对地理的影响。由此建构的翻译地理学才是交叉学科的真正相融相生，而非简单的嫁接。

第七节　源自历史

1. 动中察变

历史是历时的，源自历史的选题是从历史长河中撷取的一朵浪花，把玩一番，这决定了论文的论述内容。向历史讨选题，是纵向动态地思考问题的方式，或取某段时期某一外国语言、文学或文化现象做动态考察；或是由今追古，立于当下，回顾过去，由流溯源。

历史可以体现思想的变化与发展，故可通过读史反省过去，认识现在，远观未来。学会动中察变，要有透过历史的远见，动态发展的事物要学会追溯源与流的关系。读书不只是获取新知，也要留意由旧到新、由错到对的思想升华的历史过程。有人曾留心生活中语言的发展变化，细心记录，查阅各大词典，发现暂未入典的汉语词多是随着时代发展而出现的新词，或口（俗）语词，于是有感而发，撰文多篇。

2. 选题例话

动中查变，可以对流行词的语义溯源，可对不同历史时期语法现象的变化及其原因等进行考察，还可对某一翻译事件的始末进行梳理等，而历史考证的重点应是变化的脉络。

【例 20】　　　　严复翻译始末小考

去年是严译《天演论》正式刊行一百一十周年，但是就其始译时间与初版时间以及严复翻译活动始于何年，国内译学界、史学界、思想界、学术界经常混淆，是个值得澄清的问题。

《天演论》始译与初版时间,国内目前有几种看法,拟举最近十年颇具代表性的观点:

严复从一八九六年起到一九〇八年间,先后翻译了赫胥黎的《进化论与伦理学》(严译:《天演论》)……(李宪堂:《严复与〈天演论〉》,载《光明日报》二〇〇七年十月十一日)

严复于一八七九年回到中国,仅一年过后,使他闻名于世的译著,即基于托马斯·赫胥黎(T. H. Huxley)的《进化与道德》(*Evolution and Ethic*)翻译而成的《天演论》出版了。(孙艺风:《离散译者的文化使命》,载《中国翻译》二〇〇六年第一期,6页)

一八九六年,严复翻译了英人赫胥黎的《天演论》。(闵杰:《戊戌风云》,29页,上海辞书出版社一九九八年版)

严复的翻译活动开始于一八九二年,最早译出来的是宓克(A. Michie)的《支那教案论》(*Missionaries in China*),……一八九七年,严复翻译及出版了赫胥黎的《进化论与伦理》(*Evolution and Ethics*)中《序论》及《本论》两篇,名为《天演论》。(王宏志:《重释"信达雅"——二十世纪中国翻译研究》,90页,东方出版中心一九九九年版)

严复的译事开始于一八九八年,他以精熟的海军战术和炮台学的留英学生的身份,而去译介西方的人文学术思想著作,这本身就值得注意。(刘梦溪:《中国现代学术经典·严复卷·总序》,河北教育出版社一九九六年版)

中国对外翻译出版公司"翻译理论与实务丛书"总主编罗进德在"刘宓庆译学著作全集代序"(见刘宓庆:《文体与翻译》,中国对外翻译出版公司二〇〇六年版)中指出:"我们有的学者教授,谈起外国理论和术语如数家珍,可是谈起中国事情,开口便错。有的说严复从英国回来'仅一年过后'就翻译出版了《天演论》。"翻译学界有些学术专著也是如此，如果说上引王宏志的认识有偏差，可归因于作者来自文论研究领域，有所偏误，可以理解，那么高惠群、乌传衮著《翻译家严复传论》（上海外语教育出版社一九九二年版）在"附录二·严复年谱"中未注明严复开始翻译的年代，沈苏儒在《论信达雅——严复翻译理论研究》（28—36页，商务印书馆一九九八年版）中论及严复的时代、生平及其翻译业绩，对其翻译活动的肇始也只字未提，则有些令人遗憾。

严复翻译活动到底始于何年？《天演论》出版于何年？不仅翻译界需要澄清，中国思想界、文化界、学术界也需要了解。其实，严复最早的翻译活动始于他留学伦敦的一八七八年十一月，时年二十五岁，译蒲日耳著《游历日记》，又译《泰晤士报》报道文章《中国初次遣派驻英钦差大臣将启程离英》，送呈驻伦敦中国公使郭嵩焘。一八七九年回国，他并未马上投身翻译。究其因："他们中的许多人并不是一开始就致力于学术，而是受时代潮流的激荡，往往一个时期无意为学，有心问政。康有为、梁启超、章太炎、黄侃、熊十力等莫不如是。……但是中年以后，渐悟政治之不可为，转而潜心学术，又卓然立说成家。"（刘梦溪：《中国现代学术经典·严复卷·总序》，55页）严复正是此类人物之一。回国后，一八八〇至一八九四年他一直从教，曾任北洋水师学堂总教习、会办、总会办；其中四次乡试，还是一门心思要入仕途，严复屡考屡败，屡败屡试。其间还曾与人合股开矿，以实业改善经济状况；仅在一八九二年读英国传教士宓克著《支那教案论》，并着手翻译此书。十五年间，因好诤言，由原先的为清朝高官所看重落得后来只为其专用的境地，他感到官场失意,心怀满腔激愤,又恰逢一八九四年民族危机加深,因此决意"致力译述以警世",转入规模性的翻译活动。其中最著名的《天演论》起笔翻译应该在此之后不久,而不是学界所说的一八八〇、一八九七年,更不是一八九八年。

我们不妨用排除法和推测法来探究《天演论》的始译时间。一八九七年十二月至一八九八年二月,严译赫胥黎著《天演论悬疏》(即《〈天演论〉导言》),载《国闻汇编》第二、四、五、六册;一八九七年二三月间,以《天演论》乞吴汝纶作序;一八九六年十月十五日,撰《天演论》序。上述事实表明,《天演论》应该在一八九五至一八九六年间。而且《天演论》的始译时间与甲午战争相关。一八九四年七月二十五日,甲午战争爆发;十月至十一月为战争第二阶段,清军陆、海两条战线均显败绩;十二月至次年三月为第三阶段,清军在山东半岛和辽东两个战场全面溃败;一八九五年二月十七日,北洋舰队覆灭,半月之后他写道:"日本以寥寥数舰之舟师,区区数万人之众,一战而翦我最亲之藩属,再战而陪京戒严,三战而夺我最坚之海口,四战而覆我海军。"(《原强》,载《天津直报》一八九五年三月四至九日)。此间,严复最有可能翻译《天演论》。另外,现今发现最早的《天演论》译本,一八九五年三月由陕西味经售书处刊印,它无自序和吴汝纶序,无译例言,文字与后来译本有较大出入,表明该译本为初稿,是应急之译,情急之译。进一步表明:一部五万字左右的小册子严复独译,毛笔书写甚至是誊抄,大约需要两个月;译稿从天津传至陕西,加上刻版、校对、印刷、装帧等,大约需要一个月。从译到印,前后至少得三个月。从一八九五年三月往回推算,起译时间也应在一八九四年底至一八九五年初。而一八九八年六月湖北沔阳卢氏慎始基斋私自木刻印行的是第一个通行本，同年十二月天津侯官嗜奇精舍石印发行的是刻印质量最好的版本之一。一九〇五年由商务印书馆正式铅印出版。

严复从译时间持续了三十八年（一八七八——九一六），前十六年基本上无成就，除《天演论》外，其余七大名译成于后二十二年（一八九四——九一六）：《群学肄言》（一八九七——九〇三）、《原富》（一八九七——九〇〇？）、《群己权界论》（一八九九）、《社会通诠》（一九〇三）、《穆勒名学》（一九〇〇——九〇二）、《法意》（一九〇〇？——九〇九）、《名学浅说》（一九〇八）。一九一二年后，五十九岁的严复拟续译《穆勒名学》，未果；一九一四年，译了卫西琴著《中国教育议》，由上海文明书局出版，并在湖南、云南、浙江等地报刊上连载；一九一五年，摘译第一次世界大战的进展状况，呈送袁世凯；一九一六年十二月，用英文撰写 *A Historical Account of Ancient Political Societies in China*（《中国古代政治结社小史》）刊于 *The Chinese Social and Political Science Review*（《中国社会与政治科学学报》）第一卷第四期，同时拟续译《法意》和《穆勒名学》，未果。在生命的最后五年，严复不再涉及翻译。就在他去世的一九二一年，《天演论》印行第二十版，可见其影响。

——黄忠廉，黑龙江大学教授，《读书》2009（2）

【例析】严复因译《天演论》而声名鹊起，于是不少人甚至是学者便顺理成章或不加查证地认为严复的整个翻译事业也始于《天演论》。即使这样，《天演论》的始译时间也众说纷纭。抓住整个严译与《天演论》汉译这两个起点，再放在整个翻译事业中考察，就产生了对严译始末小考的选题。

为显示选题的必要性，文首列举了几种最近颇具代表性的观点，证明了学界对严译肇始时间混乱不清。那么，严复翻译活动到底始于何年？文中以严译《泰晤士报》报道文章《中国初次遣派驻英钦差大臣将启程离英》为据，证明当时严译是学生试笔。因学界爱拿《天演论》作为严译事业的起点，所以文章随后用排除法与推测法探究《天演论》的始译时间。

至于严译其他七大名译只需列举每部翻译始末时间即可，最后严复给自己的翻译事业画上句号的应是 1916 年，他想译完《法意》与《穆勒名学》，却有心无力，终成一生憾事。

第八节　源自话题

1. 冷暖有知

话题是谈话的中心，话题分两种，一是热门话题，一是冷门话题。一个话题引起社会关注，至少说明它具有普遍性与广泛性或问题性，如果与自己有关，不妨凑近一看。热门话题既有永久性的，如新词问题、外来词问题、网络语言问题、具中国特色词汇的外译问题等；也有时效性的，如海峡两岸外来词的统一问题、美语比英语更受欢迎调查与对策、外国文学作品畅销调查、欧美文化在中国传播的比较问题等。热门话题容易找，但不易做，因为做的人太多，出新不易。

当然，研究毕竟不是赶场，研究更鼓励启动新的选题，其中许多是冷门话题，即大家不太关注的问题。冷门话题也不容易找，但找到以后，更有做的价值，因为做的人少，比较容易出新。由冷门话题产生的选题是注意别人没在意、却又需要解决的问题，比如方言与水土、方言与翻译、外语教学的地域性困难、外语新生入学后发音的地方性及其对策、作家自杀与其作品主人公的关系、作家爱情观与其作品主人公的关系等。

不过,冷热是相对而辩证的,热后趋冷,冷门话题受关注可被炒热,这也是一种规律。

2. 选题例话

话题不论冷热,只有热心的人才会从中发掘选题。在大家热衷于一事的时候,你能从中见所未见,即是好选题,能趁机撰文发表;在大家冷眼旁观或忽视时,你能从中解人所未解,发人所未发,也是好选题,更容易发表。例68就属于典型的冷门课题。又如:

【例21】 经典能守住母语的根

小儿黄豆出生时,我就暗下决心:给他良好的母语教育。最初背儿歌,后来是唐诗。初上小学,订阅浅易拼音读物,等他识字过千,又订了《儿童文学》,让他从故事中感悟母语,寓教于乐。再后来,就准备让他读经典。7年前在成都出差,为他买了"经典蒙学文库",包括《三字经》、《千字文》、《千家诗》、《增广贤文》、《幼学琼林》等多种,有时他也能挑拣着读一些;前辈武汉大学郭著章教授出版《汉英对照蒙学精品》(三册),赠我品读,我也为小儿备着。一时间还真感到儿子说话简炼,文字略有丰采,我暗自得意,认为那是经典的雨露滋润。

岂料他读到中学,就被《哈利波特》、《噩梦小屋》等畅销译作摄了魂,打乱了我的如意算盘。因为我有一偏见,认为少儿慎读译作,多读经典,才能保护母语的新鲜感和敏锐力,所以常为《儿童文学》的英汉对照捏一把汗。

儿子读得少了,"经典"就成了我的案头必备。学教外语之余,信手翻翻;留学白俄罗斯期间,还带了一本《声律启蒙》,为少时"开门办学"补课。多年下来,我深感经典是源,能化作涓涓细流;读典有益,且受益无穷,对学外语的人尤其如此,可以抵御欧风美雨。

经典能防译文滞涩。读经典,于我最大的收益是少了翻译腔,无论是英译汉,还是俄译汉,断然不会译出"有了一个灵感",语感叫我直通"灵机一动"。教翻译课时,言简意赅式点拨或批改,颇能赢得学生的惊羡,让他们感受母语的美,如"在可能早的时间里"改作"尽早","奇异的鸟类"改作"珍禽","你负责种花,我担负一切费用"改作"你种花,我出钱"之类。

经典能守住母语的根。人到中年,经常受熏于经典,有助于母语的养护。你时时会感到汉语的灵性,品味汉语的细腻,体悟汉语的高妙。经典能滋润学术之笔,靠的是经典陶冶而成的思维与表达的方式,因而能去欧化,讲谨严,求精炼,有生气,有话则长,无话则短,洗尽铅华呈本色。

经典催生了我的"变译理论"。在比读《论语》、《孙子》等典籍今译本和英俄语译本时,我发现古文的阐释性今译,古文的阐释性外译,加例式译写(如光明日报报道过的瑞士胜雅律将三十六计译写成《智谋》),非常有趣,再结合严复、林纾等国内外这种变通式翻译,于新世纪之交提出了"变译理论",2002年出版了《变译理论》,这是受惠于经典润泽的旁证。

为儿买典自己读,倒也读出了乐趣,读出了成绩。

——黄忠廉,华中师范大学教授,《光明日报》2007-02-03

【例析】这是一篇应征文,源自2007年《光明日报》读书版举行的"经典启蒙征文",算是热闹话题。大家习惯了通俗与快餐文化，有多少人多久没读经典了？因此，报社发起了这次征文。

笔者的童年随右派父亲在江汉平原农村度过，小学基本上开门办学，在田间地头劳动。一生的童子功被荒。文革结束时已近小学毕业，因此时常感到基础不牢，文化底蕴不厚，无知的东西太多，许多经典失去了最佳学习时机。因此，尽量让犬子黄豆少时多接触经典。可是时代变迁，也不能完全遂愿。有感于此，便写了这篇应征文字。

这是笔者发表最快的一篇短文，2月1日投稿，2日录用，3日见报。当时编辑王大庆先生改动有两处，一是题目改得好，用文中"经典能守住母语的根"代替了原题"为儿买典自己读"；原题完全从经典与儿子与笔者的关系变化角度思考，具有鲜明的个性；改题则更切题，也避免了作者的个人之情。二是文末删除了一些笔者读经典出成绩的内容，现在想来也汗颜：有卖弄之嫌。

第九节　源自生活

1. 处处留心

人生不总是工作与学习，还有生活。一个敏于生活的人，会关注生活的方方面面，常与之撞出火花，或者受到启发。这些思想火花或者启迪，有时是一种偏得，一种灵感，一份意外的收获，来得轻松，写起来也极为顺手。文章源于生活。生活是"源"，体验、观察、思考是作文的唯一途径。"流"即成文章。生活中若能注意发现、挖掘、感受，即可锻炼我们的敏感度，发现更多的"兴奋点",便能写出好文。

感悟生活,生活总能为我们源源不断地提出新问题。如笔者在武汉时发现538路公共汽车曾刷有一则广告"改变我们的喝法","喝"(hē)在武汉方言中念huó,暗指"活法",利用谐音产生了极强的幽默效果,这种方言广告在其他城市也有。那么方言与广告,其语表形式、语里意义、语用价值上有何值得研究的?英俄日语中是否也有类似现象,如何研究?再如,无论国外还是国内,用方言喊人为什么比用普遍话音值高一些?

2. 选题例话

闲聊/读/听/看,甚至是偶遇,是生活不可或缺的,留心处处皆学问,更适合小科研。走在街上,看到一则双语广告,可以琢磨琢磨;旅游途中听到民歌,可以联想双语双文化的问题;阅读本土文学名著,可以比较外国文学中类似的文学现象。

【例22】　　　从一起翻译事故说开去

去年黑龙江省绥芬河市某外贸公司与俄罗斯海参崴再生资源股份公司签订了一份出口洋葱的合同。按合同中方公司经理洪先生从辽河油田发运了40吨洋葱至对俄边贸口岸绥芬河市,俄方总经理Алёша应邀过境接货。未见货之前,洪先生请来的翻译把"洋葱"(репчатый лук)误译为"葱"(лук),Алёша马上表示拒绝接收,声明中方没有履行合同。这可急煞了洪先生,他心急如焚,这可是他个人贷款几万元买来的40吨货啊!同时他感到莫名其妙,认为自己履行了合同。迫于无奈,他苦苦哀求至少要10吨,碍于友情,从长远合作计,Алёша同意了。于是他们来到仓库,一看到堆积如山的俄罗斯人爱吃的洋葱时,Алёша欣喜若狂,立即答应全部接收,洪先生这才如释重负。那几日洪先生食不甘寝不安，头上又平添了几根白发。据说他后来去河南治过病，这病与那事故不无关系。

这一词之差，害人不浅。事故不大，却令人深思。

作为译者，他首先应具有高度的责任感，处处谨慎，时时认真，不能想当然，自以为是。知之为知之，不知为不知，勤查勤问才是严谨的译风。倘若那位译者查一下汉俄或俄汉词典，也不会闹出如此事故来。当谈判中出现较大问题，尤其是与翻译有关的问题时，译者应冷静地追根索源，或重阅合同，或查阅词典资料。"曲"不离口，"典"不离手。在国外每每看到"小翻译"（中俄边贸中从培训班毕业的翻译的雅称）带着一本中小词典走向谈判桌时，我都为之担心。

严谨的译风必须以坚实丰厚的知识为基础，翻译人员的金字塔式知识体系应该是外语语言知识、社会科学知识、自然科学知识。前二者，尤其是前者，翻译人员一般都较重视吸收，而第三者则常常被忽视，要学也是赶鸭子上架，或者是临时抱佛脚。临时突击有点实效，临阵磨枪不快也光嘛！但是，一个准备认认真真做翻译的人平时就得老老实实、循序渐进、按部就班地学习一些科技知识。鲁迅先生曾说："……学文学的，偏看看科学书，看看别人在哪里研究的，究竟是怎么回事。"那位译者中学学过植物知识，与生活有关的植物也略知一二，"洋葱"与"葱"不可等同视之，不能统统译作 лук。

社会是个大课堂，生活如包罗万象的百科全书，在生活中处处有学问。"洋葱"是家常小菜，即食用的"葱头"，呈扁球形，其肉似鳞片。而"葱"是使我们的汤菜香气扑鼻的作料，叶呈圆筒形，中空，有植株高大的"大葱"，也有植株短小的"香葱"。若那位译者细心，稍一留神，其生活经验也会告诉他，这是两码事。可是他粗心了，要么是无生活经验，要么是对 лук 的词义掌握不准，张冠李戴了。

可见，有时一名之译，需小心谨慎。只有不断丰富词汇，建立合理的知识结构，积极地积累生活经验，才能做到对作者(言者)和读者(听者)真正负责，才不至于重蹈《黑炮事件》的覆辙。

——黄忠廉，江汉石油学院龙江贸易公司副经理，
《上海科技翻译》1994（2）

【例析】这是一真实的故事，甚至是事故！故事性虽不强，却也有起承转合的结构，笔者抖了包袱，既设了包袱，也解了包袱。这类文章只要译者有所观察与思考，唾手可做，抓住生活与译相关的一点，生发开去，做一番思考，略作分析，或可警人，或可启智。

文中的"翻译"是笔者同专业校友。文中提到"平添了几根白发"，实际上是一夜花白。害人不浅的是译文中一词之差，产生的经济效益却判若云泥。笔者要从事故说什么，无非是文末强调的"不断丰富词汇，建立合理的知识结构，积极地积累生活经验"，全文正是循此展开三段。

文章先叙述故事本身，更重要的是"说开去"。说什么？是真正要告诉读者的。要说的内容很多，紧扣事故，只取三点：第一，要有高度的责任感，属于态度问题；第二，要有丰厚的知识，属于知识问题；第三，处处留心皆学问，属于生活实践问题。三点内容如何说？本文采用了层层剥笋的方式，由高而低，由外而内地展开。态度决定方法，负责的译者会想会问会查，平时会积累各种知识，尤其是自己无知的领域。而获得知识，不仅重视课堂书本知识学习，也要重视社会阅历与生活经验，更重要的是学以致用，不能知归知，行归行，要做活学活用、

知行合一的译者。

　　小小事故，却涉翻译伦理。这起事故令人深深感到译者的职业责任，译者职业道德应成为翻译课堂，尤其是 MTI 不可或缺的教学内容。

写 作 篇

　　有了选题,先得确定其写作层次,能写或需写哪一层就写哪一层;再在所定层次上根据内容与拟投园地确定文章的类型,按照小文章的要求谋篇布局。若有必要,还可以从小文章走向大论文。

第三章 小文章写作层次

把感兴趣且值得研究的问题立为研究对象，宛如建了一座观象台：下可观地，成为地震台，微观观察问题的 WHAT；中可观气，成为气象台，中观描写问题的 HOW；上可观天，成为天文台，宏观解释问题的 WHY。三者构成了小文章写作的三层次。

小文章写作的观察层、描写层与解释层由表及里，层层深入，互相联系，而非孤立存在。对本科生、研究生或研究入门者而言，小科研要求学会对现象全面观察，锁定描写，能做出初步解释，不提倡贪大求全，一口吃成胖子。

第一节 观察层

1. 捕捉现象

观察是研究的开端，旨在捕捉现象，寻找要研究的 WHAT。研究事物，先要观察，只有观察充分，才能解释充分。

怎样才算观察充分？即由此及彼，方方面面辩察，全方位多层次地设立观察点。观察点越多，了解就越深。观察有不经意的，可随时留意，可用心搜集，但必须勤于记录。观察工作属于田野调查，有时很烦琐，很辛苦，纷繁复杂的现象需要研究者披荆斩棘，要在一定的理论指导下去分辨识别，从中发现可研现象。为此，勤读书才能有一面观察事物的镜子；勤用眼/耳才能眼观六面，耳听八方，才能捕捉动人感人的现象。还要勤动手，观察了现象而不能随时记下，点子就会稍纵即逝；勤动脑，有了新鲜事物而无深入分析的本领，不深入发掘事物的本质，不会追问"为什么"，有米无巧妇，也嗅不到饭香！

2. 观察例话

充分观察不仅观察自己所需的事实与主流现象，更应观察反例。有人观察时只收于己有利的事例，对不能为己服务的不利事实或现象有意避用，缺乏实事求是的态度。其实，另类事实最能完善已有研究，甚至有助于提出新的问题与研究视角。从大众熟视无睹的现象中能察人所不能察，往往可以获得意想不到的研究对象。本书众多小文章，多数来自于观察。

【例23】　　　趣谈俄语中的回文现象

最近读到苏轼《词·菩萨蛮》：柳庭风静人眠昼，昼眠人静风庭柳。香汗薄衫凉，凉衫薄汗香。手红冰碗藕，藕碗冰红手。郎笑藕丝长，长丝藕笑郎。和拿破仑被流放到 Elba 岛时说过的一句话：Able was I ere I saw Elba（在我看到 Elba 岛之前，我曾所向无敌）。这两个示例不论是从左向右看，还是从右向左看，内容都一样。这就是我们所说的回文现象。回文（палиндром）一般是指顺读或倒读都一样的词、词组及句子等。我们可以看到在汉语和英语中都存在回文现象，那么在俄语中是否也存在回文现象呢？笔者穷尽式地查找了《现代俄汉词典》（外语教学与研究出版社，2002）和《俄汉通电子词典》（黑龙江大学研制，2009），总结了如下方面。

一、回文单词

1. 普通单词（42个，略）

2. 专有名词（53个，略）

1) 俄罗斯人名（8个，略）

2) 世界主要地名（17个，略）

3) 世界主要河流（6个，略）

3. 常用的缩略词（22个，略）

二、回文词组（4个，略）

三、回文句子

1. 日常言语（4句，略）

2. 文学作品

1) 名人回文句（6句，略）

2) 普通的回文句（9句，略）

四、回文诗（2首，略）

通过上述内容可以发现在俄语的单词、词组、句子和诗中存在回文现象。经查询找到95个单词和4个词组具有回文现象。其实，俄语中的单词普遍音节较多，单词较长，因此不容易形成回文现象。从上面示例不难看出构成回文单词的多数是名词，还有形容词、数词（用阿拉伯数字书写如：2002）、代词、动词、副词、前置词、连接词、语气词、感叹词。其中形容词和动词不容易构成回文单词，因为形容词常以 -ый; -ой, -ий 结尾，以 -й 开头构成的词，屈指可数，很难构成回文单词。但是形容词短尾和形动词短尾有时能构成回文单词。动词原形常以 -ать（ся），-ять（ся），-ить（ся）等结尾，但是以 -ь 开头构成的词没有，也就是说构成不了回文单词，以 -я 开头构成的词不多，构成回文单词的几率也不大。但是少量的动词命令式和过去时可以构成回文单词。可见，单词构成回文单词不容易，构成回文词组也不容易。要用单词或词组构成回文句子或回文诗，那就更需要语言使用者的文学功底和智慧。上述的回文句子和回文诗是笔者从 www.mail.ru 网站上搜到的，供大家欣赏。希望通过上面的介绍能使喜欢俄语的读者们感受到俄语的奥妙和乐趣。

——孙秋花，黑龙江大学博士生，《俄语学习》2013（4）

【例析】孙秋花同学 2012 年秋旁听笔者为硕士生开设的《外语小科研入门》课程，讲到例 45 时，笔者说俄语回文也可写大小文章。于是，她翻阅了她正在俄语学院兼课所用的一年级教材，在语音部分的音组里果真找到很多回文现象，如 поп、потоп、пуп；тот、топот、тут；обо、ого、оно 等。为撰小文，她又穷尽式地查阅了《现代俄汉词典》与《俄汉通电子词典》。每天中午查两个字母，记下回文词语，一个半月下来将所查得词语分类整理完毕。之后又从 www.mail.ru 网站找得回文句与回文诗。定稿于 2013 年 1 月 9 日试投，3 月 4 日录用，第 4 期刊出。

文中俄语回文为笔者所略。标题中"现象"二字已将文章定位于观察层，只是"趣谈"打头，趣味不够。文首的"苏轼《词·菩萨蛮》"应是"苏轼词作《菩萨蛮》"。除首尾的开头与规律性总结外，文章主体仍是列举了充分观察到的现象，思路上受例 45 的启发，又有所超越：一是分类，按回文单位大小规律共分了 4 大类，依从小到大排列；二是回文词与句又分小类，这样建构的回文体系比较完善，反过来又可启发英语界的观察，甚至是规律性与理论性研究，进而写成大文章。

【例 24】 符号 @ 详论

小小的符号 @ 有着种种叫法。它在电子邮件的地址里,用来分隔用户名和网址域名,例如:meadclay@hotmail.com。在英语里,大多数人将其称为"符号 at(或 at)"。国际电讯协会称其为"商用 at(commercial at 或 commat)";还有将其称为"地址号(address symbol)"、"果馅奶酪卷(strudel)"、"漩涡(whirlpool)"、"玫瑰(rose)"或"卷心菜(cabbage)"的。

在电子邮件还没有出世之前很长的一段时间里,商业界往往把符号 @ 用来表示"每(each)"或"每个(a piece)"。例如:door hinges@$1.95(门上铰链,每套 1.95 美元);3 avocados@$0.75=$2.25(三个鳄梨,每个 0.75 美元,共计 2.25 美元)。

那么,这个符号是怎样走进我们的电子邮件里的呢?它最早是作为拉丁语 ad 的代用词而出现的,其含义为 at。虽然多年来 @ 有着多种功能,却从没有像现在这样作为人人皆知的当今互联网的标志。早在 19 世纪,第一台打字机的键盘上就设置了这个符号,可见它必定是很有用的。它作为标准打字符号之一,1961 年也包括在美国信息交换标准码(ASCII)的特殊字符中。

现在,让我们来看看 1972 年的一个夜晚所发生的事情吧:瑞·汤姆林森——美国国防部高级研究计划局网络(ARPANet)工程师——正在为电子邮件草拟程序,他在寻找一个符号,以便把用户名和网址域名分开,他要找的符号必须是键盘上已经有的,并且是属于美国信息交换标准码(ASCII)范围之内的,还得能与用户名所使用的拉丁字母截然不同,于是,他便选择了 @。

我们再来看看人们是怎样称呼它的。在最近的几年里,其使用在世界各地迅速流传，故不同地方的人就以不同的名字来称呼它。

当你听到在一些语言里，干脆就用英语词 at 来直接称呼它，通常只是在发音上略作修改时，会感到这没有什么值得大惊小怪的。如：在阿拉伯语、汉语、波斯语（伊朗）、芬兰语、希腊语、印度尼西亚语、日语、希伯来语和挪威语中就是这样称呼它的。有的国家语言虽然也在使用键盘上的这一符号，但是对其称呼时，却加了一些地方色彩，如：爱沙尼亚语、法语、意大利语和立陶宛语就称其为"商用 a"；然而，法国人和挪威人有时称其为"卷曲 a（curled a）"；塞尔维亚人通常称其为"ludo a"，即"疯狂 a（crazy a）"之意。

许多世纪之前，西班牙语、葡萄牙语和法语从阿拉伯语里借来了一个量词 arroba（阿罗瓦），含义为 25 磅的重量单位，并将其缩略为 @，当今这同一符号用在电子邮件中，仍沿用原来的叫法，如：西班牙的加泰罗尼亚语称其为 arrova，法语称其为 arobase。

让我们来欣赏一下多元文化里的人们是怎样观察这个符号的外形并选择各自不同的词来表达其感受的。在一些国家里，人们认为它像一只耳朵，所以，阿拉伯语称其为 uthun，德语为 Ohr，土耳其语为 kulak，均为"耳朵"之意。在瑞典人的眼里，它却像大象的耳朵，所以瑞典语就称其为 elefan tora，即"象耳"之意。在土耳其，有人觉得它像玫瑰花，就称其为 gul，意为"玫瑰花"。在另一些国家人们的眼里，它像一种食品，特别像那里流行的卷馅饼，所以西班牙加泰罗尼亚语称其为 ensai mada，希伯来语为 shtrudel，瑞典语为 kanelbulle，均为"卷馅饼"之意。然而，在捷克/斯洛伐克语里，人们觉得它像一条卷起来的鲜鱼，便称其为 zavinac，意为"鲱鱼卷"，不过这样的联想在世界其他国家恐怕是很难再发现的。

但是，在世界绝大多数人眼里，它是动物，令人感兴趣的是它究竟是什么动物、为什么被看成这种动物。例如：土耳其人称其为"马"，并不是因为有人认为其样子像马，这仅仅是偶合而已，这是世界上将其称为马的唯一的语言。在俄语里，常常将其称为 sobachka，意为"小狗"。在希腊语里，将其称为 papaki，意为"小鸭"。

正是 @ 这个符号上卷起来的尾巴引起了人们的格外注意，使之对其做出有关动物的种种联想。丹麦人和瑞典人称其为 snabel-a，意为"象鼻"。法语称其为 escargot，意大利语称其为 chiocciola，韩语称其为 dalphaengi，印度尼西亚语称其为 keong，希伯来语称其为 shablul，均为"蜗牛"之意。而匈牙利语称其为 kukac，意为"毛虫"。中国人和法国人将其联想为"耗子"。挪威人称其为 grisehale，含义是"猪尾巴"。瑞典人称其为 kattsvans，意为"猫尾"，而芬兰人至少给它取了三个名字，分别为 kissanhanta（猫尾），miaumerkki（咪咪符），miukumauku（喵，对猫叫的拟声）。

还有人将其联想为猴子。波兰语称其为 malpa，俄语为 obezyana，塞尔维亚语为 majmun，斯洛文尼亚语为 afna，均为"猴子"的含义。在德语里，有时对其称呼含有更具体的描述，称其为 Klammeraffe，意为"攀猴"。比较常见的是将其看做"猴尾"，如：荷兰语称其为 apestaartje，芬语为 apinanhanta，德语为 Affenschwanz，塞尔维亚语为 majmunski，瑞典语为 apsvans，均为此含义。在保加利亚语里，人们把它叫做"猴 a"；然而，在波兰语里，人们有时小心翼翼地只是称其为 ogon，其含义为"尾",至于究竟是什么尾巴,留给你自己去猜想。

文化,尤其是互相邻近的文化总是在频繁地借鉴,相互交换创作,通常或者将其名字与其同时引进,将某些现有词语的词义加以引申,或者冠以崭新的名字。过去,这种同化现象和词汇"移植"的过程往往要耗费好几个世纪的时间。相比之下,符号@在整个世界的借用却是以闪电的速度进行的。那么,当它的命名仍在进行之际,让我们到前排就座,以便仔细观察这种现象吧。

——张云平,广州大学松田学院教授,《英语知识》2004(8)

【例析】本文论理简而有趣,可归于学术随笔。说"详",其实不详,在《英语知识》小刊中自然"详"了!但已是相当简明地"论"述了符号@的由来与意义。

文章开门见山,例举@的功用与各种名称,由名究实,追踪其历史。段2—4介绍其进入电邮的过程。段5—11不惜笔墨充分介绍了各种称名的动植物理据,@的称名方式五花八门:段6—7从语言学切入,段8陈列称名的外形(动植物、食品等);段9—11则着重叙述世界各地用动物或其身体部位的称名方式。末了是文化交流对词的互借及其意义的时代分析。

该文题为"符号@详论",重在"论"字,读者容易产生期许,比如@的由来、起源、意义、功能等,因此必须够"详"。但是,文章未能做到,只是对@的不同称名与如何用于电邮作了介绍。文章开篇直奔主题:"小小的符号@有着种种称名。"接着却未展开"种种叫法",而是对@一番介绍后才罗列不同的英语称名。段3—4分叙@进入邮箱前的用途,以及它如何进入电邮世界。而段5—11罗列了@的不同称名,且做了大幅介绍。

初看文章,内容略显凌乱。一是因为文章是短篇中较长的,所叙内容繁杂；二是因为很多段落同说一事，却分散各处，分段过频。这表明作者捕到了事物的不同形态，却未能有条有理地表述。其实文章所选对象不错，但因文章性质定位不准，本属知识型，却定为学术型；标题过大，内容仅涉 @ 的称名，称名方式是文章的重心（即段 6—11），因此全文宜于叙，而不宜于"论"。文章框架可稍做调整，以求更加清晰，反映观察的顺序：

第一部分：小小的 @ 用于电子邮箱，分隔用户名与网址域名，如 meadclay@hotmail.com。那么，小小的 @ 是如何走入电子邮箱的呢？

第二部分：简介 @ 的历史与用入邮箱的故事。（2—4 段合为一段）

第三部分：小小 @ 有种种叫法，按语音、语形、动物身体部位（实为语形）介绍 @ 的各国称名。（5—11 段合为 3 段）

如果上述分析基本揭示了本文的现象列举性质，那么文章的标题就需调整。朴素一点，可拟为"@ 叫法种种"；炫目一点，可拟为"符号 @ 的百国称名"或"@ 的万国称名"。

第二节　描写层

1. 揭示规律

描写旨在揭示规律，寻找事物的 HOW。认识事物，要透过现象看本质，就要通过事实深入剖析与揭示事物的规律。要深入揭示其规律，就要充分地描写事物的本真面貌。

如何才能描写充分？描写的范围尽可能封闭，限定描写角度，瓮中捉鳖，尽可能穷尽式描写，描写得越透彻越详尽，认识就越深入。揭示规律正是学术的目标之一，描写能将事物背后的原本规律透彻地揭示出来。锁定描写的目标至关重要，目标可大可小，因人而异。随着现象观察的深入，小目标可变为大目标。譬如，汉译偏正结构里"的"字使用过多过滥，值得深思，相关问题很多，首先可问："到底几个为限？"即最佳用量是多少？为了回答这个问题，必须用事实说话，可以对同一文体不同年代纵向调查，还可对不同文体同一时代横向调查，经纬相合，即可显示其一定的使用规律。

2. 描写例话

描写的前提是对事物非常熟悉，因此充分观察、了解深入是必需的。通过观察确定可研究的现象之后，就有必要采用定性或定量方式用文字将现象的方方面面表现出来，从而发现事物背后的规律性。

【例 25】 汉译偏正结构中"的"字最佳用量探析

一、引言

经常接触英语的人可以发现，在英语中英文的形容词词尾变化诸多，例如：childish, artistic, ladylike, intellectual, monotonous, actue, brotherly 等等均为形容词。但其词尾并不一致，汉译过来，很多译者会不假思索地这样翻译："孩子气的"，"艺术上的"，"淑女一般的"，在每个词后无一例外地全予以"的"字处理，读来顿感"的"字之繁冗，全文单调且令人费神。这一"的"字泛滥的情况自五四新文化运动后至今，在诸多的译作中反映尤甚。"三十六颗金牙都咬不断"的句子令人难以卒读。这一现象与汉译偏正结构中"的"字用量有关。

偏正结构使用多少个"的"字,汉译文才会凝练顺畅呢?正是基于此,本文通过此次调查探究问题的现状,并力图确定汉译偏正结构中"的"字的最佳用量,为汉译的凝练提供一定的事实依据。

二、调查

1. 调查目的

本项调查的目的是:了解五四以来不同年代各种文体英译汉作品中偏正结构使用"的"字最佳用量。

2. 调查对象

本次调查对象是自五四以来不同年代不同文体的汉译作品及三部汉语著作,共计25部(篇)。其中文学类译(著)作10部,科普类译作5部,社科类译作7篇,科技类译作3部。时间跨度为:明清→五四→30年代→50年代→70年代→80年代→90年代。

3. 调查内容

本次调查的主要内容为:不同年代、不同文体的汉译作品中偏正结构中"的"字的总数及结构总数、结构的平均数以及偏正结构含1、2、3等若干个"的"字的偏正结构数量。

应予以说明的是:文中该用"地"和"得"而误用、乱用"的"者,不在统计之列。

4. 调查方法

采用在每部(篇)著(译)作中随机抽样调查法,对所选内容进行相关内容的调查与统计。

三、调查结果分析

通过逐项统计,调查结果列于第42页的表格中。

1. 纵向比较

将各类文体译作中同年代的作品"的"字的结构平均数

分别作平均值处理后，清楚地发现，含"的"字总数及结构平均数基本上随年代递增。科普类译作中"的"字结构平均数由70年代的1.007〔（1.000+1.014）/2〕上升至90年代的1.062〔（1.04+1.083）/2〕。同时也发现：各类文体的译作，同一时间内，后期译作比前期译作在"的"字的使用率上基本上有明显的增长。但同时发现也有值得讨论的地方。如社科类译作总体的文体类结构平均数最高（1.092）。但是其在十年内（85~96）的时间跨度不大，因而变化不大，有起有伏，缺乏明显的趋势。而文学类译作则呈明显的增长趋势。

曹雪芹的《红楼梦》中"的"字结构平均数为1.02，钱钟书的《围城》中"的"字结构平均数为1.011，康邵邦的《泰戈尔文集》中"的"字结构平均数为1.083。比较后发现，前两者一个为明清时期的作品，一个为30年代的作品，而最后者为90年代的译作。

中国的古汉语是出了名的简练，言简而意丰。明清时期的作品，一方面承袭着古文的文风，另一方面又显露出些白话文的端倪。如这一时期的《红楼梦》，正是处于古文与白话文之间，因而读后明显地感觉到其行文有古文的特点——凝练。因而"的"字的使用率很低。钱钟书是处于"五四"新文化运动之后的一位作家，深受旧白话文及西方文化的双重影响。由于钱的古文基础及白话文根基较深，因此他虽然受了西方文法的影响，但成文尚能保证文章的简练与凝聚力，句子虽长，文章却条理清畅，主客井然，"的"字尤其用得节省。在所调查的钱钟书的《围城》中，其"的的率"仍近于曹雪芹。但纵观历史年代的发展，现代译者，由于年代的差距，其古汉语基础难免薄弱，成文时欠思量，少斟酌，而且书面功夫欠佳，语言过于口语化。而且众多的译者，从一接触汉译文时,就开始受西方文法的影响,如果对中西文法差异的影响处理不当,文法掌握得不全面,那么肯定就会出现成文时的"的的"到底,不肯罢休了。

2. 横向比较

调查发现,在所调查的二十余部(篇)各类文献中,社科类译著"的"字使用率明显高于其他文体译著。横向比较最明显有力的参数是"文体类结构平均数"。各类文献中结构平均数由大到小的排列顺序为:1.092(社科类)→1.062(科技类)→1.059(文学类)→1.045(科普类),汉语著作与汉译作相比,其结构平均数又明显地低,仅为1.018。这就反映了文体风格影响译文中"的"字使用率的问题。众所周知,科技英文最讲究严谨、缜密,因而汉译此类作品时,译者也被潜移默化,自觉地承袭了科技文体的文风长句多,修饰限定成分多,故用"的"量较大。对于社科类和文学类作品,要求则是:可读性强,语言大众化,通俗易懂。文学类译作在上述风格的要求下,又要受中西方文化、文法差异的限制及其互渗性的影响,因而不可避免地使其行文时"的"字使用率也较高。例如:在所调查的70年代文学译作中《杰克·伦敦短篇小说选》的译者既兼顾了文学作品的文体风格,又想使文章通俗易懂,多处使用了像"冰的上面","极度的寒冷"之类多余的"的"字。其实,尽可一笔简而为"冰面上","极度寒冷"。难怪该文中"的"字的结构平均数竟高达1.0461。

纵观50至90年代的7部文学译作,除50年代的《德伯家的苔丝》中"的"字结构平均数为1.011,低于上述著作以外,其他6部作品中"的"字的结构平均数均高于上述三部著作。80年代《第三帝国的灭亡》中"的"字的结构平均数竟高达1.187。可见本国文学著作中"的"字使用率远远低于同类译作中"的"

字使用率。

　　本国著作者受本国母语文法的影响，行文时可根据不同的文法要求，斟字酌句，掌握成词成句的最佳方法、限度，而可很好地降低"的"字使用率。因而对于汉译作品，由于英语文法中,形容词、修饰语的多变,造成其定语修饰语有"前饰语"，"后饰语"之分。前者如"the invisible man"，"the pretty girl"，后者如"the spy behind you"，"the house with a lot of trees"。汉译时，前者可顺理成章地译为"看不见的人"，"美丽的女孩"，而后者译成"你身后的间谍"，"多树的房屋"，原来的修饰语在汉译时就被切换至前了，语尾也就拖上了一个"的"字。所以汉译时，译者对此了解过少或处理不够合理，就会不可避免地弄出一大堆"的"来，其出现频率，当然就高于本国著作了。

　　3. 汉译偏正结构中"的"字最佳用量

　　一个偏正结构中含"的"字几种情况统计见下表。从表中可以看出：在所调查的汉译作品中，一个偏正结构中以含一个"的"字的情况居多，含三个"的"字的情况最少。文学类译（著）作在三个"的"字的使用上基本上为零，作品中多使用短句。这其实也正符合了文学作品应通俗易懂的要求。一个偏正结构中含一、二、三个"的"字的总计比值为：2660∶141∶14。可见，一个偏正结构中含一个"的"字的情况比另两种情况要多得多。

　　总而言之，经过对二十余部（篇）译作的调查、分析，笔者发现汉译偏正结构时，无论定语有多长，其"的"字的使用数不得超过3，2个正常，1个最好。

　　复杂长句，"的"字使用必不可少，少则不可传意，多则定语过长，易生歧义。汉译时偏正结构中"的"字用量必须控制在3个以内（$x \leq 3$）。否则即会像"懒婆娘的裹脚布"一样，

"又臭又长",不知所状何物!

四、启示

通过二十余部(篇)汉译中含"的"偏正结构的调查与分析,得到以下几点启示:

1. 造成汉译偏正结构中"的"字泛滥和句子冗长的原因有多方面,"的"字使用过频过多是一个关键因素。作为译者应努力加强对中西文法差异的了解。

2. 汉译文章时力求言简意丰,根据不同的文体风格汉译作品,能不用"的"尽量不用。汉译偏正结构中"的"字最佳使用量应控制在 3($x \leq 3$)个以内。

3. 汉译者应加强母语修养,多借鉴国内优秀作家和译家的写作技巧和翻译技巧。

4. 应加强译文中定语与"的"的关系研究,寻求可循的规律,提供可操作性指导。(文后表格,略)

主要参考文献

邢福义《现代汉语》,高等教育出版社,1991。

余光中《论的的不休》,香港:翻译学术会议——外文中译研究与探讨,1996 年 4 月。

——黄忠廉、许萍,华中师范大学副教授与应届专科毕业生,《修辞学习》1997(6)

【例析】本文是许萍在笔者指导下完成的毕业学位论文的一部分,6 月份完成,7 月改为单篇论文,8 月投去,11 月由《修辞学习》刊出。当时作者认为余光中所评的汉译"的的不休"现象已是泛滥,决定以之为题做一研究。文中提及的第 42 页表格在此略去。

描写的第一步是锁定对象,正如生物实验,确定对象就要隔离其他可能影响实验结果准确性的要素。在众多的研究侧面中锁定汉译偏正结构里"的"字最佳用量问题。要了解"的"字的最佳用量，就必须调查一个汉译偏正结构里含一、二、三、四、五个"的"字的分布规律，依据调查结果，进行了纵向比较与横向比较，最后得出规律"无论定语有多长，其'的'字的使用数不得超过3，2个正常，1个最好"。

虽然抽查不及普查结果精准，但相对而言，本文的调查对象具有代表性、广泛性，结果真实可靠。用数字说话，可说服读者，得出的规律也比较具有说服力。这篇小文多次为汉语界与外语界引用，事实证明，它所揭示的规律受到认可。

2002年在华中师大教育部基地评估会上笔者见到了《修辞学习》前主编宗廷虎教授，谈起拙文投稿后三个月发表的过程，他记忆犹新，说：一是选题新，切入准；二是文不长，正好符合整个刊物的版面配稿的要求；三是文章不需修改，可直接发排。现在回头再读，其中的文字不少地方还可更凝练。

【例26】　　　　　　译在旅途

六十年前，一九五一年春，一个刚刚走出婚姻阴影的年近三十的年轻男子埋坐在老式打字机前疯狂地敲击着键盘，仅用二十天就打出了长达一百二十英尺的手稿，这部书就是 *On the Road*（《在路上》），作者就是后来被誉为"垮掉派之王"或"垮掉派之父"的凯鲁亚克（John Kerouac）。

"垮掉的一代"（Beat Generation）一语是凯鲁亚克仿"迷惘的一代"（Lost Generation）而得，而 beat 一词为其好友赫伯特·亨克（Herbert Huncke）首创。一九四八年秋，在与友人的谈话中他首次用这一术语描述被现代工业国家抛弃的那些人。

一九五七年《在路上》问世，凯鲁亚克声名鹊起，被冠以

"垮掉派之王"的称号。对此,他心有抵触,多次声明自己并不属于这一群体,只是其旁观者,至多算个体验者,自认为是严肃的艺术家。一九六九年十月二十二日凯鲁亚克去世后被《纽约时报》封为"垮掉的一代之父"和"年青一代的英雄"。时至今日,其文学美誉可与乔伊斯、普鲁斯特等文学巨匠比肩。《在路上》一出版,凯鲁亚克及其作品,连同他所反映的美国青年乃至国家形象,踏上了经典化和四海传播的征途,一直都在路上。

二十世纪五六十年代,垮掉派文学处于地下状态,被美国文化边缘化。因有别于传统创作方法,有悖于时行的社会思潮,《在路上》受斥于主流社会,虽创于一九五一年,却历经波折于一九五七年方才得以出版。垮掉派作家一直是"最被误解和最被低估的作家",为美国学院派拒之门外,直至一九七九年《诺顿美国文学选集》收录《在路上》一书三章内容,标志着垮掉派作品走进美国大学课堂,此后垮掉派作品多数再版,仅《在路上》就印刷近三十次,可见这类作品在本土的出版与传播先是受压,继而受限,最后才被认同。权威机构的出版和学院派批评家的首肯为其在文学史上定位,广大读者的热读促其广泛传布,使得《在路上》从地下走向经典,从边缘走向主流,走过了经典化之路。

《在路上》一面在本土经典化,一面跨出国门而影响世界。据不完全统计,五十多年来各国出版的版次至少有:意大利十七次;英国十五次(著名的英国企鹅出版公司九次);德国和荷兰各十一次;中国十次;法国和西班牙各七次;丹麦、芬兰、瑞典、巴西、匈牙利、阿根廷、俄罗斯、保加利亚、捷克斯洛伐克各三次;波兰、日本、冰岛、葡萄牙、以色列、斯洛文尼亚等至少一次。《在路上》因渐显经典性而为世人所译所传,反过来又能因广布海外而加固其在本土的经典地位。

在西方或在受西方文化影响较大的国家（如日本）《在路上》渐受欢迎不难理解，其在中国的译介却经历了一段文化苦旅。

"翻译"通解有三义：翻译者、翻译行为和翻译作品。译者前后相继，翻译策略更替，使得《在路上》汉译永在途中，每部译作都只是其传播的一座驿站。若放大跨文化交流过程，将译者列成一行，某个译家前后可能复译一部作品，更有可能是不同译家复译同一作品，他们行走在翻译行列中，一定会呈现出一道翻译风景线。与此同时，政治需要、文化政策、诗学发展等又决定了译作是否要公开出版，是采用摘译、缩译等变译策略，还是采用全译策略等，翻译主体和翻译策略交织成了外国作品推陈出新的线路图。

一九六二年石荣、文慧如（为施咸荣、黄雨石化名）合译的《在路上》，作为内部形式出版发行。为满足时政既了解美国青年的颓废、又减少不雅内容侵蚀的需要，藉道德与政治双重标准对原作大施删减之术。一九八三年张章节译刊于《花城》第四期。一九八四年袁可嘉等主编《外国现代派作品选》（第三册）节选了施咸荣、黄雨石译本第一部第一章和第二部第四、五、八的片断。一九八五年江苏人民出版社出版的《外国现代派小说概观》收入了石荣、文慧如合译本的部分章节。一九九〇年陶跃庆、何晓丽节译本由漓江出版社出版，删除了有关性的内容。一九九八年漓江出版社推出文楚安的全译本，第二年获第四届全国优秀外国文学图书奖，重印十余次，畅销二十万册。一九九九年台湾商务印书馆出版了梁永安的全译本，添加了副标题"叛逆与反抗世代永远不灭的名著"，译者与再版者的接受的心态跃然纸上。二〇〇一年台湾新雨出版社出版了陈苍多全译的《在人生命的旅途中》，内蒙古远方出版社推出李军虎和李国星的两个全译本，前者以世界另类文学经典名义出版，后者是世界禁书名义出版，这种标签折射出作品的前身后世。二〇〇六年上海译文出版社出版了著名翻译家王永年的全译本，又掀起了一次畅销热。

外国文学译介史实为翻译文化接受的镜像。文以载道是中国文学的主导标准，外国文学能否在中国传播，以何种翻译方式传播，首先是取决于其政治价值，其次才是其文学价值，尤其是在一九四九年之后的半个世纪。建国后三十年对西方资本主义国家的文学基本上采取了拒绝态度，但为了获取批判资本主义的反面教材，一九六〇年代初作家出版社和中国戏剧出版社受任出版了部分欧美现当代文学作品，以黄皮包装，供内部参阅。《在路上》就在其内，旨在让国内一定范围内的高级读者认清资本主义社会的堕落与腐朽。就连书名中的 beat 译为"垮掉"也透出鄙视心态和有意误读，误塑了美国青年乃至美国的形象，为之贴上了标签。译介在此成了意识形态斗争的一种特殊手段，正是这种政治需求使得《在路上》能紧随原作而汉译，相差不到五年。

一九七九年中美建交，适逢改革开放，国内对文学翻译的控制开始松动，文化译介的选择开始从政治标准逐渐转为文学标准，政治对立已见缓和，美国形象在中国有所改变，相应的美国文学也开始进入中国。垮掉派作品有所涉及，但毁誉参半，同为垮掉派作品，《在路上》节译出版，但一九九二年彭晓丰、孙小炯合译的《赤裸的午餐》却被列为禁书。这与一九八〇年代的政治气候密切相关，文化部门不得不对所译作品过滤，以防文化侵蚀，确保本国文化安全。

进入二十世纪九十年代中国社会的转型促进了文化的转型，文化转型导致文学翻译接受能力越来越强，大众对原汁原味的外国作品阅读的要求越来越高，加之国家文化政策越来越开放，这为《在路上》之类的文学作品的翻译打开了方便之门。一个民族的文学或文化强大时，会持有充分的文化自信，面对外来文学或文化时会以宽大胸怀去接纳任何形式和内容的文学作品。《在路上》正是在这一大语境下逐渐得全译的，从此占据主流，且畅销不衰。

对《在路上》以及类似作品的翻译，青年学者张晓芸著书认为："原作者从地下作家到经典作家的形象变迁，学术界先抑后扬的评论，译作从内部出版的批判教材到一版再版的追捧对象，译者从集体翻译中的无名、隐身的政治话语工具到作者原作原义的传递者，甚至是彰显身份的原作者代言人的一系列变化，为我们了解翻译活动中的形象变化提供了生动的例证。"（《翻译研究的形象学视角——以凯鲁亚克〈在路上〉汉译为个案》，上海译文出版社，二〇一一年版，138页）

——黄忠廉，黑龙江大学教授，《读书》2012（7）

【例析】这是一篇读后感。2010年去洛外参加张晓芸的博士论文答辩，2011年9月收到她听取答辩委员会意见后由博士论文修改而成的专著。于是我又精读一遍，做了许多笔记，重读全书，又产生了新的认识，其中之一便是翻译尤其是名译一直在旅行中。于是以 On the Road 为例写成此文。《在路上》先在本土经典化，后来或同时跨出国门而影响世界，畅行于世界各地，真可谓国际旅行。而在中国的译介却历经文化苦旅，《在路上》的汉译永在途中。历数其不同年代不同方式的汉译，似乎找到了外国作品汉译的一副线路图，可成一条规律，即末段中作者的总结。这种从历史中发掘的规律可有效地指导未来文学翻译的规划。

第三节 解释层

1. 解释原因

解释旨在阐释规律，寻找事物的 WHY，是研究的高级层面。那么，怎样才算解释充分呢？可以理解为从理论上对现象与规律作出令人信服的阐释，具有一定的理论性。

观察与描写可以获得许多认识，尤其是直观的知识最易于通过观察与描写得到。不过，观察与描写所得的认识具直观性，是初步的，往往不全面，不深入。譬如，汉译偏正结构里"的"字最佳用量不超过 3，那么，是不是所有的偏正结构都遵循这一要求？各有什么样的语用条件？仅凭观察与描写就不够了，要在观察与描写的基础上，有理有据地阐明理由，这就需要推理。无论是归纳推理还是演绎推理，均可以使观察与描写得到的认识更全面更深入，获得新的认识，走向理性抽象，甚至形成理论观点。

2. 解释例话

小文章一般是基于较少的事实，揭示一个较小的规律，因此多半采用归纳性解释，有时仅做就事论事的解释。这种解释常呈现于文章的分析过程。

【例 27】　　　　　"广场"断想

两年前，笔者受聘于另一高校兼课，途经位于合肥的中国科技大学东区校园西门。时值西门两侧围墙拆除,取而代之的将是建筑标牌上写着的"合肥高科技广场"——英语译名为Hefei Hi-Tech Plaza——的工程项目。窃以为这一定是一项将用现代技术设计、现代建筑材料装饰和铺垫的一片宽阔场地,供科大这所全国著名的高等学府的师生员工开展学术科研、体育运动和群众集会等大型活动用的。不久前,因故去早已竣工的"广场",发现它其实是一排风格统一、格调一致的商业店铺,出售诸如计算机、传真机等现代高科技产品。

我不禁茫然,遂翻开词典。

广场——面积广阔的场地,特指城市中广阔的场地,如"天安门广场"。(《现代汉语词典》,1981,P.409)

plaza:① a public square in a city or town;

② a broad paved open-area used for the parking or serving of motor vehicles or for the channeling of motor traffic;

③ the section of a toll road at which the toll-booths are located;

④ shopping center

(*Webster's Third New International Dictionary of the English Language*,1986)

Plaza——①(城市中的)广场;

②露天汽车停车场(或检修场);

③(过路费)收费区;

④(高速公路沿线的)服务区,供应区;

⑤(城市建筑群中间或附近的)购物区,步行街;(加拿大)(市郊或新居民区的)购物中心,商业区。(《英汉大词典》,1993)

汉、英释义相比,"广场"与"plaza"相对照,笔者顿觉释然：原来汉语命名者，或者说翻译者受英语 plaza 一词的一种释义——"广场"的联想，将其译进"合肥高科技广场"里来了。

显而易见，上述命名或译名者是只知其一不知其二。

一、虽则 plaza 确有"广场"之义，但如上所示，它尚有②—④或⑤多种义项。可是作为 plaza 一种义项的汉语对等词——"广场"是个单义词，只与 plaza 在词义上部分重合，彼此是包含与被包含，或者说整体与部分的语义关系。

二、汉语"广场"一词的语义知识和非语言知识（笔者实地考察后获得）均明白无误地表明：这个"合肥高科技广场"压根儿就不是广场，实乃出售高科技商品或产品的市场或商场。汉语中的"广场"与"市场"或"商场"虽均包含"场"这个词素，可在词义上互不相容，而在英语中，这两种词义都可被 plaza 一词所包容。故而，英文命名为 Hefei Hi-Tech Plaza 准确无误，而汉语名称"合肥高科技广场"却名实不符，从语用视角看，也是失败的。笔者怀疑，对于"不识庐山真面目"又不曾见着其英文名称，或虽见着但不识英文的消费者，他们是不是会去"合肥高科技广场"购物。此例留下思索有二；

一、汉语用词规范化问题已刻不容缓。诸如"广场"一类的用词愈演愈烈，语言学界，甚至整个社会都不可等闲视之。

二、跨语翻译，要求译者具有对原语与目标语的高深修养；一知半解，一鳞半爪，难免不使译文形同神离，甚至闹出"合肥高科技广场"一类贻笑大方的事来。

——司显柱，合肥经济技术学院讲师，《上海科技翻译》1996（3）

【例析】本例源自作者的一次道观途察。作者对 plaza 起初的猜想算是断想，可事实却大悖于猜想，观察觉得"广场"与

plaza矛盾，于是就查汉、英两种词典。身为高校外语教师的作者将所长发挥到极致，又是语义对比分析，又是语用追踪深入，这便是理论分析与解释。总的结论是以plaza译"广场"，会贻笑大方！末了，希望汉语界用语要规范，翻译界切勿望文生义。催人深思！

时过二十余年，以"广场"命名的购物大厦或中心已成燎原之势，作者所担心的事情并未止步。这从另一方面却又告诉人们，语言要遵循逻辑，却又不完全信守逻辑。

书生查典，常要引经据典，多来自书斋。书斋与书外是一对，书斋可以指导书外，书外可以入书，积淀下来，将人类智慧凝聚成知识。可是人们，包括译者或双语人，他们总想突破已知成规，搞点创新，弄些出格，并不完全按语言学家的愿望从事，有符合语言规范的，有违规的。违规现象又分两种：或被禁用，慢慢淘汰；或被接受沿用，即使不对，却也习非成是，如"心理学"至今也不便改为"脑理学"。这是马后炮，却也是历史观！如何从动态角度考察误译问题，又是一重要的选题。

【例28】　韩素音青年翻译奖参考译文商榷

1996年第八届"韩素音青年翻译奖"参考译文在意、味、形三方面取得了综合性成功。（见《中国翻译》1996年第2、6期）赞叹之余，远距离地端量译文，还是有三处需要推敲。

例1："You can always come back" the woman dentist said.

"你什么时候都可以过来，"那个女牙医说，……

come back译作"过来"似乎没有"回来"到位。"回来"给人宾至如归的家庭温暖，仅换一字，意境迥异。

例2：She feels it with her tongue, pressing the tip of her tongue into the cavity, recalling the aching there has been.

她用舌头舔着它,把舌头伸进那个小洞里,同时回想着曾经有过的痛楚。

省去"它"和"同时",译文是不是显得更流畅简洁?"它"指上句的 gap,在原文中作为语篇手段是句法的要求,但在汉语中以意驭形,据语境略去,反倒自然。"同时"之意出自 recall 的分词形态,添加于此,纯属多余,汉语中并列的行为可依据动词的逻辑关系呈现,"舔"和"伸"为先后关系,"回想"是第三个持续的行为,不是与前二者同时发生的行为,若在"回想"后加一"起"字,承前启后,可表明时间的延续。试改译为:

她用舌头舔着,把舌头伸进那个小洞里,回想起那曾经有过的痛楚。

改译后,译文简洁些,与原作风格体保持一致。再举一例。

例3:She moves a hand back and forth on a slat of the seat she is sitting on, her fingers caressing the smooth timber, the texture different where the paint has worn away.

她用手在座椅的一条横木上来回摩挲着,手指爱抚地摸着光滑的木头,油漆磨掉的地方木料的质感不同。

"一条"是原文 a 的对应量化,不定冠词 a "用于对事物的描写时,其含义是'多个中的一个'"(《许国璋论语言》1991年,392页);《新英汉词典》中 a 词条的第二个义项为"(一类事物中的)任何一个",且附有一例:A square has four sides. 正方形有四条边。

据附例译文来看,不定冠词 a 可译,也可不译。再看译文中 a hand 不也是处理为"手"吗?据逻辑含义,一只手也只能在一条横木上左右来回移动,因此,"一条"也可删去。"爱抚地抚摸着"能否简略为"抚摸着"?"木料"有上文"木头"

作语篇暗示,"质感"的理解断然不会是布料的或其他什么的了;"地方"是木头的一部分的替代词,可见"木料"亦属冗余信息。至此,可改译为:

她用手在座椅的横木上来回摩挲着,手指抚摸着光滑的木头,油漆磨掉的地方质感不同。

——黄忠廉,华中师范大学副教授,《科技英语学习》1999(8)

【例析】这类指瑕式文章较多,本例是对三个译例的逐项针对性解释。从全文看,先是一句话肯定韩素音青年翻译奖参考译文的成功之处,接着直接指明三处值得商榷。商榷的程序是:先摆译例,再析其中的问题,做理论解释,最后给出参考译文。译例1分析用字与意境;译例2分析行文简洁、语义连贯等;译例3分析虚词的取舍。三例均是小处入手,讨论如何再现原作风格,相应的解释逐渐增多,以说清问题为准。

时过近20年,三例又可改进,深化解释。译例1可改为"你随时都可以来……",显得更口语化。译例2可改为"她舔着,舌头伸进那个小洞……","舔"语义蕴涵"用舌头";现在回想起来,觉得"舔""伸""回想"三个动作同时进行,将"同时"省去,仍保留"回想着"更能表达主人公此时的心情,痛楚仿佛未曾离去;助词"着"即可体现该动作与前两个动作之间的关系。译例3可改为"她坐在椅子上,用手在座椅的横木上来回摩挲,爱抚着光滑的木头……","摩挲"本含"用手"义,后面又现"手指",语义三叠,还是避重的好,以产生空灵感。

【例29】及【例析】

解释是多数大论文必需的,大论文非本书所重,在此仅谈思路,论文请从CNKI下载。

2009年秋,笔者应邀去湖北民族学院讲学,之后游览市内某一景点，买了一碟"湖北恩施民歌"，中有土家族民歌《六口茶》，听来有趣。歌曲通过男女对歌，对歌六轮，男子把家中老小个个问到，女子一一作答，对歌结果是家人不在，可来恋爱。光盘有文字版，又有音像版。第二天我们去了另一个景点"梭布垭石林"，途中听导游唱，是第三个版本；等到了景点，听景区村民轿夫唱，才品到原汁原味。比较《六口茶》的轿夫版、导游版、音像版、文字版，我们发现民歌的生命气息越来越微弱。现仅列出《六口茶》音像版与文字版，不妨一起来捕捉可研究的现象，再去读对它的解释。

表 2　鄂西民歌《六口茶》生命气息标记比较

发行版（声像版）	发行版（文字版）
男：喝你一口茶呀，问你一句话， 　　你的那个爹妈 se 在家不在家； 女：喝茶就喝茶呀，那来这 nie 多话， 　　我的那个爹妈 se 已经八十八。	男：喝你一口茶，问你一句话， 　　你的爹妈在家不在家； 女：你喝茶就喝茶，那来这多话， 　　我的爹妈已经八十八。
第二、三口（略）	第二、三口（略）
男：喝你四口茶呀，问你四句话， 　　你的那个妹妹 se 在家不在家； 女：喝茶就喝茶呀，那来这 nie 多话， 　　我的那个妹妹 se 已经上学了（da）。	男：喝你四口茶，问你四句话， 　　你的妹妹在家不在家； 女：你喝茶就喝茶，那来这多话， 　　我的妹妹已经上学了。
第五、六口（略）	第五、六口（略）

注：表 2 中的拼音为笔者记录添加。

声像版已不是原汁原味的民歌了。仅从其中，笔者就发现：第一与第四口茶中男子的问句，民歌采风者均用了分号，而应用"？"；女子的答句，可以用"。"，但从问句与整个对歌来看，用"！"更好，更能体现少女期待被爱的情愫。那么，从中能看出什么呢？

第一，标点是反映语气的有效方式之一，语气可有几种表现形式？哪些可以共存换用？哪些不得误用？

第二，单语内存在语气转换问题，语际转换不是随时随地都有吗？

第三，语际全译该如何转换？有多少地方值得研究？该怎样深入研究？

由此，笔者写成了万字论文，刊于《外国语》2010年第6期，其纲目如下：

小句全译语气转化研析

1. 前言
2. 语气分类
3. 语气的转化

   3.1 语气对译

   3.2 语气的增减

      3.2.1 语气增译

      3.2.2 语气减译

   3.3 语气的转换

      3.3.1 语气转译

      3.3.2 语气换译

   3.4 语气的分合

      3.4.1 语气分译

      3.4.2 语气合译

4. 结论

带着放大镜看各种可以捕捉的对象，会发现，鄂西民歌中小标点可做大文章。那么，如何由小扩大，以求对事物的认识更加充分，找到更多的选题？对上例还可进一步解释。比较文字版与声像版，男女对唱中"呀"、se、nie、da 在文字版中了无踪影，民歌的生命气息因此而荡然无存！那么，由此又能察觉什么？

第一，语气助词是汉语特有的现象，哪些能用普通话表达，哪些只能存于方言？

第二，单语内语气助词因采风转写而有失误，失却了生命气息，那么语际全译呢？

第三，为什么人们爱读本土作品而不爱读汉译作品，与生命气息全译转换有无关系？

第四，汉译如何去捕捉文学名著的生命气息？口译又如何去捕捉？

第五，汉译时语气助词的使用与情节的开端、发展、高潮与结局等阶段有何关系？

第六，汉译时语气助词的使用与描述、叙述、抒情、议论等艺术手法有何关系？

第七，汉译时语气助词的用字、用量与用位（使用的位置）各呈现什么样的特点？

第八，英／俄译汉时，汉语语气助词是缀补上去的，那么，这一缀补机制是什么？

取其中的几问，笔者又写成万字文，刊于《外语教学》2010 年第 3 期，其纲目如下：

汉译：捕捉原作的生命气息

1. 生命气息与语气助词
2. 情节决定生命气息的强弱
3. 生命气息取决于艺术手法
4. 生命气息决定语气助词的用字、用量与用位

4.1 用字
4.2 用量
4.3 用位
5. 汉译语气助词缀补机制
　5.1 语义直接决定语气助词的缀补
　5.2 语用驱动语气助词的缀补
6. 结论

第四章 小文章写作类型

根据小文章的整体特征，还可将其分为材料型、讲述型、笔记型、赏析型、正误型、考释型、论说型等七种写作类型。分类是相对的，兼类是客观的，从某个或多个类型去认识，在单个研察后再综观才是应取的态度。

第一节 材料型

事实胜于雄辩，事实是研究中要考察的对象，而材料是小文章写作所需的事实，那么材料型小文章的特点是以材料为主，让事实自己说话。据材料组织的特点又可分五小类。

1. 材料选注型

材料选注在中小型外语报刊中用得较多。一般是选出一篇原文稿或节选其中部分，再对其中的生词或文化现象进行注释，一般采用页下脚注与文末尾注，还可采用文中夹注与左文右注的方式，这种操作比较简单，不必例说。下文例说一种选注方式：先选出原文，然后对整个文章进行注解。

【例 30】 Hard-boiled

Never ask a hard-boiled person for help. He'd probably refuse you. People who are hard-boiled are uncooperative and unsympathetic. In the extreme, they have no feelings at all. "What's wrong with Henrietta? When she's happy she's so nice — but when she's angry she's really hard-boiled!" （大连 维拉 选）

注：如果我们把一只鸡蛋煮得久了，便煮出 a hard-boiled egg，这是一只煮硬了的蛋。由此，hard-boiled 用以形容硬心肠、难与人相处而无怜悯心的人。

——作者信息不详，《英语知识》1998（1）

【例析】这类小文章与其他不同，首先标题之下不见作者姓名或真名，有时会署原文作者姓名，而选注者的姓名常置于文末括号内，比如本文作者便用了笔名。而注释有时在文中随词夹注，有时在原文之后另起一段，加一些内容，交代背景、阐释文化现象等，如本例。

2. 材料引述型

此类文章是对外国语言、文学与文化材料的转述，或转引事实而不抒己见，或概括大意，改变原材料的形式，或对原材料略加阐释，或简述原材料后附以评论。可见，对原材料的获得至关重要，更需要敏锐的眼光。

【例 31】 拉什迪论拍卖

拉什迪是当代一个闯祸的英语作家。他 1988 年出版的幻想小说《撒旦诗篇》（*The Satanic Verses*）开罪了国际伊斯兰宗教界。前伊朗宗教领袖霍梅尼认为他亵渎了伊斯兰教，下令号召全世界穆斯林处死他，不管他在什么地方。他为此不得不东躲西藏了整整10年,直到去年9月24日伊朗政府撤销了追杀令。萨尔曼·拉什迪(Salman Rushdie)1947年出生于印度孟买,母语是乌尔都语;15岁到英国进了贵族学校拉格贝和剑桥;32岁入英籍,娶了白种妻子。1981年因出版魔幻现实主义小说《午夜的孩子们》(*Midnight's Children*)而出名。1995年9月他推出新作《摩尔人的最后叹息》(*The Last Sigh of the Moors*),写的是15世纪末摩尔人被逐出西班牙的故事。但该书又引起印度民族主义极端分子的不满,说其中主人公费尔丁是影射孟买所在省执政党的领袖,近几年,像拉什迪这样异民族移民的英语作家在英美相当吃香。原因是他们作品中异国因素和观点多,读起来比较新鲜,也有助于现代读者了解这个瞬息万变的多元多极的世界。拉什迪现在是百万富翁了,他是英国皇家文学会研究员,又是美国麻省理工学院的文科荣誉教授。下面选一段拉什迪讽刺攻击全世界什么东西都可以进行拍卖这一现象的文章,出自他的短篇小说散文集《东才,西方》中的一则故事,题目叫"在红宝石鞋拍卖场"。

  The Grand Saleroom of the Auctioneers is the beating heart of the earth. If you stand here for long enough, all the wonders of the world will pass by. In the Grand Saleroom, in recent years, we have witnessed the auction of the Taj Mahal, the Statue of Liberty, the Alps, the Sphinx. We have assisted at the sale of wives and the purchase of husbands. State secrets have been sold here, openly, to the highest bidder. On one very special occasion, the Auctioneers presided over the sale, to an overheated and inter-denominational bunch of smoldering red demons, of a wide selection of human souls of all classes, qualities, ages, races and creeds.

Everything is for sale, and under the firm yet essentially benevolent supervision of the Auctioneers, their security dogs and SWAT teams, we engage in a battle of wits and wallets, a war of nerves.

There is a purity about our actions here, and also an aesthetically pleasing tension between the vast complexity of the life that turns up, packaged into lots, to go under the hammer, and the equally immense simplicity of our manner of dealing with this life.

We bid, the Auctioneers knock a lot down, we pass on.

All are equal before the justice of the gavels, the pavement artist and Michelangelo, the slave girl and the Queen.

This is the courtroom of demand.

——裘克安,北京外国语大学教授,《英语沙龙》1998(1)

【例析】与题目"拉什迪论拍卖"对应的真正内容是英语原文,实为材料转抄。译介与原文转引的关系是一脉相承的。文首将拉什迪定位于"闯祸"作家,"开罪""亵渎""追杀"等词反映了他的处境。其作品总含有影射、讽刺、攻击等元素。为证明这一创作特点,作者引出一则故事,这便是所引的英文材料。而英文前面的作家介绍是作者译述或缩译内容而成,本可与下面的转抄点面结合,相得益彰的。可是介绍文字与转抄的原文篇幅上势均力敌,却有悖于文章的题目"拉什迪论拍卖"了,有关拉什的文字过多。

3. 材料列举型

同类材料可以并举,材料简单时可以直接列举,较长较复杂时可以转述或压缩后再作安排。材料类举有整体说明问题的规模效应,这种效应可由读者自行感悟,也可由作者卒章显志,简要点破。

【例 32】 世界名人论婚姻

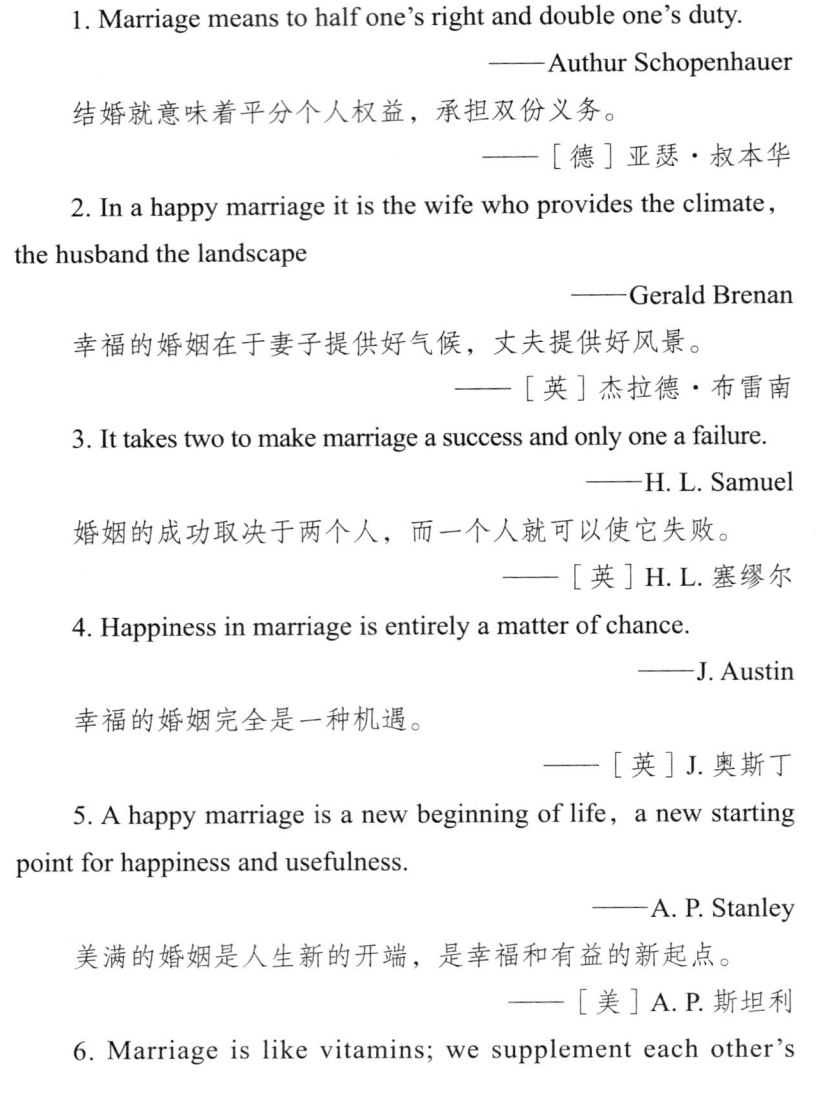

1. Marriage means to half one's right and double one's duty.
——Authur Schopenhauer

结婚就意味着平分个人权益,承担双份义务。
——[德]亚瑟·叔本华

2. In a happy marriage it is the wife who provides the climate, the husband the landscape
——Gerald Brenan

幸福的婚姻在于妻子提供好气候,丈夫提供好风景。
——[英]杰拉德·布雷南

3. It takes two to make marriage a success and only one a failure.
——H. L. Samuel

婚姻的成功取决于两个人,而一个人就可以使它失败。
——[英]H. L. 塞缪尔

4. Happiness in marriage is entirely a matter of chance.
——J. Austin

幸福的婚姻完全是一种机遇。
——[英]J. 奥斯丁

5. A happy marriage is a new beginning of life, a new starting point for happiness and usefulness.
——A. P. Stanley

美满的婚姻是人生新的开端,是幸福和有益的新起点。
——[美]A. P. 斯坦利

6. Marriage is like vitamins; we supplement each other's

minimum daily requirements.

——K. M.

婚姻像维生素：我们互相补充每天的起码需求。

——K. M.

——许文龙，安徽省蚌埠二中教师，《英语知识》2004（2）

【例析】本例选出六位世界名人论婚姻的名言，只作简单罗列，不作任何分析与评价。当然，罗列也有罗列的道理，即遵循一定的内在逻辑规则。例中名言一论结婚的权益与义务，名言二至四论婚姻幸福的要素与秘诀，而名言五与六论婚姻的价值或作用。三部分如三环节，分别对应于婚姻的缔结、状态与功用，这便是作者的列举之道。

4. 材料补充型

读书阅报，有时书文论证的材料有限，不足以说明问题或者不解己渴，常需要补充一些新的或刚发现的材料，以更全面地说明问题。这类文章往往是先陈述原文的基本内容或观点，予以肯定，然后笔锋一转，指出不足，顺势拈出自己搜集的材料以补之，还可简析一番，说明理由。

发现他人著作与文章中尚未涉及的新材料或观点，给以补充，其出新之处往往很有价值。比如许国璋读1985第3期《外语教学与研究》刊出的一组有关社会语言学的文章，觉得还有两点可说，他就补写了《关于社会语言学的两条补注》，刊于同一期。又如：

【例33】　　为《现代汉语词典》"牵引"条补一义

《现代汉语词典》（修订本，商务印书馆，1996年）对"牵引"的释义是："（机器或牲畜）拉（车辆、农具等）：机车~

列车前进|在甘肃河西走廊,可以看到骆驼~的大车。"其实,"牵引"除了这个意义外还有一个意义,《现代汉语词典》漏收了。

　　在骨科临床中,常见有这样一种医治方法:使用滑车和挂重等装置进行牵拉,使错位部分复位。这种方法也叫牵引。"牵引"的这一意义虽然有点专业,但也不是很冷僻。《汉英词典》(修订版,外语教学与研究出版社,1995年)在"牵引"条下释有两个义项,第1个义项是"tow; draw",第2个义项就是"med. traction"。《现代汉语词典》也应该为"牵引"再列一个义项。

　　"牵引"的本义是"拉,拖",后用为医学术语。牵引术是从西方传进来的一种疗法。从我们所掌握的资料来看,最早介绍牵引术的是英国来华医生合信(Benjamin Hobson,1816—1873)。他在1857年写的《西医略论》中谈到治疗股骨上关节脱臼时,介绍过这种方法:"前下治法:令病人立定(或仰卧),以大布带挺住下身,略将辘轳高挂,牵引杵头(即股骨头——引者注)出于骨圈(即髋臼——引者注),医者以手平握其(近足拗处)拨转入臼。"(见合信《西医略论》,卷中,第24页,上海:仁济医馆,1857年)从中我们看到,当时合信已经使用"牵引"这个词了。使"牵引"具有这个意义可能就是从此开始的,当然也不排除以后还会找到更早的书证的可能性。但基本可以断言,这个意义是近现代才有的。作为一本以收录现代汉语词语为主的《现代汉语词典》,这个义项应该收列进去。

　　——黄河清,浙江绍兴市广播电视中心,《辞书研究》2002(6)

　　【例析】作者黄河清很细心,从医疗领域发现《现汉》(1996年)漏收了医学意义上"牵引"的一个义项,并举双语词典为例,表明双语词典可促进单语词典的发展,是单语词典词义发展的过渡平台。在此之后，作者又追溯双语词典是对语际翻译实践的总结，用1857年的英汉译本佐证。至此表明，在"牵引"本义之外，还应补上一个义项。翻看后来的相关现代汉语词典，"牵引"的这个义项已收入，这正是读者用词典且批评词典的功劳！

5. 数据统计型

数据是定量研究的基础，尤其在语料库越来越受重视的当下，它更是成了定性研究的有益补充。数据采集与统计要求科学、准确，数据可在行文中罗列，更多的是利用图表显示；既可单列成图表，让读者自己得出结论，也可为图表附上简要的分析或说明文字，揭示数据/图背后的蕴涵，甚至是规律。

【例34】　　　　　　英语角面面观

近年来，英语口语日益得到重视。英语角在这种情况下应运而生，并且在英语口语乃至英语整体水平的提高上都起了越来越重要的作用。为了了解全国高校开展英语角活动的现状，汲取各校在实践中得到宝贵经验，我们采用问卷方式对全国高校英语角现状进行了一次调查，调查范围包括11个省（黑龙江、江苏、浙江、江西、四川、山东、河南、广东、福建、河北）和两个直辖市（北京、上海）的50所高等院校，共分发调查问卷500份，实际回收326份，有效率65.2%。

一、调查的结果与分析

在所调查的五十所高等院校中，有四十七所学校办有英语角，在所调查的院校中，外语角水平高的占14.1%，77.03%属于一般；参加英语角人数多的占有5.34%，74.54%属于一般；同学参加英语角的热情很高的占17.48%，72.40%一般；可见，高校的学校英语角一般是受欢迎的，但未达到很受欢迎的程度。

去英语角的目的五花八门（见表1）。

表1 参加英语角的目的及效果

类别	目的							是否如愿以偿			
内容	提高口语水平	提高外语综合水平	培养社交能力	扩大知识面	交朋友	娱乐	其他	是的	部分	很少	没有
比例%	96.63	91.10	75.46	72.70	67.18	41.1	22.39	5.52	81.9	10.13	2.45

参加英语角活动的同学绝大多数是为了提高英语口语水平和英语综合水平，就口语而言，英语角的受益比课堂大，当然，参加者的目的不仅仅局限于此，有不少的学生是为了培养社交能力，扩大知识面，交友，娱乐等。

调查数据表明，英语角参加者达到预想的目的仅占少数，但在一定程度上对绝大多数参加者是有所帮助的。但参加者各自英语水平是不同的，部分英语水平较低的人大多侧重于听，他们存在着严重的心理障碍，对自己的英语没有信心，不敢开口，怕出错，被人耻笑，在交谈过程中，只被动地接受，因而觉得收获不大。

交谈对象情况的调查结果十分有趣。

数据显示，与外籍人士交谈所占比例最大（65.95%），大部分人喜欢与外籍人士交谈，主要是因为与外籍人士交谈不仅可以接触到地道的英语，提高自己的英语口语水平，尤其在语调方面，还可以了解他国的风土人情、价值取向等等。超过一半的人喜欢与比自己水平高的人交谈，以提高自己的口语水平；不到半数的人（42.02%）喜欢与自己水平差不多的交谈，大部分（87.11%）去英语角的人没有固定的交流伙伴，究其原因，主要是由于英语角人员流动性较大，因而绝大多数人每次交谈的对象都是不同的，而且与不同的对象交谈，不仅可以有话题的多样性，还可以培养交谈者的应变能力和适应能力，广交各层次的朋友。交谈的话题反映了学生的情趣，对问卷"最感兴趣的话题"和"最常谈的话题"两项，排位依次是：

最感兴趣的话题：1.校园生活；2.各国风土人情；3.求职；4.时事；5.情感问题；6.艺术。最常谈的话题：1.校园生活；2.工作；3.怎样学英语；4.爱好；5.家乡；6.择友；交友。

最常谈的话题大多是与学生有密切关系，有很强的现实性，但这些话题有一定的局限性。随着英语的不断普及，英语角水平的不断提高，我们相信话题将会越来越广泛，交谈的局限性也会越来越小。

二、调查现象比较

调查中，我们着重调查了英语角参加者的基本结构，在进行交互统计分析后，将调查者现象比较如下：

（1）性别差异。女生参加英语角的目的相对明确单一，主要是为了提高口语及综合英语水平，因而，女生参加频率高于男生。而男生参加的目的较杂，并有一部分男生在选择"参加英语角的目的"时，划上了所有选项。

（2）专业差异。英语专业的同学因相对英语口语水平较高，能够自由发挥，所以"最感兴趣的话题"与"最常谈的话题"之间差距较小，且对谈话对象的要求为外籍人士和比自己水平高的在职人员及同专业同学，然而，"英语角水平如何"、"多久去一次"、"目的是否如愿以偿"等问题则显示出英语专业学生选择的题项偏消极方向。

（3）学历（年级）差异。从调查中不难发现，研究生和大一大二的本科生参加英语角的热情明显高于专科生和本科高年级学生。若能组织母语为英语的留学生参加，一定更能发挥英语角的作用。

（4）学校差异。调查数据显示综合性大学的外语角规模大、人数多，参加者成分复杂，且水平参差不齐，但话题丰富、气氛活跃。而外语类院校有外籍人士参加，又因专业关系，整体水平较高。非外语类专业院校，例如医科大学等，其规模、气氛显然不如前两者，参加者多为了娱乐，交友等目的前往，常有"中文角"等现象。

（5）地域差异。将调查范围按经济、文化发展状况分为直辖市（北京、上海）、沿海地区（浙江省、广东省等）和内陆地区（河南省、四川省等）三块，结果反映内地高校学生参加英语角热情最高，沿海地区次之，北京、上海两市最低。

三、结论与建议

通过这次对全国高等院校英语角的调查，我们发现英语角在高校中扮演的角色是双重的。它既作为一种学习手段，也是一种娱乐交友的形式，是学习和娱乐的结合点。当然，其最重要的作用是对英语学习的帮助，尤其是在提高口语表达能力方面。此外，英语角对于改善日益冷淡的人际关系也有一定的作用。但是在调查中，我们也看到了很多不足之处，英语角仍只停留在自发阶段，整体水平不够好，组织形式千篇一律，太过单调，甚至部分高校英语角中存在着零星的"中文角"现象。针对以上存在的问题，我们提出以下几条建议：

1. 希望校系领导能给英语角充分的重视和支持，加强组织和管理，尽量提供必要的条件和设备，倡导全校师生积极参与，使它在自发形成的基础上更上一个台阶。

2. 开展形式多样的活动，如专题讨论、英语沙龙、英语辩论、专题讲座、学术讨论等，邀请外籍人士，教师给予一定的指导。

3. 挖掘一些有目的性、针对性强的主题,深度与广度相结合,探讨问题不能停留于表面,要有自己的观点,言之有物。

4. 强调全用英文交流,杜绝中文交流,对违反者,管理、组织者应予劝阻。水平较低的人可借助 non-verbal means(非语言表达法),如面部表情、手势等来表达自己。

——孙艳萍,浙江大学西澳校区教师,《观察与思考》
1999(9)

【例析】这是一份对全国高校英语角的调查。调查多半以数据说明问题,揭示规律,有数据就要统计,小文章常采用最简单的统计方式:累计+平均数。本文的数据统计结果表述采用了两种形式,一种是叙述式,如对设有英语角的高校、交谈对象、交谈话题的调查结果采用了文字叙述方式,前二者采用了数据,第三项则暗含数据,即不明写数字,却按数据大小所反映的位次排序。另一种是列表式,如对去英语角的目的与效果用表格显示,辅以文字论述。本文还据数据的大小变相地对英语角参加者分类,即文章第二节分别从性别、专业、学历、学校、地域等角度分类,再比较与分析,最后给出建议。

本文尚有两个不足之处。第一,作者在第一部分罗列了"参加英语角人数多"的学校所占比例与"参加英语角的热情很高"的同学所占比例。众所周知,"多"与"很高"都是主观描述语,不同读者的理解有差异,甚至迥然不同。因此,作者需要用数据进行定义。第二,作者提出的建议涵盖了条件设备、开展形式、活动主题拓展与活动开展语言几个方面。这些方面对于英语角的开展当然具有重要意义,但都是外围的条件,还没有深入到英语角的本质问题即如何提高英语口语交际能力这一问题。因此,作者若能在建议部分以口语能力的几个要素为依据,提出有针对性的方案,那文章就更具学术价值。

文章不足之处在于只有一表而用了列表序号,正文中的"见表1"应为"见下表";表的总标题应当居表上中间。阿拉伯数字"1"等之后不用顿号;第二部分列要点时用"(1)"等与第三部分列要点时用的"1"等又不一致。

第二节 讲述型

讲述型小文章多半借助谈天说地、讲故事等方式介绍外国语言、文学与文化的知识,或生动有趣,或平淡出奇,或通俗易懂。寓知识于故事,隐道理于情趣。据讲述特点可分三小类。

1. 故事型

故事的特点是有情节,生动形象,能感染人。这类文章一般是先讲故事,把读者引入故事的世界,讲具体的事,阐发的是外国语言、文学与文化的理。

【例35】 儿子学外语

本人中学时代正好赶上"文革",外语只学了一句——"Long live Chairman Mao",26个字母都背不全,弄得后来上大学"而今迈步从头越",痛苦不堪且事倍功半,一辈子都吃外语的亏。有此切肤之痛,自从儿子问世便琢磨着怎么能让他早上轨道,夫妻同心不让下一代再受"二茬子罪"。一岁半,儿子刚开口,除了"mother"、"father"地教他,还配以形象直观的图片识字。一时间,他的英语比汉语还溜,管玩具汽车既不叫"嘀嘀吧吧—呜",也不叫"小包车',而是叫"New Car",爷爷奶奶直嚷听不懂。他指着苹果叫"Apple",外婆还当是跟她亲,点名要她抱。他指着月亮叫"Moon",保姆以为他将月亮当成馍。于是,有人提醒我们:"可别捡了外语丢了母语!"夜里一想,有点意识到问题的严重性。如果儿子只会英语不会汉语,可咋进幼儿园?

接下来,虽说母语领先,但英语也不敢放松。儿子还在学前班,就心急呼啦地买回来"3L"英语,配好磁带,录音机专用,听说并进。到了小学五年级,学校有了外语课,更是欣喜若狂,每周检查进度,真正地家庭督学与伴读。夫妻二人还有具体分工,她管口语我管书面。不过,实话实说,效果并不好。由于缺少会话环境,儿子无从感受学外语的意义与价值。我们鞭子抽得再紧,重要性、必要性、历史之教训、未来之竞争,任你口干舌燥爱心拳拳,他却一副天生无介事的样子,令我们大叹"这个儿子没生着"、"要是女儿一定能教好"。直到最近,我发现事情可能有转机。

儿子与某同学相熟,然那位同学的老爸望子成龙的心理比我们还迫切,对其子看管很紧,严厉异常,一般从不让儿子出家门。只要有儿子的电话,两只耳朵就耸耸起。只要探得一点"阶级斗争的新动向",更是不放儿子外出。而且,只要他在家,同学亦不得上他家玩。于是,暑假里就有了下面一段对话。

儿子拎起话筒:"阿毛吗? Where is your father(你爸爸在哪)?"

那头答道:"At home(在家里)!"

儿子放下话筒,对话结束。我在一旁,为他们的简洁性惊诧不已。

儿子告诉我那同学他爸不懂外语,外语可成为他们联络的"黑话"。比如说到他爸最痛恨的玩游戏机,便来上一句"Play game",玩篮球是"Play basketball",足球是"football",去游泳则是"Swimming"。儿子还歪着头得意地告诉我:"就是当他爸的面,我们也这么说!不会泄密!"我脑子一转,乘机攻上去"你不是说学外语没用吗?"

儿子挠挠头:"现在看来,好像还有点用场!"

——裴毅然,信息不详,《家庭教育》(婴幼儿家长)2001(Z1)

【例析】作者以诙谐的口吻讲述了儿子学外语的故事。因苦于被时代耽搁而未学好外语,"我"狠抓儿子学外语,从幼儿园到小学,算是叙述,有故事,无情节,其实这只是铺垫。"直到最近,我发现事情可能有转机",笔锋一转,讲了一个生动的故事,进入情节:儿子同学的父亲严管是故事的开端,两个小子的对话是发展,儿子告诉"我"他们用英语交谈是提防另一个爸爸,英语成了孩子与大人斗智的武器;而"我"的问话"你不是说学外语没用吗?"算是高潮,儿子的答语则是尾声。全文从叙述到描述,生动而有趣,无意间阐发了寓教于乐的理儿。

插图为笔者所略。文中夹杂的英语词或短语可以去掉引号,首字母也不必大写。

2. 趣谈型

"故事型"若强调故事性即情节性,趣谈型则不求情节性,突出有趣性,因此要么求事趣、情趣与理趣,要么讲究巧妙的组织,用活泼的语言道出枯燥的知识,寓庄于谐。

趣谈型,开头必有趣。比如例13以萧伯纳的话入题,以"据说"开头却显得底气不足;不过,否定名人之语可引人兴趣。不区分英语与美语产生误会若真有"趣",将第3段中"英国人叫美国人妻子起床"的故事讲明白,置于文首,或许更有趣。

又如：

【例36】　　　　　　英语趣谈

英国人不全是说英语，英国的威尔士人、苏格兰人、爱尔兰人的母语是克尔特语，这些经常不说英语的英国人占英国人的 1/5，他们家里一套外头一套，在家用自己的克尔特语，出门才用英语。

美国人也不全说英语。美国人中有 1/7 不说英语，其中有 1700 万人说西班牙语，170 万人说法语，150 万人说德语，120 万人说汉语，有 40% 的人不能说流利的英语，这些人只是在不得已的时候才讲英语，而且有许多人说得很糟。

英语本是来自德国的。英国的主要民族盎格鲁人，本来居住在现在德国北部的 Angle（地角），被称为 Engle（地角人），所操语言称为 Englise（地角语）。5 世纪中叶，盎格鲁人与朱特人、撒克逊人，向北渡海到了英格兰，有了英语。到了 1066 年，法国的诺曼底人又从南向北来了个诺曼底人登陆，英格兰于是又成了法语的天下。直到 1399 年，英格兰人亨利四世当上国王，伦敦方言才成为文学语言。到莎士比亚时代，整个英伦三岛说英语的人还不到 500 万。

现在世界上使用人数过亿的语种有 12 个，第一是汉语，第二就是英语，估计有 9 亿人用英语，人数虽然不及讲汉语的人，但是其使用地域和使用范围是汉语远远不及的。以英语为母语的人约为 4 亿，以英语为官方语言的国家，人口达 16 亿。有人预测，2020 年，全世界将有 80% 的人能说英语。

印度作了许多年英国的殖民地，独立后，称英语为"可憎的语言"。印度有 1650 种语言，政府规定印地语为国语，可是语言之间还是不能沟通，英语于是就成了全国的纽带语言。随着时间的推移，反英情绪渐渐平息，英语也成了"有利的语言"。英文报纸已占印度报纸的25%。

在德国，只要会英语，就可以畅行无阻。德国的高中生全能说流利的英语，因为德语与英语本来就是"亲戚"，其差别与我国的南方方言与北方方言差不多。

马来西亚、印尼、文莱，以马来语为国语，同时用英语。新加坡以汉语、马来语为国语，同时用英语。越南的"通用"外语本是法语，但是现在英语已经超过了法语。菲律宾以英语为官方的教育用语。泰国以泰语为国语，同时有英语。缅甸以缅甸语为国语，同时通用英语。东欧一直是抵制英语的，可现在英语热得不得了。蒙古国本是个与英语关系最远的国家，1995年蒙古国家教育部规定，普及英语和俄语，不再像从前那样只学俄语了。从使用区域来说，法语是仅次于英语的第二大语言，可是现在法语节节败退，连自己本国也开始用英语了，法国已经不得不用"法律、罚款、监禁"等手段来保持法语的地位。

洋泾浜原是上海的一个地名，"洋泾浜英语"，意为不纯粹的英语，是过去上海港口的码头工人接触外国人之后形成的英语。这种英语，英国人听了似懂非懂，有许多"英语"英国人是听不明白的。比如一种叫"新加坡英语"的洋泾浜英语，英国人就听不明白。印度、尼日利亚等国也出现了洋泾浜英语。还有像美国黑人英语、缅甸英语都是如此，澳大利亚也有了自己独特的生活用英语。

从文字的技术功能看，英文不如西班牙文。西班牙文的拼写与读音都很有规律，英文的拼写与读音则不然。但是英文的文化承载功能大于西班牙文。这是因为事实上英文有承载世界性的政治、经济、文化和科技的传播任务，而西班牙文的用途就差得多了。英文邮件占全世界邮件的70%以上，全世界电脑信息贮存的80%以上是英文信息。现在的英语已经有100多万个语词，远远高于其他语言。

国际航空运输协会已经规定：禁止不会英语的驾驶员在欧洲飞行。这是因为因不懂英语而误解空中指令的事故已有发生。

广岛亚运村，村长用英语宣布为死去的尼泊尔体育代表团团长默哀三分钟，可是许多在座的代表没有听懂村长的话，按照习惯鼓了掌。

欧洲共同体，又叫欧洲联盟，可是语言却没有"联"起来，同时使用9种语言，开会时要有许多翻译在场。有人主张用英语做共同语，可是法国坚决反对，别的国家也不同意。其实，有许多翻译是走形式的，大多数人互相听得懂，但硬是要翻译。

2003年，芬兰政府宣布，全国已经扫除了"外语文盲"。外语，指的就是英语。

英国是学外语最少的国家，这让高傲的英国人的确沾沾自喜了好一阵子。可是如今他们却发现，会英语的外国人，在商业上比只会英语的英国人具有更大的优势。

——张宁静，信息不详，《百科知识》2005（10）

【例析】国家大了多了，什么语言都有！英国人家里家外言语不一，美国人还有人英语糟糕得出口不畅。英语不是英国的地产，却是德语与法语的嫡传？！直到14世纪初，英语才由方言摇身变为标准语，姗姗来迟。这些足以生趣了。

时至当下，英语要走向"世界语"的霸主地位，印度被殖民后对英语由可憎到可爱的态度变化、德国由父辈向子辈的伦理倒置、东南亚英语与各本国语的平起平坐、东欧蒙古英语对俄语法语的挤位与抢位等、法语第二次受英语冲击不得不拿起法律武器捍卫自己的纯洁。这些都是史趣。

英语变体层出不穷，出现了许多国别式英语，如美式英语、中式英语、缅式英语、印度式英语……变得人们都听不懂了，闹出了广岛亚运会喜丧不分的笑话，这是事趣。技术上英语不如西班牙有规律，流通使用最广，却成了真正的世界语，柴可霍夫斯基要是在世，一定会郁闷得自毁其创的"世界语"。

全世界懂英语的人越来越多，而英国人懂他国语言的人少，他们因优势反变成了劣势，事物就是这般的辩证或具讽喻性，这是不是体现了理趣？

3. 通俗型

此类文章力求浅显易懂，不掉书袋，不板专家的面孔，不做高头讲章，将专业性内容普及化，常用流畅甚至是诙谐的笔调，贴近生活，满足大众的阅读心理，寓雅于俗。现代文章往专处好写，写得通俗不易。通俗性写作的前提是专，"专"是写得通俗的基础，是不至于写错写误的保障。功夫却在"浅"，在于深入浅出。

【例 37】　　　　　　**翻译的韵味**

报载，最近公映的美国影片《廊桥遗梦》系根据同名畅销小说改编。其实，该小说原名为《麦迪逊县的桥》，译成中文时改名为《廊桥遗梦》，这是根据书中的主要情节意译，给人以回味。该片名令人不由想起30年代的外国名片《滑铁卢桥》意译其片名为《魂断蓝桥》一样，适合我国观众的欣赏习惯，简练易记，又切合原片的内容。

以往，外国名著翻译，通常直译书名；而外国片名译制，多为刻意改译。如：英国文豪狄更斯的作品《奥立弗·屈斯特》

以前译成中文时就直译这个取自书中主人公名的书名，然而这个人名对我国一般读者是陌生的，且难读不易记。电影译为《雾都孤儿》，交代了事件发生的地点和主人公的身份，突出其主题和题材的特点，比起直译的书名更易激发观众的想象，增加对作品的回味，故近来出版的名著普及本也采用电影译名。

可能由于电影是群众性最广泛的艺术，因而外国影片的译名，大多除照顾到原片的内容外，还力求符合本国观众的欣赏习惯，而好的译名"如矿出金，如铅出银"，都是经过一番精心提炼的，令人拍手叫绝。如：据外国名作《随风而去》改编的电影意译为《乱世佳人》，比起早先简译的书名《飘》，更能形象地展示女主人公坎坷的经历，有回味。因此近年该书新译本也采用电影译名。小说《麦迪逊县的桥》翻译出版时不再沿袭传统的直译书名，而是采用外国经典影片意译片名的方法，也是使该书在我国一出版即引人注目并使之畅销的重要因素之一。由此，电影《廊桥遗梦》沿袭了小说译名也是在情理之中的了。

——谭宝全，上海翻译家协会资深会员，《新民晚报》1996-04-27

【例析】作者谭宝全从译三十多年，曾在上海前进进修学院执教翻译课十余年，常写译事观察的小文章，刊于《新民晚报》之类的大众报刊，因是观察与心得体会，常写得简明扼要，深入浅出，通俗易懂，内容实用，形式活泼。

作者善于抓机会，为时而文，从《廊桥遗梦》入手，谈篇名的翻译问题，给大众报纸较为恰当，道出了小说篇名与影片篇名的翻译及其互动，有点意思。题大事不大，说来以小见大，题目还夺人眼球，读来也不会指责作者好大喜功，以小欺大。

文中几处提及意译，却非意译，而是重新创制，属于变译范畴了，具体是"改译"！作者文中也提到了改译，但有混淆。一篇从专业或历史角度看不甚准确的论述，却为新的选题提供了思考的起点。

文章题目为"翻译的韵味"，但只局限于就译说译。如能跳出几个译例范围之外，对作品名翻译韵味的作用及如何使作品译名具有韵味进行简要阐述，文章定可丰满不少。

第三节 笔记型

1. 类型特点

读书读报，听课听讲座，上网看电视等等，均会受启发有灵感，随时记下，笔录成文。这种文章篇什短小，自成一体。正因为是随笔记录，也就不求十平八稳，全文结构灵动自如，写法不拘，可以叙事，可以说明，可以抒情，也可以议论。

2. 写作例话

这类文章要求时时留心，善于发现问题，当某一类问题观察到一定量或一定程度时，从中选出三五个，或从某个典型问题入手，便可提笔撰文了。

【例 38】　　　　　　译名小议

近与人谈话以及从书上所见对当前数学中的一些译名似有商榷的必要。

1. 外语中一个字附上前缀（字头，Prefix）或后缀（字尾 suffix）则所产生的新字关于原字的含义多有所变动。

例如：英语中 Differentiable Manifold 一词是当代数学中的

一个重要分支，它与许多分支的关系都很密切。这词在法语中叫 Variété Différentiable，德语中叫 Differenzierbare Mannigfaltig Keit，俄语中叫 Дефференцируемое Многообразие。不论在哪种语言中这个词的结构和含义都是完全一样的。在英语中 Diffrentiable 一字的后缀有"可能"之意，因之这个名词应译作"可微流形"，不应译作"微分流形"。日人译作"微分可能多样体"这是正确的。相应地 diffeomorphism 一词是由两个字 differentiable homeomorphism 合并而成自应译作"可微同胚"，而不应译作"微分同胚"。科学出版社 1978 年出版英汉数学词汇关于这两个名词的译名都是不妥的。

2. 外语中的一些人名或地名，均应分别根据所属国或所在国的读音而译出。例如不论在数学的哪个分支中都遇见的瑞士数学家 L. Euler（1707—1803）的名字，这字应根据德语读音译作"欧拉"，而不应根据英语读音译作"尤拉"。又如微积分中常遇见的英国数学家 B. Taylor。（1685—1731）的名字，这字应根据英语读音译作"泰乐"，而不应根据法语读音译作"藏劳"。再如微积分中也遇见的法国数学家 G. F. L' Hospital（或 L' Hopital）的名字，其中 L'是冠词不应译出，这字应译作"奥必达"，而现在一般书中都译成"罗必达"，这也是不妥的。

平日常常提到世界标准时间计算地点的英国的 Greenwich 城，这字在习惯上都译作"格林威治"，但在英语读音中 w 不发音应译作"格林尼治"。可是这字译名既已通行多年，只好"约定从俗"，就不必再行更动了。

——朱鼎勋，信息不详，《数学通报》1981（11）

【例析】作者是数学家，对部分数学术语的汉译比较关注，读书谈话都有观察。本文说两类数学术语的汉译问题。前一类讨论前后缀,引用同属印欧语系的法、德、俄语的术语佐证,并用属于汉藏语系的汉语与属于阿尔泰语系的日语的译法比较,说明术语汉译不妥,明确指出权威出版社的谬误。后一类讨论不同国籍外国数学家人名汉译时应遵循名从主人的原则,文革刚过,能清楚认识这一点,实属不易。

文末发现外国地名汉译"格林威治"不妥,但仍遵守约定俗成的原则。时过20年,译界还是纠错反正了:"格林尼治。"可能作者所得的语言知识受历史影响,文中的"字"实指词,正如清末的"字法"实指现在的"词法"。文章不长,不必标序号。"例如"一般不置于段首。

第四节 批评型

1. 类型特点

通常是对外语原作或译作的语言、文学与文化的特点、优缺点进行欣赏或评析,领略其中的情趣,把读者带入美的世界。常是对优秀诗文、精彩话语进行点评,引导人们去欣赏,也会对一些不足现象进行简单的批评。以对某些语言、文学现象,或者对修辞与某种表达方法的分析为多,常见于报刊。

2. 写作例话

赏析包括欣赏与分析,简单的形式是说原作如何好,这是欣赏;倘若在说好的基础上又说为何好,则是批评,可分为语言批评、文学批评与文化批评。

【例39】　　从中俄边贸谈外国地名的译写

外国地名的译写是否正确、统一，直接影响交流和贸易活动的顺利进行。1979年中国地名委员会颁布的《外国地名汉字译写通则》（试行）（下称《通则》）对译者翻译外国地名具有规范作用。但是在实际工作中仍有人自以为是，闭门造车，不遵循《通则》，弄出一些让人费解、误解甚至误事的外国地名来。

从事中俄边贸的人少不了订阅《中国边贸价格》杂志。该杂志1993年第4期第11页介绍 Владивосток 的卫星城市 Артём，将 Артём 译为"阿尔季奥姆"。按《通则》tё应转译为"乔"，如俄罗斯滨海边疆区中文版地图就将 Артём 译为"阿尔乔姆"；又如以中国地名委员会组织审定的《世界地名录》为准而编写的《俄汉世界地名译名手册》（知识出版社，1990年）也是如此处理的。无独有偶，时事出版社1992年11月出版的《独联体各国概览》一书第54页也将 Артём 译写为"阿尔季奥姆"，其依据何在，不得而知。

前年9月笔者临时受聘于一家公司当翻译，赴俄西伯利亚地区和欧洲部分寻找化工产品客户。在伏尔加格勒市办完事后准备去 Первоуральск。这家客户是团长从国内一家出版社出版的《俄罗斯企业名录》上查到的。为确定飞行路线和出发时间，我把中、俄文版地图上该地名的位置告诉他，他发现中文版地图上 Первоуральск 的译名（第一乌拉尔斯克）和名录上的译名（彼尔沃乌拉尔斯克）不同。我反复解释说明前者是正确的，后者不规范，二者确系同一城市。团长仍坚持说谨慎为好。无奈，只有请伏尔加格勒的朋友来证实。这样，我们错过了购买机票的时间，又恰逢周末，谈判日程被白白地延误两天。其实，据《通则》第七条第1点之规定："明显反映地理特征的地域名称或有方位物意义的名称用意译或音译重复意译。"Первоуральск 完全可以译为"第一乌拉尔斯克"。类似的俄罗斯地名又如 Нижие-Амурская область（下阿穆尔省），Нижиеудинск（下乌丁斯克）;верхне-уральск（上乌拉尔斯克），Первомайск（五一城），первосоветский（第一苏维埃镇）等。

由此想到，译者在译外国地名时一是别忘了查音译表，二是查《通则》，做到心中有谱，译时才不至于想当然。

工具书（包括各类词典、手册、指南、名录等）的编者不要仅凭一把剪刀一瓶糨糊，更多的是要做好审核工作，这样才能搞好外国地名的译写工作，做到"名"媒正娶。

如果出现地图上的译名与词典或其他出版物上的译名不一致的情况，最好是以地图上的译名为准。中国有句成语：按图索骥。

——黄忠廉，江汉石油学院翻译，《上海科技翻译》1996（1）

【例析】本文是对出版物外国地名译写失范造成经济损失的批评，取自笔者所经历的翻译实践。1993年，笔者在黑龙江绥芬河市做边境贸易，深切体会到时间就是金钱，翻译即是效益。团长的谨慎与对翻译的不信任最终以经济效益为代价。

回看拙文，发现当时对中俄边贸中地名的事例说得较多，而对俄罗斯地名译写谈得较少，而且分散。应该简述事例，再分条分点地谈俄罗斯地名译写的典型问题，给翻译界提供借鉴。

第五节　正误型

1. 类型特点

在外国语言、文学与文化的教与学中，常需明辨是非，判断正误。正误型短文若细分，还可分出：第一，直判型，即列出病例，指出错误，给出方案，有时直陈正误，两两对照，印象鲜明；第二，集中型，即抓住一类典型，集中剖析问题，有助于系统纠正常犯的错误；第三，辨析型，即不仅指出错误，更注重对其辩明分析，力求简明地说清道理。

前两种简单明了，第三种重在辨与析的过程。辨析型文章的结构一般是：靶子 + 说明，如此才能一目了然，便于阅读。例 15 的辨析过程还可调整为：to 的义项与搭配 + 例析 1—2；for 的义项与搭配 + 例析 3—4；试题与例析 5—6；巩固练习。

2. 写作例话

这类小文章以语言学、翻译学等居多，对语言表达中的不足予以批评，较多的是评改病例，主要解决语言规范问题。摆事实，讲道理，平易近人，不是当语言法官，语言警察，是当语言向导，语言服务员。

【例 40】　　　　NOISE：噪音，还是噪声？

请看《英语学习》1995 年第 4 期 The Noises That Infiltrate My Study 一文中的几个句子及其注释译文：

1. But around where I live, there are at least four or five karaoke dance halls issuing out loud music which can only be classified as noise pollution.

……（这种音乐）只能称为噪音污染。

2. She would drum on the keys with great force, and produce tuneless and rhythmless noises which I assume to be fingering exercises.

……弹出无曲调无节奏的噪音，我想是作指法练习吧。

3. All this noise and din which I find so vexing are simply a necessary part of life.

这些令我烦恼的嘈杂喧闹声都是生活中不可缺少的一部分。

三句注释译文均将 noise 译作"噪音"是不科学的。1985年在中国科学院和国家科委的领导下成立了全国自然科学名词审定委员会，该委员会已审定并颁布了一批物理学名词，其中包括 noise 的译名，已经用"噪声"替代"噪音"。

即便是 1985 年以前出版的辞书对 noise 的中文释义也是倾向于"噪声"的。在《新英汉词典》（上海译文出版社，1978年版）中 noise 的释义 3 为"噪声，杂音"，释义是比较科学的。三个例证中却有两个将 noise 译作了"噪音"。再看在《英汉技术词典》（国际工业出版社，1978 年版）的释义：noise Ⅰ n. ①噪声［音，扰］，杂音［波］；17 个例证中仅有 1 个将 noise 译作"噪音"。

从汉语角度来看，"声"与"音"也是有区别的。"音"是有规律的声，成调之声才是音。引文中"噪音污染"、"无曲调无节奏的噪音"和"嘈杂喧闹声"正是不成调之声，因此不能称为"音"。据此，上述引文应改译为：

1. ……（这种音乐）只能称为噪声。

2. ……弹出无曲调无节奏的噪声，我想是作指法练习吧。

3. 这些令我烦恼的噪声都是生活中不可缺少的一部分。

如此一来，原标题译文"侵袭书房的噪音"也改译为"侵袭书房的噪声"。

——黄忠廉、刘丽芬，江汉石油学院副译审与讲师，《科技英语学习》1996（7）

【例析】学习语言，语感有时十分重要。当时读杂志时，凭语感发现译文有问题，引经据典，讨论一番，也得到了刊物的肯定。noise 按逻辑应译作"噪声"，在科学界应照此行事。文章先摆出句子及译文，再从名词审定委员会审定的名词、双语词典及汉语三个角度进行辨析，最后得出改译。

可是语言不等于逻辑，百姓有时不管科学道理，或者认识还不那么科学，不科学的说法常常很流行，如"心理学"就与"心"无关。这种习非成是的现象很多，"噪声"也是如此，笔者当时讨论了，可是《现代汉语词典》（2002 年增补本）照收不误，还成了"噪音"的第二个义项。词典亦在发展，想当一回语言警察，可惜不成！

第六节　考释型

1. 类型特点

考释，即考证并解释，旨在考证外国语言、文学与文化现象的源流，并予以解释。外语科研的考释型文章可以考释某个词、成语、谚语、俗语等，某个文学形象，某种文化习俗等，以词与语的考释居多，文化现象也不在少数，文学相对较少。

考释型文章重在对内容的考证，要让读者信服，故对其内容包括引用的内容需要严格查证。

2. 写作例话

考源溯流的文章，既具有学术性，也具通俗性，能丰富读者的知识，开阔读者的视野。考释的内容可能是大众已经接受的，也可能鲜为人知。

【例 41】　英语中 12 个月份名称的由来

亲爱的读者朋友们，你们知道英语中 12 个月份名称的来历吗？本期我们将会为大家揭开它们的由来。公历一年有 12 个月，但不少人并不知道 12 个月的英语名称的来历。公历起源于古罗马历法。罗马的英语原来只有 10 个月，古罗马皇帝决定增加两个月放在年尾，后来朱里斯·凯撒大帝把这两个月移到年初，成为 1 月、2 月，原来的 1 月、2 月便成了 3 月、4 月，依次类推。这就是今天世界沿用的公历。

January——1 月

在罗马传说中，有一位名叫雅努斯的守护神，生有先后两副脸，一副回顾过去，一副眺望未来。人们认为选择他的名字作为除旧迎新的第一个月的名称，很有意义。英语 January，便是由这位守护神的拉丁文名字 January 演变而来的。

February——2 月

每年 2 月初，罗马人民都要杀牲饮酒，欢庆菲勃卢姆节。这一天，人们常用一种牛草制成的名叫 Februa 的鞭子，抽打不育的妇女，以求怀孕生子。这一天，人们还要忏悔自己过去一年的罪过，洗刷自己的灵魂，求得神明的饶恕，使自己成为一个贞洁的人。英语 2 月 February，便是由拉丁文 Februarius（即菲勃卢姆节）演变而来。

March——3 月

3 月，原是罗马旧历法的 1 月，新年的开始。凯撒大帝改革历法后，原来的 1 月变成 3 月，但罗马人仍然把 3 月看做是一年的开始。另外，按照传统习惯，3 月是每年出征远战的季节。为了纪念战神玛尔斯，人们便把这位战神的拉丁名字作为 3 月的月名。英语 3 月 March，便是由这位战神的名字演变而来的。

April——4月

罗马的4月，正是大地回春，鲜花初绽的美好季节。英文4月April便由拉丁文April（即开花的日子）演变而来。

May——5月

罗马神话中的女神玛雅，专门司管春天和生命。为了纪念这位女神，罗马人便用她的名字——拉丁文Maius命名5月，英文5月May便由这位女神的名字演变而来。

June——6月

罗马神话中的裘诺，是众神之王，又是司管生育和保护妇女的神。古罗马对她十分崇敬，便把6月奉献给她，以她的名字——拉丁文Junius来命名6月。英语6月June便由这位女神的名字演变而来。也有学者认为，Junius可能是古代拉丁家族中一个显赫贵族的姓氏。

July——7月

罗马统治者朱里斯·凯撒大帝被刺死后，著名的罗马将军马克·安东尼建议将凯撒大帝诞生的7月，用凯撒的名字——拉丁文Julius（即朱里斯）命名之。这一建议得到了元老院的通过。英语7月July由此演变而来。

August——8月

朱里斯·凯撒死后，由他的甥孙屋大维续任罗马皇帝。为了和凯撒齐名，他也想用自己的名字来命名一个月份。他的生日在9月，但他选定8月，因为他登基后，罗马元老院在8月授予他Augustus（奥古斯都）的尊号。于是，他决定用这个尊号来命名8月。原来8月比7月少一天，为了和凯撒平起平坐，他又决定从2月中抽出一天加在8月上。从此，2月便少了一天。英语8月August便由这位皇帝的拉丁语尊号演变而来。

September——9月

老历法的7月，正是凯撒大帝改革历法后的9月，拉丁文Septem是"7"月的意思。虽然历法改革了，但人们仍袭用旧名称来称呼9月。英语9月September便由此演变而来。

October——10月

英语10月，来自拉丁文Octo，即"8"的意思。它和上面讲的9月一样，历法改了，称呼仍然沿用未变。

November——11月

罗马皇帝奥古斯都和凯撒都有了自己名字命名的月份，罗马市民和元老院要求当时的罗马皇帝梯比里乌斯用其名命名11月。但梯比里乌斯没有同意，他明智地对大家说，如果罗马每个皇帝都用自己的名字来命名月份，那么出现了第13个皇帝怎么办？于是，11月仍然保留着旧称Novem，即拉丁文"9"的意思。英语11月November便由此演变而来。

December——12月

罗马皇帝琉西乌斯要把一年中最后一个月用他情妇的Amagonius的名字来命名，但遭到元老院的反对。于是，12月仍然沿用旧名Decem，即拉丁文"10"的意思。英语12月December，便由此演变而来。

——博闻，信息不详，《中学生英语》(初中版)2010(增刊)

【例析】原文形式独特，按12张日历形式刊出，引用时略去了日历图案。一年12月，汉语用1—12表示，英语则月月有其名，个个有来历。文首交代公历的起源，后面各段则按时间顺序极其精短地考察了十个月的来历：4、9、10、11与12月考自文字史；1、3、5与6月考自神话传说；7与8月考自帝王名字或尊号；2月考自节庆。文中分析June来历时提及的裘诺，实际上应该是众神之王朱庇特的妻子，作者在这里犯了常识性的错误。

第七节 论说型

1. 类型特点

论说型小文章有的严格按学术论文格式，如提出论点，提供论据，简明论证，得出结论等，一应俱全，但多数不在乎格式齐全，只选其关键，即可成文。因此，相对于严整的大论文，小文章常省去前言、摘要、结论等，重在分析问题与解决问题，即使提出问题，也多半是单刀直入的。论说文表达个人独特的思想，而要论说需先饱读。其结构严谨，要言不繁，篇幅短反显精美。

2. 写作例话

论说型小文章即论述说明，首先要确立论点，再围绕论点，提出论据，展开讨论。在论说过程中，尤其在反驳、批判他人观点时，要理据充分且言辞适当。

【例42】　　　　小议 WTO 单独使用

仲伟民同志认为在汉语文出版物中单独使用 WTO 不妥，非要写成"WTO（世界贸易组织）"或"WTO（世贸组织）"不可（见《中国语文》2001年第6期），笔者认为这一处理不妥，有待商榷。

他认为不妥的理据是自2001年1月1日起实施的《国家通用语言文字法》第十一条第二款之规定："汉语文出版物中需

要使用外国语言文字的，应当用国家通用语言文字作必要的注释。"其实，他死扣了规范，这一规定本身就值得商榷。

这一规定比较笼统。"需要使用外国语言文字"，何时才为"需要"，一使用就得"用国家通用语言文字作必要的注释。"吗？那么 IT、SOS、CCTV 等还要注释吗？规定不明，不易操作，也就不便作为规范。立法者的意思是："汉语文出版物中需要使用外国语言文字时，在首次出现和必要时应当用国家通用语言文字作必要的注释。"如 WTO 第一次出现时，要在后面加上"世界经贸组织"，或"世贸组织"，在给不懂 WTO 的人介绍时，后面要加注释，过了一段时间，就可以不加，而不是时时处处都加注。2001 年，WTO 如同"申奥"一样，是一个使用频率在国内占前位的词，口头、报刊和银屏上和有关入世的话题中，WTO 一词频频出现，可以说是家喻户晓，与其全称"世界贸易组织"和简称"世贸组织"同时使用，这是事实。为什么一落纸成文，就要非加上括号，写上其全称或简称呢？是不是太拘泥于规定了？！语言与文字更多的要保持一致。

由此看来，《国家通用语言文字法》的这一条有不严密之处。笔者认为 WTO 可以大胆地使用，现在勿需加上汉语注释。

仲文所虑，说到底，是认为 WTO 不熟悉，有陌生感，有异类感。

任何外语缩略语的使用有一个过程，GDP 如此，IT、E-mail 也是如此，而且这些缩略语也只在一定的范围内使用。同样，OPEC 和 APEC 也只是对关于它们的人才是熟悉的。仲文还说如果同有表达的特殊需要，且汉语已有相适应的词语时，就不选用外来语，主张只用中文译名，且是第一次出现时用译名全称，其后用简称形式。这等于说又进一步否定了 WTO 的使用。我们不妨分析一下 WTO 的特殊效用。

　　陌生并不可怕，陌生有时是为了简洁地传达信息。信息传达要力求简洁。OPEC 曾译作"石油输出国组织"，词形圆满，内涵准确。但是上个世纪八十年代中后期却让位于纯音位转写词"欧佩克"，从词组降为词，语表上缩短了。这是语言的"经济原则"，它首先表现为音节数目的经济，"欧佩克"为三音节，比"石油输出国组织"少四个音节。同样，按英语字母读音，WTO 为四音节，比"世界贸易组织"少两个音节。其次表现为书写的经济，WTO 与其汉译缩略语"世贸组织"音节数相等，但 WTO 在书写空间上占位不到三个汉字。再如台湾将 UFO 译作"幽浮"，也算经济形象，但仍被 UFO 代替，显然是为了书写的经济。

　　陌生是对传统的音译、意译和音意兼译方法的一次突破，《现代汉语词典》收入这类词 39 个，说明汉语界已开始承认，当然这并不是说所有的外来缩略语均可如此操作，只是对那些使用频率极高的词可以照此行事。外来词"欧佩克"在行业人士口中，常常是直接念成 OPEC 的，与其用三个汉字把它音译过来，还不如直接用之，反正"欧佩克"为汉语所无。"欧佩克"之类的音译词本无意义，也不可望文生义，在汉语中也会造成陌生化或异类感，在同样不可达意的前提下，与其假借音译，不如直接借形。这种陌生化肯定会给汉语带来一点冲击波！因此，字母词是对用汉字音译或转写传统的一次不小的突破，对汉语词汇学的发展有一定的积极意义。

　　陌生化反映了信息交流的便捷性。受直接交流的驱使，DOS 不再译成"磁盘操作系统"，WINDOWS98 不再译作"窗式 98"。《现汉汉语词典》（修订本）已收入了 DOS、

ABCII、CAD、CT、DNA、DVD、FAX、SOS 等 39 个词条，大概也是基于类似的考虑。人们还在为 INTERNET 的译名"互联网"、"因特网"等讨论的时候，英文词悄然而且正式添列《现代汉语词典》之中了。有趣的是，即使该词典给出汉语释义"国际互联网格"，即使全国科学技术名词审订委员会定出了译名："因特网"，在口头或报刊中还是倾向直接用英文，因为这个词越来越与人们的生活休戚相关了。

　　我们观察到一种现象，如 APEC 在别国举行时，中国要作报道，有时在其后加上汉语注释，一旦在上海举行，我们的节目主持人（如水均益等）干脆直接使用 APEC，有时并用。更有趣的是，会议期间使用 APEC 的次数和频率远高于其全称，这说明在人们熟悉某一外来名称之后，使用它有一种趋简的心态，怎么简便就怎么说。如 2001 年 12 月中旬 CCTV-1 新闻联播"昂首新世纪"专题报道中的有一个画面，上面就直接写着："中国 APEC"。

　　陌生化还反映了求新求异的心理：在语言使用上人们有求新求异的心理，这也是促使外语原形词不断加入汉语词汇的动力。"音乐电视"该是通俗易懂的吧，可是歌碟上，电视上大都明文标写着英文名称：MTV，1996 年又进入《现代汉语词典》，进入了汉语言词汇的共核。使用外文方式表达，是知识界、经济贸易界以及一切与 WTO 相关的人，尤其是青年人的一种时髦心态。这些人在社会生活中常直接使用外文词，因此也广泛地影响了社会的用词。人们喜欢运用，这就是它单独存在使用的最大理由。

　　可见，WTO 与其全称和简称并不矛盾，没有必要捆绑使月，它们均可单独使用。这一现象在世界其它语言中也存在，如 WTO 的是俄文全译是 Всемирное торговое общество，简称为 BTO，现在不大说全称了，常见于报刊的 WTO 和俄文简称 BTO。WTO 的全称"世界贸易组织"的使用频率现在小于"世贸组织"，有时进一步简称为"世贸"或"世"，与其他词成新词，如"入世"，"中国入世贸，陕西求发展"（陕西电视台，2001 年 12 月 15 日）等。

最后补充一点，WTO 在汉语中文出版物中可以直接使用，不必加上引号，如"当时不涉及知识产权，现在不行了，现在加入 WTO 了。"（CCTV-2，2001 年 12 月 15 日，"对话"）。其他外来缩略语也是如此。

——黄忠廉，华中师范大学副教授，2002 年未刊稿

【例析】这是一则读书笔记，2001 年读《中国语文》看到仲伟民的短文，就关注这一问题，并写下了思考，投稿未发。本文小议 WTO 的单独使用问题，实则是在探讨字母词的使用问题。字母词在我国以往的母语教育中从未出现过，很多人对此并不了解，如今字母词却正以前所未有的速度与规模涌入汉语世界。因此，字母词的使用也成为当前我国语言生活中一个重要议题。

时过十年的 2012 年 8 月，商务印书馆第六版《现代汉语词典》，收录了 NBA 等 239 个字母词，此举遭到 100 余位专家学者联名举报，称违反了《中华人民共和国国家通用语言文字法》、国务院《出版管理条例》（国务院第 594 号令）等法规。面对近年来字母词在中文出版物中的来势汹涌，学术界对待字母词的态度也是褒贬不一。事后证明，当时的选题是有历史价值的。

本文未取严格的学术论文的格式，无摘要，无结论，无各章节序号与标题，但论点、论据与论证一应俱全。开篇指出仲

文的观点及其理据,随即对"陌生感"展开探讨,从缩略语使用过程、信息传达效果、汉语词汇学发展、心理学等方面论说,并加以CCTV、APEC等其他外国缩略语的佐证,自然引出结论,框架清晰。为证明论旨的存在,附上仲伟民的短文:

"WTO"不能单独使用

随着我国改革开放步伐的进一步加快,外来词语的使用越来越多,如"卡拉OK"、"B超"等。但有些外来语的使用则应谨慎。如"WTO",这是英语"World Trade Organization"的缩略语,翻译成中文是"世界贸易组织",简称为"世贸组织"。在汉语文出版物中,如仅用"WTO"来表述"世界贸易组织"则不妥。2001年1月1日起施行的《中华人民共和国国家通用语言文字法》第十一条规定:"汉语文出版物应当符合国家通用语言文字的规范和标准。汉语文出版物中需要使用外国语言文字的,应当用国家通用语言文字作必要的注释。"按照这一规定,如要用"WTO"来表述"世界贸易组织",则应表述为"WTO(世界贸易组织)"或"WTO(世贸组织)",而不能仅用"WTO"表述。按照惯例,使用外来语,通常情况下,如果没有表述上的特殊需要,且汉语中已有适当的词语可以选用,那就不选用外来词语。因此一般情况下,汉语言文章中,第一次出现"世界贸易组织"这一词语时,应用全称,其后可用简称"世贸组织"。同样,"国内生产总值(GDP)"、"信息技术产业(IT业)"和"电子邮件(E-mail)"等词语也应这样处理。

——仲伟民,南京市中级人民法院,《中国语文》2001(6)

第五章 小文章谋篇详说

前文已论及小科研的特点，以及小文章的选题来源、写作层次、写作类型等，本章则重点探索小文章的具体谋篇方式。构建文章的骨架，将论文各部分恰当地组成有机体，以表达某个完整的主旨，即为谋篇。小文章的谋篇方式主要讨论为文标题的方式、文章推进的过程与正文篇章结构的策划方法。由于是重点操作的部分，所以用例及其分析着墨略多，读者多些品味的机会，也可借此揣摩写作方略，体悟写作的过程。

从篇章结构来看，小文章一般结构简单，多数只有标题与正文，很少用副标题，正文不长时一般只分段，不分小节；较长时可用"一、二、三"等将文章分块，注释一般用文中夹注或文末尾注。下文将从标题方式、谋篇过程、谋篇方式等层面，辅以例话进行探讨。

第一节 标题方式

1. 立文眼

常言道：看书先看皮，看报先看题。标题指标明文章、作品等核心内容的简短语句；而文眼，也指最能彰显写作意图的短语或句子，能确定文章的中心，揭示其主旨，奠定其基调，升华其意境。因此，立文眼，就是拟标题。

标题是文章的眉目，一般格式为"标题内容+（标题用语）"，有时只有标题内容而无标题用语，如"研究""试探"等。一般分为总标题、副标题、分标题几种。总标题或揭示课题的实质，或交代内容范围，更常用判断句式。

如例26，笔者起先取名"译在路上"，是对被誉为"垮掉派之王"或"垮掉派之父"的凯鲁亚克（John Kerouac）作品 *On the Road*（《在路上》）的套用。*On the Road* 在美国国内的传播，在中国的传播，从无名之作到世界名著，历尽艰辛，整个传播或经典化的过程就是一次长途跋涉或文化之旅。正好作品名为《在路上》，在其前加一"译"字，非常准确地反映了笔者的观点，也非常鲜明地描绘了作品跨语传播的轨迹。可是以"雅"观之，总觉乏味。一日，突然想起歌曲与电视剧名"人在旅途"，何不换"人"为"译"？细细一想，翻译不正是原作的旅行吗？于是"译在旅途"就出笼了。"译在旅途"形成一个判断句式，既设置了悬念，又点明了主旨，不过本文是发表在文化性较强的《读书》杂志上，因而也就没有加入标题用语。

好的标题能够引起读者的阅读兴趣，比如例95的标题"英国的B&B"，乍一看，非常引人注目。B&B以其新奇的构词方式抢人眼球。两个"B"各是什么？"&"表明二者的并列关系，这种缩略构词方式很新奇，自然让读者不忍释卷而追读全文。当然，这种外文词在非外语类报刊上使用可能会引来微词，影响可读性。但在《英语知识》之类的报刊上，但用无妨。通读全文可知，B&B是 bed and breakfast 的缩略形式，指一种旅馆经营模式，提供住宿与早餐，汉语可译作"早餐夜宿式旅馆"。

2. 巧设目

小文章因容量小，标题应力求短小，但要求概括力强，短小精悍，一目了然，用精炼的文字确切地揭示内容，命得有新意。简言之，力求准、鲜、短。多数文章只有一个总标题，不设副标题等，透过它就能大概了解文章的价值。为此，要巧妙地设计标题。

第一，准：即准确突出文章所取视角的独特性，给人耳目一新之感，以吸引读者注意。标题好比商标，会向读者传递价值。比如，例4《趣话hiphop》标有"趣"字，实则乏趣，文章只是笼统介绍hiphop。不妨拟为"hiphop掠影"，即可淡化"无趣说趣"的尴尬，一个"掠"字又可暗示只做简介。内容或许片面，却实在难免，可见，文章标题的作用是何等重要，拟名的确需要考究。又如例19，《建构翻译地理学新学科体系》明确主张要建构体系，且是"新学科体系"。这一结构有两解，其一"新+学科体系"，其二"新学科+体系"；前者是学科体系已建，作者再新建一种；后者则要建一新学科，在此重点谈其体系。

第二，鲜：即鲜明地反映作者的观点或主张。好标题是判断或暗含判断，一睹标题，就能明了观点，读者边读边验证你的观点，同意与否，他都有收获。例9的标题《……更应……》是一判断，直接抛出观点。原题为"MTI应突出应用性与实践性"，编辑宋晖动了两处，第一处是添加"更"字，突出了两个方面：一是肯定MTI设置的初衷，本已突出应用性与实践性；二是更加反映了笔者的观点，即还需更加重视与突出二性。编辑的高明之处常在作者意料之外，真可谓一字之师，又可谓旁观者清。第二处是将MTI还原为汉语全称，前者是翻译的专业称名，字母化缩略，未尝不可，可是既然是新事物，又是给国内广大报纸读者，非专业人士居多，因而宜求大众化，用汉语全称更合适。

第三，短：即反复据意提炼标题，简明地蕴涵作者的情感，使其艺术感染力。为文标题时，可多采用各种修辞手段，巧妙命题，或语带双关，意味无穷；或借用套用；与古今中外互文；或语气丰富，设置悬念；或一语双关，寓意深刻，等等。比如例8，文中没有明确语种划分的标准是百姓视角还是官方视角。而现实中对小语种的分类似乎存在双重定义：一种是官方的，专称除联合国通用语种（英语、汉语、法语、俄语、西班牙语、阿拉伯语）外的所有语种；另一种是大众的，老百姓通常认为英语是通用语种，其他语种都是非通用语种，因此小语种另指英语以外的其他语种。后一种中国教育界也普遍使用。循此，文章的标题"西班牙语不是小语种"也许可以改为"西班牙语是不是小语种？"更好，用判断陈述观点，有准确直观之效，但用问句，不直陈观点，卖弄关子，是不是更能吸引读者的眼球？

3. 标题用语

标题用语指常用于标题、反映研究性质的语言标记，如"研究""趣说"等。常用于小科研的标题用语有好几千，可人们通常只知几十来个，若想将小文章命名得准确而受读者欢迎，不妨查阅我国第一部收录汉语标题用语的语文词典《标题用语词典》（尹世超，商务印书馆，2007）。

第二节　谋篇过程

谋篇的常规方法，如层次与段落、衔接与连贯、开头与结尾等，在此不必赘言，可由一般性汉语或外语写作训练。在此仅以《文化输出需大力提倡变译》为例，以读报产生选题为例谈小文章形成的推进过程。该文从选题到投稿到见报一共5天，文章很短，当时的写作过程历历在目，现将立题→抓点→构架→成形→改定的推进过程一一展示出来。文中段序、下划线与夹注为笔者所加，夹注文字为读报时的眉批。

【例43原文】　用外国人听得懂的语言推介中国

[1]即将过去的2009年是值得中国人自豪的年份。在这一年里，中国经济成功应对了国际金融危机的冲击和挑战，由此，"中国奇迹"也激发了西方人探秘中国的热情。日前，在一次关于中国经济发展的国际研讨会后，一位粗通中国话的外国友人，对笔者说他对中国近些年的持续增长很感兴趣，但看了许多总结性文章，听了许多学者的发言后，依旧"云里雾里"[务虚与务实。]，他希望能推荐一些材料给他，同时也盼望中国学者多写些专门给"老外"看的介绍文章。

[2]应当说，一个时期以来，国内报刊上关于"中国奇迹"、"中国模式"、"中国道路"的深度解读和理论阐述并不鲜见，但我们不得不承认，那些文章多是写给国人看的，"众所周知"的事实省略得太多，必要的背景交代相对缺乏，"老外"看不明白自在情理之中[对内与对外。]。但要让更多的西方人理解中国、支持中国构建和谐社会的努力，就有必要用世界同行听得懂的语言进行交流，就有必要用外国人习惯的表述方式进行解读。

[3]用外国人读得懂的语言介绍中国改革开放的伟大实践，介绍中国应对国际金融危机的成功举措，介绍"中国奇迹"的丰富内涵，并不是简单地有英文译文就行[全译与变译。]，而是要充分考虑到中西方文化的差异，充分照顾他们的阅读偏好。应当看到，汉字文明与以古希腊、古罗马文明为代表的西方字母文明有很大的不同。此外，在论证和表述上，我们可能更多地强调说理和辩论，某些必要的语句成分或事实背景常常被省略，而西方人更多地强调逻辑推理的完整以及事实检验，强调用数据说话。如不能充分顾及这些差别，就很可能让人家读不明白或产生误解[原作中心与读者中心。]。

　　[4]用外国人听得懂的语言和乐于接受的叙述方式介绍我们的主张、观点、成就和经验，还包括要尽量减少意识形态色彩浓厚的词语[战略与战术，全译是怎么说怎么译，说什么译什么；变译是需要什么译什么，喜欢什么译什么，爱什么样就译什么样。]，多一些"民间色彩"的叙事方式。中央党校原副校长李君如教授在美国某大学讲学时，曾被问及如何看待毛泽东主席。李教授不是说毛泽东是一个伟大的马克思主义者、伟大的无产阶级革命家、战略家和理论家，而是说："第一，毛先生是民族英雄。自1840年以来，中华民族蒙受了亡国灭种的灾难和耻辱，是毛先生把这个民族从灾难和耻辱中解救出来的。他因而不仅属于中国共产党，也属于中华民族。第二，毛先生是思想家，他倡导的'为人民服务'和'实事求是'两大思想，是做人做事的道理，什么时候都有用，是永存的。第三，毛先生是才子。中国人重才，毛先生的文采，包括他那豪放的诗词、飘逸的书法，中国人特别佩服"。李教授的这一解读别具一格，听者无不拍手叫好，即使那些有不同意识形态的人也欣然接受[八种变通

策略,十二种变译方式。国内已有的研究与实际,应该提倡。]。我想,这可以给我们诸多启迪。

——孙明泉,信息不详,《光明日报》2009-12-31

1. 立题

立题,包括确立选题论题与文章的题目。选题的来源如前所述,有许多种,读书读报是其一种。读书可以获得人类知识的积累,读报可以捕捉到最新的思考与最新的信息,捕捉到选题;有了选题,也就有了主题。

例43更是典型的读报生题、有感而发的例子。2009年12月31日《光明日报》"光明时评"栏刊出了孙明泉所撰《用外国人听得懂的语言推介中国》一文,当时读了觉得写得不过瘾,没把问题说得更明晰。文中所论正与笔者多年研究与思考的变译问题密切相关,"用外国人听得懂的语言"到底是什么?国人都在这么说,翻译专业领域应该怎么说?不就是世纪之交笔者所提倡的"变译"吗?于是确立了"外宣值得大力提倡'变译'"这一小课题,算是初步立题,这是本人的一孔之见,也是论文的精髓。

2. 抓点

抓点,实指文章写的几个基本要点。无论独自创作,还是读人文章写己文章,都需从所察所读对象中总结出观点,理顺他人或自己的思路,以若干观点为抓手列提纲,确立自己文章的写作要点。此时各要点间可能有清晰的逻辑,也可能暂无体系,但各点凸显出来,有待列纲时调整。

如果说立题是在观察思考时炼题的过程,那么抓点实质上是解题的过程，二者互为辩证关系。题目多为短语，其中词与词的关系总是上管下，上罩下，下承上。连最常见的二字，也是一罩一承，若顺逆两相看，或许能看透。比如，解析例11标题"东方文学大师——泰戈尔"，即可明白文章要写的点。

启下：东边的方位，东方的文学，文学的大师，大师叫泰戈尔

承上：泰戈尔是大师，大师是文学的，文学是东方的，方位是东边的。

双向解题，十分有趣：顺着看，词词启下，下边承着上边。逆着读，词词相背，意思全变。各词之间上罩下，往下递罩。泰戈尔是最下的基础，往上级级承受。如此剥丝抽茧，不只是玩文字游戏，而是炼就从事实中提出要点，再由要点提炼出题目。有了题，反向操作，删除最基本的要点（如"东方"），可得真正的写作要点：

第1点：人物简介＋艺术成就；

第2点：大师（戏剧、小说、歌曲、音乐、绘画）；

第3点：文学大师（创作特色＋诗歌成就＋获诺奖）；

第4点：单谈诗，过渡到诗歌选录。

从他人思想到自己思想的过程是原作催生自己创作的融合与升华的过程：原作内容欠缺或有误，新作补充、订正；原作涉及的事实，新作从新角度研究；原作提出理论，新作结合具体事实拓宽出新；原作的句群提炼为新作的小句，以浓缩或精华的方式化为己有，力争表达更优，等等。新思想的产生是酝酿与提炼的结果。

就拿例43来说，在布局自己的文章之前，得读透原作，即以原文为参照系，从中读出自己的思想，抓住原作的不足，因

此笔者从原作各部分的阅读中做出总结，把原作当靶子，找到参照系，原作中下划线是笔者所针对的内容，脚注则是笔者的所思所想。这样，既理出原作的要点，也有针对性地提出自己的观点，列为表2，更为显豁。

表2　原作内容与所提炼的要点对照

原作段序	相应内容	炼出的要点
1	但看了许多总结性文章，听了许多学者的发言后，依旧"云里雾里"	1. 务虚与务实
2	多写些专门给"老外"看的介绍文章。	2. 对内与对外
2	那些文章多是写给国人看的，"众所周知"的事实省略得太多，必要的背景交代相对缺乏，"老外"看不明白自在情理之中。	2. 对内与对外
3	并不是简单地有英文译文就行。	3. 全译与变译
3	而是要充分考虑到中西方文化的差异，充分照顾他们的阅读偏好。 某些必要的语句成分或事实背景常常被省略，而西方人更多地强调逻辑推理的完整以及事实检验，强调用数据说话。如不能充分顾及这些差异，就很可能让人家读不明白或产生误解。	4. 原作中心与读者中心
4	乐于接受的叙述方式介绍我们的主张、观点、成就与经验，还包括要尽量减少意识形态色彩浓厚的词语，多一些"民间色彩"的叙事方式。	5. 变译的战略与战术
4	即使那些有不同意识形态的人也欣然接受。	6. 八种变通策略

上述各点，来自原作，更是融入了自己的思考，是向自己小文章延伸的桥梁。抓住了原作的要点及不足之处，可针对性地凝练自己文章的中心主旨。根据主题布局谋篇，解决好主题与文章结构的关系，文章框架即可立起来了。

3. 列纲

下笔前对如何围绕文章主旨进行整体规划，也就是谋篇。然后要考虑先写什么，后写什么，即要理清文章的结构，这是布局。谋篇布局，即是列提纲。列纲，即列出自己创作的纲目。提纲是论文的框架或轮廓，写作的初步设想，先后写什么，重点主次是什么，多用简单的句子甚至是词组加以提示，论点与材料编成序号，充盈其间。

科研不论大小，立题与抓点之后至关重要的就是炼纲了。动笔写正文之前，应列出总体的写作提纲，明确全文的逻辑顺序，考虑分几段，确定每段的中心。写作时，以纲为先导，下笔的每个文字都必须绕纲展开，力求不写虚字。如果我们同意对例1构篇的不同意见，则可将原文段4的小故事移作首段，引人入胜。不过，如此一来，段3与段5会衔接不畅，太过突兀。为此，必须修改文章后面的衔接才可成文，全文篇章结构就会发生大变，却不失为一种创新。

在上一小节中，我们列出了各要点，但列点的思路仍是依原作顺序而行，下一步则要据点推进小文章的提纲。笔者所列提纲见表3。

表3　新作纲目与细化的内容对照

新作段序	纲目	内容细化	所针对的原作段序
1	提出问题	由原文观点产生问题：务虚与务实？对内与对外？原作中心与读者中心？全译与变译？指出未说清的问题。	1—4
2	文化输出两大策略	全译：怎么说怎么译，说什么译什么；变译：需要什么译什么，喜欢什么译什么，爱什么样就译什么样。	3

续表

新作段序	纲目	内容细化	所针对的原作段序
3	变通意识	古代变通思想，翻译要引入变通意识，八大变通策略。	4
4	变译概念	变译的定义、特点与十二种变译方法。	4
5	呼应文首	现实对变译的呼唤，值得提倡。	

4. 成形

框架既出，文章就撑起了骨架，只有充以血肉即具体材料与观点，再通过论证组织好框架关系，文章才能丰满起来，呈现基本的形态。精炼的内容离不开明朗的形式，形式与内容是相辅相成的。好的形式与行文逻辑有利于思想的畅通。

本文按照前述纲目，对变通进行语文释义，将其引入翻译具体化，再给变译下定义，介绍其特点，揭示十二种变译方法的内涵；前后再缀联，最终成文。

随着全文的展开，越来越深入细化，觉得所拟题目中的"外宣变译"太专太窄，不大气，于是改为"文化输出需大力提倡变译"，正与国策相适应。整个小文章由原作起手，由宽到窄，由虚到实，由粗到细，由文内到文外，将变译拓开说，回应论题，最后点题。

5. 改定

整篇小文章从结构到文字，3天内改了5稿。文不厌改，改得不能再改了，发给《光明日报》"光明时评"栏，经编辑周龙斧正，1月5日见报。为节省篇幅，将笔者改定稿与编辑部的修改稿合二为一，转引于下，其中周编辑的修改很有品味的价值。

【例 44 修改及发表稿】 文化输出需大力提倡变译

［1］光明时评 2009 年 12 月 31 日发表孙明泉的文章［孙明泉在本报 2009 年 12 月 31 日撰文］，主张对外宣传要"用外国人听得懂的语言推介中国"。文中说，国外朋友认为中国有些文章云障雾罩，表明我们务虚的文章不能满足国外务实的读者；［中国的对外翻译硬塞给外国读者不必要的意识形态和文化，缺失该补充的背景，导致传播不畅，表明对］同一信息国内外读者的需求不同，内外有别。对外翻译或介绍，是以汉语文本为中心，还是以国外读者为中心？面对汉语文本，采用全译，还是变通式翻译？依孙先生之见，后者居上。而解决的方案他已涉及，但有待明晰。

［2］孙先生所说的"简单英译"即全译未能尽其效用，关键在于它遵循了"原文怎么说就怎么译，说什么就译什么"的原则；而变通式翻译即"变译"则是遵循"国外需要什么就译什么，喜欢什么就译什么，爱什么样就译成什么样"的原则。对外宣传及至文化输出，不仅涉及用西方人听得懂的语言，更涉及整个文化输出的战略与战术。文化输出的总战略是多快好省有的放矢地宣传中国，战术上则要采取八大变通策略和［，运用十二种变译］方法。

［3］对外宣传，大而言之，文化输出，都得具备变通意识。古人云"变则通，通则久。"［变通，指"处理事情时，对规定等酌情作非原则性的变动"（《现代汉语规范词典》2004 版）《辞海》解释为"灵活运用，不拘常规"；《易·系辞下》解释更深刻：］"变通者，趣时者也"。趣时，即趋时。变通，并非彻底地改变原有事物，而是在不改变其根本属性的基础上的变更，且要考虑具体的情况。翻译的变通，是为了满足特定

条件下特定读者的特殊需求而对原作施以较大的灵活变动的行为，包括增、减、编、述、缩、并、改、仿等八种变通策略。

　　［4］将变通策略用于翻译活动，则产生新的翻译类型——变译，即根据特定条件下特定读者的特殊需求采用变通手段摄取原作有关信息的翻译活动。变译的最大特点是有意改变原作内容和形式，以满足根据特定的需求；由八大变通策略可生成十二种变译方法：摘译，即选取原文主要内容或译文读者感兴趣的部分内容进行翻译，如专挑《西游记》中与孙悟空密切相关的章节英译成《猴王》；编译，即对原作加工整理再翻译，如《人民画报》各语种版对汉语原文根据译入国的需要所进行的加工；译述，即转述原作主要内容或部分内容，如中央台被访者大说一通，外文字幕才译出几句；缩译，即浓缩原作重要或主要的内容，如世纪之交 50 集电视连续剧《太平天国》在向海外发行时，被压缩成 16 集；<u>另外还有综述、述评、译评、译写、改译、阐译、仿作等。</u>［综述，即对某专题众多外文文献的综合叙述，如国外各报对中国大事件的综合报道；述评，即对众多原文文献综述与评价，如国外媒体对中国时事述评；译评，即翻译之后再评其内容，如中国典籍英译与评论的结合；译写，即翻译原作全部、部分或主要内容并添加写作，如变译大师严复在《天演论》中加写了近三分之一的内容；改译，即改变原作形式或部分内容乃至风格；阐译，即在译文中对原作内容直接加以阐释并使之浑然融合，如延安时期的英文广播对"三三制"进行的一番解释；仿作，即仿照原作的内容或形式进行译语创作的行为。］

　　［5］以往，［曾几何时，中央有关领导批评］我国对外宣传翻译尽职不够，［主要是指］未能根据对象国的需求进行翻译，说到底是变译技能不高，变译意识不强，死守了传统的全译之法。

而变译是历史上不断实践、不曾为人所关注而在当下值得大力提倡的一类翻译方法,是任何一个对外翻译者应考虑的策略。[何为变译、如何变译、为何变译、变译为何,国内都做过专门研究,已有《翻译变体研究》、《变译理论》、《科学翻译学》等专书,不妨看看。]

——黄忠廉,黑龙江大学教授,《光明日报》2010-01-05

【例析】文中段序为笔者所加,下划线为编辑所加内容,方括号内为编辑所删内容。段1段首改得更鲜明,直接点明栏目、作者与文章;段中所删并非原文所涉,宜删,更宜放在后文去说!段2末尾去掉"运用十二种变译",因为具体变译方法第4段才论及,在此提及尚嫌过早。段3对"变通"的引证适于学术期刊论文而不适于报纸文章,宜删。段4末尾将其他几种变译方法舍去,一是篇幅不许,二是不必详列,因为不为一般读者所知,而摘译、编译、译述、缩译等变译方法读者较熟悉,经此一改,变译方法就显得既全面又简明。段5段首不必点明领导人,泛泛而提较合适,可见撰文要有政治意识。最后几句话为蛇足,有点自诩味道,删除之后,文章卒章显态,反倒掷地有声,点明主题。由此可见编辑之功!反复揣摩编辑的修改,受益良多。

第三节　谋篇方式

谋篇是小文章类型的具体化过程,正文谋篇方式是整体上组织文章结构的手段,是小文章谋篇的核心,其种类多样,有时单一使用,有时交叉使用,有时综合使用。下面分出几类,只是便于突出其某一方式而已。

1. 列举式

列举式，即以外国语言、文学与文化材料具体列举为主、以说明一个主旨的谋篇方式。列举式因其简便而为人常用。

材料可单列，也可并列；可同类，也可异类；可历时，也可共时。有简单列举式，有追补列举式。简单列举式指将相关材料一一列出，材料较多时，有的按一定逻辑顺序，有的则无序排列。追补式列举指此前已有人列举过，作者再次列举，为之补充。

【例45】　　　　英语回文一瞥

"No X in Nixon."是美国第37任总统尼克松在1968年竞选时其支持者们打出的一幅标语，为尼克松成功竞选美国第46届总统立下了汗马功劳。这个标语使用了回文（palindrome）。X代表"未知数"，意谓"没有尼克松解决不了的问题"，可谓别出心裁，独具匠心。

回文一般是指顺读和倒读都一样的词语。英语中的回文可分为两大类：

一、回文单词。如：

eye, eve, ewe, dad, did, tit, tat, tot, pop, mum, noon, deed, civic, level, madam, refer, radar, minim, rotator, reviver

二、回文句子。如：

1. Sir, I'm Iris.

2. Mad? Am I? Madam?

3. Live not on evil.

4. Ma is a nun, as I am.

5. Pull up if I pull up.

6. Ma is as selfless as I am.

7. Won't lovers revolt now?

8. Was it a bar or a bat I saw?

9. Draw pupil's lip upward.

10. We'll let dad tell Lew.

11. "Did Ione take?" "No, I did."

12. Too far, Edna, we wander a foot.

13. No misses ordered roses, Simon.

14. Marge lets Norah see Sharon's telegram.

15. Stop, Syrian! I see bees in airy spots.

仔细研读上述回文词和回文句,你定会从中领略到英语语言的奥妙和乐趣。

——冷德军,辽宁工程技术大学教师,《英语知识》2008(2)

【例析】回文是一种文字游戏,游戏得法,会生奇效。文章开篇所举"No X in Nixon."是个绝妙的例子。回文句是常引对象,而回文词较少关注,本文为我们欣赏英语提了个醒。从全文看,作者采用了简单的同类列举法,但语篇上有问题,"一""二"之后是标题,本应单独占一行,不应接排"如:";文章本不长,可去序号,即可解决问题。

列举式文章首先要守序。文中回文词总体上由短至长排列,等长回文词内却未完全按音序排列。回文句也建议由短至长排列,或按首字母顺序排列。即使按语言单位划分回文类型,文章也不严谨,回文句诸例中就含有回文句群,如2、11、15,例11不是严格的回文。相应内容可读例23及其分析。

【例 46】　　　　世贸词汇补遗

多边贸易体制：multilateral trading system

契约性义务：contractual obligations

货物贸易：trade in goods

服务贸易：trade in services

知识技术贸易：trade in ideas

与贸易有关的知识产权：Trade-Related Aspects of Intellectual Property Rights

关税减让表：tariff schedules

市场可预见性：market predictability

互惠减让：reciprocity for concessions

比较优势：comparative advantage

商品协议：commodity agreements

限制性商业惯例：restrictive business practices

反倾销协议：Anti-Dumping Agreement

非关税壁垒：non-tariff barriers

争端裁决：dispute findings

部长级大会：Ministerial Conference

总理事会：General Council

贸易与发展委员会：Committee on Trade, Development

收支平衡委员会：Committee on Balance of Payments

预算、金融和管理委员会：Committee on Budget and Finance and Administration

总干事：Director-General

透明度：transparency

职责范围：terms of references

市场准入：market access

农产品委员会：Committee on Agriculture

一次性机会：a one-time opportunity

支付与转账：payments and transfers

专属权，专有权：exclusive right

价格承诺：undertakings on pricing

"特定"补贴：a "specific" subsidy

原产地规则：rules of origin

贸易平衡要求：trade balancing requirements

可持续发展：sustainable development

（参见今年第4期——编者）

——王玉龙，皖西学院教师，《英语知识》2003（11）

【例析】如题所示，"补遗"是对以前词汇列举的补充，实指张宇翔刊于《英语知识》2003年第4期的《世贸词汇知多少》。文末编者的话"参见今年第4期"正是替作者点明了本文的作用，从更为宏观的角度指明了知识的关联性与互补性，也为读者提供了索读更多信息的门径。

不过，作者罗列还是缺乏逻辑性，在贸易大范畴之下至少还可分出关税、机构、收支、等次范畴，据此分类排列，有利于读者吸收。正因为本文属于追补式列举，作者应交代被补对象，明确所补对象，以便引起读者注意。另外，世贸词汇多从国外译入，整个词汇表宜按英－汉方式对应，双语间不必用"："。Committee on Budget and Finance and Administration作为机构名，虽说有三项内容并列，汉译为"预算、金融与管理委员会"则不符合机构汉译的语言特点，即一般不用标点，应译作"预算金融与管理委员会"，试比较"俄罗斯语言文学与文化研究中心"。

【例 47】 翻译中的尴尬与笑话

中国的改革开放蒸蒸日上,对外交流欣欣向荣,获得了成功。在各种对外交往活动中,翻译的重要性不言而喻。可是,无论在中国还是外国,总有一些"半瓶醋"翻译,把本来优美的语言弄得不伦不类,有的甚至适得其反,搞出许多笑话。这里把一些材料公诸同好,"奇文共欣赏,疑义相与析"。

在上海某宾馆的电梯里:"Please leave your values at the front desk."该句意思无非是说"贵重物品请交给总台服务员"。然而在英语里,"values"的意思是"价值观念,道德观念"。这样一来,该句的意思就是:"请把你的价值观念交给总台"。其实"贵重物品"应该用"valuables"。

在桂林某宾馆:"Because of the impropriety of entertaining guests of the opposite sex in the bedroom, it is suggested that the lobby be used for this purpose."大概是想说:"鉴于在卧室招待异性客人不合适,建议您在大厅里会见异性客人。"可是对于"entertaining guests of the opposite sex",英美人士一般理解为"向异性献殷勤"。

在吉林某宾馆:"You are invited to take advantage of the chambermaid."这一句或许是想说:"我的客房小姐很乐意为您服务,如有事情,尽可召唤。"可是,"take advantage of somebody"却是"占某人便宜"的意思,那么这一句的意思就成了:"请您对客房小姐动手动脚,不要客气。"

在西安某裁缝店外:"Ladies may have a fit upstairs."老板的意图也许是想让那些路过的小姐们到店中试试他做的衣服,可是"have a fit"在英语中是"发疯,痉挛,勃然大怒"的意思,那么,这句话就成了:"女士们,请上楼来发疯吧!"

在南京某干洗店:"Ladies, leave your clothes here and

spend the afternoon having a good time."这里的老板大概想说:"女士们,把衣服放在这里,轻松一下午吧。(我们帮您把衣服洗干净。)"可是老外却把这句话理解为:"女士们,脱下裤子,在这里享受一下午吧!"

在华山某庙宇:"It is forbidden to enter a woman even a foreigner if dressed as a man."此句旨在告诫人们:"女士请勿入内,即使穿着打扮像男士的外国女士亦不例外。"可是"enter a woman"在英语中是一委婉语,意思是"和女人同床共枕",那么,这句话的意思就成了:"禁止和女人同床共枕,即使是和穿着打扮像男士的外国女人这样做也不行。"

在杭州的一家动物园:"Please do not feed the animals. If you have any suitable food, give it to the guard on duty."此句是想告诫人们:"请不要给动物喂东西吃,如果有合适的食物,请交给值班警卫。"可是在英美人士看来,后一个句子明明是说:"如果有合适的食物,请给值班警卫吃。"

上面这些例,是一位外国朋友的亲笔实录。笔者宁愿相信这是一些玩笑,然而这些极不雅观,甚至不堪入目的英文告示与宾馆的高档服务设施、旅游区艳丽如画的风景相比,简直就像美人脸上趴着的苍蝇,非但有碍观瞻,简直是令人作呕。

——徐德宽,烟台师范学院副教授,《语文建设》2001(8)

【例析】据作者介绍,这些译文是外国朋友提供的。即使不回译成汉语,"奇译"也够人赏析的了!作者随时随地收集材料成文的习惯值得学习。译文作者已作批评,不再多言。就文章本身而言,只是简单列举了几个城市的汉译,汉语英译所引起的尴尬与笑话是由作者分析出来的。真是不析不知道,一析吓一跳。

文中一共分析了七处，初读觉得分析得在理，可回头一思量，全文按地理空间顺序列举似乎还有改进之处，至少可以按东西南北的方位叙述，不然有忽东忽西之嫌。标题前加限定词"公示语"，题意会更明确。

2. 阐释式

阐释式，即解释或说明某一概念或现象的谋篇方式。阐释的对象或为概念，或为事实。可采用由内涵而外延的方式，即先厘定概念，再廓清概念的外延，再举例证明，或解释其各种特点，具有由理性而化为感性的优势。

也可先列举若干材料，采用顺古至今，逐步归纳法，再分析其特征，最后得出结论或定义，若有必要，再作一番解释，或追溯其来源，这种归纳法具有由感性而理性的优势。

【例 48】　　　　apple-pie order 释源

apple-pie 本是一种西点，通常译作"苹果馅饼"，那么 apple-pie order 究竟是什么意思呢？按照 ALD（《牛津现代高级英语词典》）的解释，其真正含义是：井然有序；整整齐齐（in perfect order, with everything in the right place）。至于为什么这样解释，那就得追溯它的由来。

关于 apple-pie order 的起源，美国广泛流传的一种说法，认为此语最初来自早年的新英格兰。据说远在美国独立之前，新英格兰地区有位家庭主妇，以善操家务而出名。她有一种习惯，即在新的一周开始时，便把未来七天中食用的苹果馅饼全部烤好，然后一一摆在贮存食品的架子上——星期一要吃的饼摆在第一层，星期二要吃的饼摆在第二层，这样依次摆放。看上去层次井然，有条不紊。据说 apple-pie order 一语及其含义即由此产生。

——樊晓莉，信息不详，《英语知识》1996（8）

【例析】本文对短语 apple-pie 所表达的概念释源，一个术语来自一个传说的概括，构成了词语－传说阐释的谋篇模式。apple-pie 本是日常点心，只因家庭主妇用它摆出一周的"食谱"，呈现为一种有条不紊的状态，被引申为"井然有序"的抽象义。作者采用了依今思古的逆溯法。短文讲述传说，也不必探究其文献来源，文末那句话纯属多余。此类文章总做不完，因为新事物不断涌现。

【例49】 释"保障"——与《汉语外来语辞典》商榷

"保障"一词，刘正琰、高名凯、麦永乾、史有为诸先生编撰之《汉语外来语辞典》释云："有效地保护，使不受侵犯和破坏。〔源〕日保障 hosho"（见上海辞书出版社 1984 年 12 月版第 37 页）

该辞典显系将"保障"视做由日语转借而来的外语，但据笔者考释，此说甚为不妥，且有本末倒置之嫌，故不揣冒昧，著文订正如下：

"保障"一词于我国古代文献源出极早，可上溯至先秦春秋之时。

《左传·定公十二年》："将堕成，公敛处父谓孟孙：'堕成，齐人必至于此门。且成孟氏之保障也。无成，是无孟氏也。子伪不知，我将不坠。'"

按：此文又见于《史记·孔子世家》。成地在今山东省宁阳县东北九里，在鲁都之稍西而北五十余里，鲁北境。文中显为孟孙氏主张毁弃成地之城池，然公敛处父则高瞻远瞩，极力反对这样做，并道出了"且成，孟氏之保障也，无成，是无孟氏也"的理由。纵观上下文意,"保障"一词即保护、屏障之义无异。

"保障"连属成词绝非偶见。请看《国语·晋语九》之例:"赵简子使尹铎为晋阳。请曰:'以为藕林乎?抑为保障乎?'简子曰:'保障哉。'"注:"两林,赋税,保障,蔽捍也。"

在稍后的文献中"保障"一词使用频率仍很高。下面略举数例以示证明。

《三国志·魏书·郭淮传》:"谅州休屠胡梁元碧等,率种落二千余家附雍州。淮奏请使居安定之高平,为民保障"。

《唐书·张巡传》:"巡与许远议,以唯阳江淮保障也。若弃之,贼乘胜鼓行而南,江淮必亡。"

丁鹤年诗:"千里荆扬凭保障,七年淮海赖澄清。"

杨维祯诗:"保障许谁为尹铎,事谐无复问文开。"

若具体分析"保障"组词法式,则为同义联合词组。

保,《说文》云:"养也,从人,柔人省声"。唐兰先生具体释云:"抱者怀于前,保者负手背。古文保象人反手负子于背也……负子于背谓之保,引申之则负之者为保,更引申之.则有保养之义。"

笔者按:保由保养义,顺理成章地引申出保护之义。现代多用此义。

障系形声字,从阜,章声,本义为阻隔,引申为屏障。

按:屏障可御险、拒敌于外,实与保护义相通。故此得以将"保障"一词视作同义连属词(从词义角度言之)和同义联合词组(从构词法角度言之)。

在古代,"障"与"彰","保"与"堡"常在文献中通用。有些学者误将其视作通假字处理,这是不符合文字演变规律与客观语言事实的。

《词源》云:"堡本作保,原指土筑的小城。《礼记·檀弓》:'遇负杖入保者息。'"注:"保,县邑小城。"(见新版《辞源》卷1,609页)

"郭,'障'的本字。(三)屏障。设置要塞。《战国策·韩策》:'料大王之卒,悉之不过三十万,……为除守徼亭郭塞,见卒不过二十万而已矣。'"(见新版《辞源》卷4,3119页)

按:古代之城堡本为防御入侵之敌及保护统治阶级利益而筑,因之与保护义是相通的。据此,我们可将"保""堡"视为同源字;"障"与"郭"看成异体字。因此造成其在古书中的互换通用。

"保障"一词,古书中又作"保郭""堡障"。如:

《史记·孔子世家》文中"保障"即书写为"保郭",其义与前者完全相同。

《新唐书·裴度传》附裴识:"以识帅泾源……识至,治堡障,整戎器,开屯田。"按:"堡障"的土城义即由保护屏障引申而来,即由事物的功能转而引申为事物的本体。可见"堡障"与"保障"是形异义通的。

故此,我们完全可以得出结论:"保障"一词原系土产国货,且产生于春秋时代,可谓由来已久,绵远流长矣。日语中的"保障"一词理应是源出自古汉语之中,其词义则是古汉语词义的引申。我们有些学者缺乏对中国古籍深入考究的精神,才导致这种颠倒源流,本末倒置的谬误,是需要指正的。

也许有人还要为《外来语辞典》的作者进行辩解,认为"保障"一词即使源出自中国,然经介绍至日本后又产生了新义,乃至辗转回归中国,故而又成为汉语的外来语。对于这种对外来语解释的良苦用心，我们姑且不论其是否得当。单就现代汉语中"保障"一词所含的二种词义来看，"（1）保护（生命、财产、权利）使不受侵犯和破坏（动词）。（2）起保障作用的事物。"（名词）（见《现代汉语小辞典》1980年版，第17页）就可以认为它们完全是由古义派生出来的，即承继了"保""障"的基本词义，且连词性也均相同。这就更从另种角度证实了"保障"绝非外来词，而是地道的古语词。

——马振亚，东北师范大学教授，《古籍整理研究学刊》1990（5）

【例析】作者出身中文系，颇具考据之功。说是"释'保障'"，实为"保障考"！由先秦而三国而唐而元，一路考证下来，字字确凿；又辅以说文解字，还摆出了与"保障"通用的字。凡此种种，表明"保障"不是外来词，而是土产。这种功夫是外语界学者所缺乏的，值得外语研究借鉴。

全文分两部分，考释为主件，商榷为附件，整个过程以考释为主，文首两段与文末两段就成了考释的附件，而主标题是考释，副标题是商榷，文题相对，配合得天衣无缝。

3. 图表式

图表式，即用图或表明晰内容的谋篇方式，让数据与图表直接说话，有一目了然的优点，可省去不少文字。图表中的数据既可是调查统计的结果，也可取自他人，均服务于某个目标与论题。如果图表只作为文字的辅助，文字是对图表规律的揭示，占了主体，这就不属于图表式文章了。图表式谋篇主要指图表是小文章的主体，文字是其次要部分；文字在前，图表在后，或图表在前，文字在后；或指图表与文字平分秋色，常常是图表插入前后文字之中。

图表包括图表外与图表内两部分。图表外常设总标题、单位名称、制图表日期；图表内通常包括表头、横标目、纵标目、数据。谋篇成文，一般而言，以图表协助文字的文章，图表中的文字比正文要小半号，特殊情况下字体还会更小，依图表所设的空间而定。可参看有关图表制作的图书。

图表的选择主要与数据的形式相关，感觉效果与美观性在其次。当文字能叙述清楚，且字数少于图表篇幅时，一般不用图表；不能为用而用。

【例50】　　英美和欧洲大陆服装尺码对照表

美国市场上销售的服装来自世界各地，衣服鞋子标注的尺码因传统的经营风格不同而不尽统一。现将英美及欧洲大陆服装尺码系统的对照关系，列表如下，供出国人员查阅参考。

Women

Blouses/Sweaters
```
U.S.          XS  S    M      L      XL
British       30  32-34 36-38  40-42  44
Continental   36  38-40 42-44  46-48  50
```

Coats/Dresses
```
U.S.          2   4   6   8   10  12  14  16
British       24  26  28  30  32  34  36  38
Continental   30  32  34  36  38  40  42  44
```

Pants
```
U.S.          2   4   6   8   10  12  14
British       4   6   8   10  12  14  16
Continental   32  34  36  38  40  42  44
```

Jeans
```
U.S./British  24  26  28  30  32  34  36
Continental   34  36  38  40  42  44  46
```

Men

Dress Shirts (neck size)
```
U.S./British  14  14 1/2  15  15 1/2  16  16 1/2  17
Continental   36  37      38  39      41  42      43
```

T-Shirts (chest size)
```
U.S.&        S       M       L       XL
British      34-36   38-40   42-44   46-48
```

Suits/Coats
```
U.S./British  34  36  38  40  42  44  46
Continental   44  46  48  50  52  54  56
```

Pants/Jeans
```
U.S./British  28  30  32  34  36  38  40  42
Continental   38  40  42  44  46  48  50  52
```

Shoes					Shoes				
U.S.	5-5 1/2	6-6 1/2	7-7 1/2	8-8 1/2 9	U.S.	7-7 1/2	8-8 1/2	9-9 1/2	10-10 1/2 11
British	3 1/2-4	4 1/2-5	5 1/2-6	6 1/2-7 1/2	British	6 1/2-7	7 1/2-8	8 1/2-9	9 1/2-10 41
Continental	36	37	38	39 40	Continental	39-40	41-42	43	44 45

——杨国俊、邱革加，江汉石油学院副教授与附中高级教师，

《英语知识》1996（8）

【例析】作者曾是笔者的同事，此前留学美国。留学期间，他们非常细心，留意了英美及欧洲大陆服装尺码的差别，简单对照，极为实用，旨在供出国人员查考。

本文采用了无格表，表占主体，前有叙述文字。这种文章一般先简单交代所要说的对象，再用表将内容展示出来，非常醒目，让表中的数据直接说话。表的总标题就是文章的标题，二合一了。Women 与 Men 相当于横标目，Blouses/Sweaters 等相当于横标目的细分，U.S.、British 与 Continental 相当于纵标目。纵横交错，欲查即可从速。

【例51】 市场对外语人才需求调查问卷的统计分析

摘要：该问卷对广西南宁市四个城区相关单位的调查发现，人们对外语人才以及应聘毕业生所具备能力的满意程度及需求程度，主要受到学生就读的学院类型、学生在校期间所获得的证书、自身所具备的综合能力和用人单位性质等因素的直接影响。通过此次问卷调查的主要数据统计分析，为确定我院今后外语人才的培养模式、培养手段、市场对外语人才的素质要求提供了基本依据。

关键词：外语人才　统计分析　需求程度

为确切地了解现阶段市场所需要的究竟是什么样的外语人才，从而确定我院今后外语专业教育的发展方向提供基本的依据，并且为市场培养和提供更适合的外语人才，我们对本市部

分事业单位、公有和非公有制企业单位,分发了对外语人才需求的问卷调查。本次调查,我们有针对性地选择了南宁市四个城区的三十多个单位作为调查对象,共发出调查问卷656份,回收530份,回收率为81%,经面上筛选,有效问卷为504份,占回收问卷的95%,无效问卷为26份,占回收问卷的5%。

一、基本情况

接受本次调查的人员面较广。其中,政府及事业单位共272份,占有效问卷的54%;国有企业单位共65份,占有效问卷的13%;合资企业单位共34份,占有效问卷的7%;民营企业单位共46份,占有效问卷的9%;私人企业单位共63份,占有效问卷的13%;其它性质单位共24份,占有效问卷的5%。

二、对外语人才的需求程度及影响因素

人们对外语人才的需求,必将受到诸多因素的影响。其中主要的影响因素归纳为:①涉及单位性质对外语需求情况;②学生获得各类证书情况;③应聘学生的外语知识能力情况;④学生就读的学院类型情况及已参加工作的学生语言应用能力情况等。而这几种因素又相互关联、相互影响、相互作用。以下就每个单一因素进行详细分析:

1. 单位性质

单位性质与人们对外语人才的需求关系见表1。

表1 单位性质与需求程度的关系　　　　单位:%

单位性质	非常需要	需要	不需要	无所谓	总和
政府及事业	14	66	9	11	100
国企	11	70	11	6	100
私企	9	62	20	9	100
合资企业	35	53	9	3	100
民资企业	17	59	20	4	100

从表1可以看到，政府及事业单位对外语人才的需求已占到其总需求量的80%，其中非常需要占14%、需要占66%；国企单位对外语人才的需求已占到其总需求量的81%，其中非常需要占11%、需要占70%；私企单位对外语人才的需求已占到其总需求量的71%，其中非常需要占9%、需要占62%；合资企业单位对外语人才的需求已占到其总需求量的88%，其中非常需要占35%、需要占53%；民营企业单位对外语人才的需求已占到其总需求量的76%，其中非常需要占17%、需要占59%。从以上分析我们不难看出，目前不同性质的用人单位对外语人才的需求都已分别占其总需求的66%以上，其中合资企业单位对外语人才的需求已高达其总需求量的88%，这足以说明，目前市场对外语人才的需求的前景是非常看好和令人鼓舞的。

2. 获得各类证书情况

市场对外语人才获得各类证书的情况与人们对外语人才的需求关系见表2。

表2 所获各类证书与需求程度关系　　单位%

单位性质	语言考级证书	专业毕业证书	学历学位证书	相关比赛获奖证书	总和
政府及事业	20	28	48	4	100
国企	18	25	53	4	100
私企	10	25	65	0	100
合资企业	25	30	43	2	100
民资企业	10	25	63	2	100

表2表明，政府及事业单位对毕业生在校期间获得的各

类证书给予不同程度的重视，其比率分别为：语言考级证书占20%；专业毕业证书占28%；学历学位证书占48%；相关比赛获奖证书占4%，其中专业毕业证书和学历学位证书占其总需求量的76%。国企单位对毕业生在校期间获得的各类证比率为：语言考级证书占18%；专业毕业证书占25%；学历学位证书占53%；相关比赛获奖证书占4%，其中专业毕业证书和学历学位证书占其总需求量的78%。私企单位对毕业生在校期间获得的各类证比率为：语言考级证书占10%；专业毕业证书占25%；学历学位证书占65%；相关比赛获奖证书占0%，其中专业毕业证书和学历学位证书占其总需求量的90%。合资企业单位对毕业生在校期间获得的各类证比率为：语言考级证书占25%；专业毕业证书占30%；学历学位证书占43%；相关比赛获奖证书占2%，其中专业毕业证书和学历学位证书占其总需求量的73%。民营企业单位对毕业生在校期间获得的各类证比率为：语言考级证书占10%；专业毕业证书占25%；学历学位证书占63%；相关比赛获奖证书占2%，其中专业毕业证书和学历学位证书占其总需求量的88%。以上的各项数据表明，不同性质的单位对外语人才的需求，不但注重毕业生是否掌握专业知识及获得学历学位证书的情况，更注重的是毕业生所具备的综合能力和综合素质，这对我们今后在培养学生的综合知识及能力方面提出了更高的要求，也对改进和完善我们的教育目标、培养手段、专业知识技能的获取等方面起到了积极的促进作用。

3. 应聘学生的外语知识能力情况

应聘学生的外语知识能力情况与人们对外语人才的需求关系见表3。

表3 学生的外语知识能力与需求程度关系　　　　单位：%

单位性质	十分满意	比较满意	感觉一般	很不满意	总和
政府及事业	4	39	54	3	100
国企	20	40	37	3	100
私企	4	19	76	1	100
合资企业	6	32	56	6	100
民资企业	5	39	55	2	100

表3显示，除国企单位对应聘学生的外语知识能力满意程度达60%外，其余不同性质单位对应聘学生的外语知识能力满意程度分别达43%、23%、38%和44%，均未达到50%，而对应聘学生的外语知识能力感觉一般的情况却分别高达54%、76%、56%和55%，都已超过了50%。以上的分析数据表明，在平时的教学工作中，教师除应特别注重培养学生的外语口头和笔头表达能力之外，还应该为高年级的学生开设或举办一些模拟应聘工作的实战训练课或专题讲座活动，为学生能顺利通过用人单位的招聘面试打下良好的应对基础，并且增强了学生接受社会挑选时的自信心和勇气。

4. 就读的学院类型情况

学生就读的学院类型情况与人们对外语人才的需求关系见表4。

表4 学生就读的学院类型与需求程度关系　　　　单位：%

单位性质	综合大学非外语类毕业生	综合性大学外语类毕业生	外语类院校毕业生	其他院校	总和
政府及事业	28	35	35	2	100
国企	15	45	35	5	100
私企	16	26	39	19	100
合资企业	32	28	30	0	100
民资企业	37	37	24	2	100

从表4可知，政府及事业单位对学生就读的学院类型的需求已占其总需求量的70%，其中综合性大学外语类毕业生占35%；外语类院校毕业生占35%；非外语类及其他院校的毕业生只占30%。国企单位对学生就读的学院类型的需求占其总需求量的80%，其中综合性大学外语类毕业生占45%；外语类院校毕业生占35%；非外语类及其他院校毕业生占20%。私企单位对学生就读的学院类型的需求占其总需求量的65%，其中综合性大学外语类毕业生占26%；外语类院校毕业生占39%；非外语类及其他院校毕业生占35%。合资企业单位对学生就读的学院类型的需求占其总需求量的68%，其中综合性大学外语类毕业生占38%；外语类院校毕业生占30%；非外语类及其他院校毕业生占32%。民营企业单位对学生就读的学院类型的需求占其总需求量的61%，其中综合性大学外语类毕业生占37%；外语类院校毕业生占24%；非外语类及其他院校毕业生占39%。以上的数据充分显示，不同性质的单位在招聘外语人才时，不但注重毕业生是否就读外语类院校或综合性大学的外语专业，同时还注意毕业生是否学习或掌握专业知识之外的知识和具备较强的综合能力。

5. 已参加工作的学生语言应用情况

已参加工作的学生语言应用情况与人们对外语人才的需求关系见表5。

表5 已参加工作的学生语言应用与需求程度关系　　　　单位：%

单位性质	很满意	一般	不满意	没什么感觉	总和
政府及事业	11	74	8	7	100
国企	8	55	23	14	100
私企	9	68	9	14	100
合资企业	21	68	9	2	100
民资企业	16	59	20	5	100

表 5 的调查结果表明，在所有被调查的单位中，对已参加工作的学生语言应用感到很满意的分别为：政府及事业单位占 11%；国企单位占 8%；私企单位占 9%；合资企业单位占 21%；民营企业单位占 16%，而感到学生语言应用一般的却分别达到：政府及事业单位占 74%；国企单位占 55%；私企单位占 68%；合资企业单位占 68%；民营企业单位占 59%。从以上两组主要的数据看到，学生在实际工作中的语言应用能力不够强，这与他们在校期间所学的专业基础知识及专业技能不够扎实，综合知识的应用能力不强有一定的关系，这不能不引起我们的高度重视。

总之，从以上 5 个调查分析表的结果可以比较清楚地看到，影响市场对外语人才需求的多种因素是无法回避的，但我们更应该看到，今后我们应投入更多的精力来优化教学模式，提高教学效果，为我院探索出培养一专多能，即"外语＋财经"、"外语＋商贸"的高级复合型人才的模式打下良好的基础，以及为用人单位培养更多的实用外语人才作出贡献。

参考文献：

［1］黄永兴等.年轻人职业选择问卷调查的统计分析.安徽工业大学学报（社科版），2002.11，VOL 19，（5）.

［2］高鹏等.大学英语课堂中学习者学习自主性的培养.外语界，上海外国语大学主办，2005，（1），总第 105 期.

［3］徐方赋等.加强语言基础、培养应用能力、全面提高教学质量.石油教育，石油大学主办，1999，（12），总第 91 期.

——彭邕，广西财经学院教师，《考试周刊》2009（33）

【例析】这是一篇不大不小的调查分析型论文。文章采用五张表调查了五种关系：单位性质与需求程度的关系、所获各类证书与需求程度关系、学生的外语知识能力与需求程度关系、学生就读的学院类型与需求程度关系、已参加工作的学生语言应用与需求程度关系，行文思路是表—数据统计—数据分析。全文重在数据，分析过简，甚至可以说没有分析。"从表X可知"的文字叙述实际上是将表中数据与对象相加，转述为文字而已，没有对数据的比较、鉴别，从中找出差异的变化及其规律，无分析性语言，更无分析后的综合归纳，影响了文章的深度，缺乏思想性。因此，去掉转述数据的文字部分，仍是一篇图表式文章。

不过，文章以某城市对一院一系外语人才需求为对象进行调查，针对性强，但适用面窄，缺乏共性，由此看来，若能略作调整，文题便可作出相对调整。另外，参考文献标注不统一，有失规范，编辑有责。表中字号应比正文小半号，表应居中，整个版面才比较美观。

4. 解析式

解析式，即深入剖析某现象的谋篇方式，是典型的小题大做方式，善于抓住某一对象，先细分类，再深追究，旨在揭示事物的特性与本质，让人透过现象看本质，从中怡情益智。

解析式谋篇分三步走：第一步，察看或读懂对象，常常是深读，要求独立思考，对所涉对象全盘了解后再精读或细读，抓其核心或本质。第二步，条分缕析，析是批判式深读的核心，深读更重视读后分析，从对象的结构或因果等切入，纵横比较，分出优劣，道出理由；或是析出真相，结果自明。第三步，悟出思想，对所涉对象一定要有感悟，有感有悟，有感在先，读透就是感的过程，感后有析，析之有得，就会得出独到的认识，这便是思想。

一般的解析走到第二步即可，理论式解析则可升至第三步。比如，对生活中各种语言现象的分析可以从词到短语，从语言到言语，从已然到或然，从规范到描写，逐渐深入，逻辑有层次，思想有深度。

【例52】　　　　试析"麦片"的英文表达

随着生活水平的提高，一种名为"麦片"的饮食近年渐渐进入我国寻常百姓家。顾名思义，"麦片"即用燕麦或大麦粒压成的小片（《现代汉语词典》增补本，商务印书馆，2002）。很显然，麦片的原料应该是大麦或燕麦，不过，似也有使用小麦的。

据查，时下不少汉英辞书（如外研社1995年出版的《汉英词典》、吴光华主编的2002年版的《汉字英释大词典》、外研社2002年出版的汉英双语《现代汉语词典》增补本等）所给"麦片"的英文译文大多是oatmeal。而我们在超市诸多"麦片"食品包装袋上见到的译文却几乎全是cereal。以上二英文词中哪一个才是真正的"麦片"呢？翻翻相关工具书，不难发现，oatmeal原来指的是把精白的燕麦加热再磨碎的一种食品，即燕麦片或燕麦粥早餐。下面我们来看看Cereal一词：它原是古罗马神话中一个神的名字。公元前496年，罗马农村遭受严重旱灾。祭司们询求神谕后声言，要消灾祛祸须在罗马修建一座神庙供奉一位名叫Cereal的新女神。他们还建议立即献祭祈求Ceres普降甘霖。公元前493年Ceres神庙正式落成。此后，Ceres便被尊奉为"谷物女神"。Ceres本是拉丁文，意思是"谷物"。英语中的Cereal一词正是来源于此。兰登书屋1998年出版的《韦氏英汉大学词典》对"cereal"的解释是：谷类食品［尤指早餐食品］。

陆谷孙主编的《英汉大词典》中，cereal可指经加工而成的谷类食物。可见，cereal可以用来表示"麦片"。

除cereal以外，还有其他能表示"麦片"的单词吗？《新世纪汉英大词典》提供了"麦片"的另一译文"wheat flake"。Wheat与flake这两个单词的组合似乎能把"麦片"表达得很形象：wheat表明了麦片的成分；flake指松软的小薄片，表明了麦片的形状。但是，我们在相关英英和英汉词典中找不到wheatflake一词。我们只能找到一个与之类似的单词cornflakes。Cornflakes指（常浸泡于牛奶中用作早餐的）玉米片。我们不能因为在词典中找不到wheatflake就断定其不存在。假使wheatflake可以用来表示"麦片"，也可能是此"麦片"非我们通常所指的用来冲调的"麦片"也。笔者曾在某处见过他人使用cornmeal一字。corn来自古英语，统指"谷类"，在英格兰指"小麦"，而在苏格兰和爱尔兰指"燕麦"。cornmeal指把燕麦、大麦、玉米等加热后再磨碎的一种食品。因此，cornmeal似也可以表示"麦片"。

——廖涛，电子科技大学教师，《科技英语学习》2008（1）

【例析】本文谈汉英词语对照或翻译。先弄清麦片的原料是为下文铺垫。查双语词典麦片用oatmeal，这是语言层面的规范；再看食品市场，麦片多用cereal，这是言语层面的现实。各作考证分析，均有道理，尤其是后者，产生于神话传说，颇有来头。

分析到此，似可了结，作者却又提一问"还有其他能表示'麦片'的单词吗"。他发现表达"麦片"这一概念另有两个英语词语，即wheat flake与cornflakes，对后者采用了开放的语言观，用词也比较谨慎，如cornmeal似乎也可表示"麦片"。如此观之，对 cornflakes 也应持发展眼光，至少现在它是一种描写性命名方式，能否进入语言词汇系统，还要拭目以待。经过观察与分析，麦片的各种英语表达可以并存了。

【例53】　"围城打援"：当代西方译论的景观
——兼评《西方翻译理论通史》

在翻译学科建设热火朝天的当下，面对本土和西方的翻译思想和翻译理论，整理国故自然必要，引介外援也当此时。刘军平教授凭一己之力，写就了80余万字的巨著《西方翻译理论通史》！总的看来，这部史书反映了西方当代译论"围城打援"的历史：起初研究翻译本体，后来围而不攻，多论非本体即外围问题。整个研究宏观为主，微观为次，外部为主，内部为次。在当代西方，似乎任何学科都能涉足翻译，翻译学成了众声喧哗的开放舞台。

西方译论强调继承中创新，虽沿用前贤思想，更重新学创立，因此新词迭出，百家争鸣。半个世纪以来，西方研究重心发生了明显的转移，由内至外，由微至宏，由浅至深，由窄至宽，由实至虚。到后期，除翻译学出身的译论家外，西方译论家出身还有两路：一路出身"低微"，或出自被压迫民族，或出自弱小国家，其心态是反抗的，免不了矫枉过正；另一路出身"非行家"，许多理论家并非埋头译事译论的专家，他们多数学识渊博，学术有素，如由语言学出身的有奈达、巴尔胡达罗夫、雅各布逊等，由哲学出身的有尼采、本雅明、德里达、海德格尔、奎因等，他们成名于本学科，善于将其成果转用于译学，开疆辟域。后类学者中有的善于科普，有的只是输出术语，略显深涩，生吞活剥者也不少见。入主译坛而献身译学者少，旁逸斜出打敲边鼓者多。这种引入式理论研究有自发的，也有将就的；

有的赋予译事科学的解释，有的完全可当作戏说，甚至是妄言，国人切不可当真。这些出身各异的理论家，凭借自身的强项，从社会、文化、政治、历史等视角切入，从外围向译界研究射入新光，仿佛围魏救赵，围城打援。总体观之，似乎都在论道，道在器先，即从翻译之外论翻译：为何译，为谁译，译为何？西人坐而论道，金针何以度人？何为译？如何译？他们越来越不关注。他们要抢占的是"道"的高地，"技"的丰富暂无暇顾及，或者认为已了无价值。

外围研究有优点，也有缺点，即远离翻译本体，有的完全走入了文化领域。从整体上看，越到后来，译论研究的叙说方式似乎越来越宏大，越发觉得在言说与译相关却属其他学科的事，可谓渐行渐远，越来越边缘，越来越超然译外，连翻译研究之基石——翻译的内涵，都莫衷一是。

《西方翻译理论通史》是一部尝试填补空白的翻译理论通史，作者既陈学派洞见，也曝其盲点，更有可资中国译学借鉴的地方。第一，要辩证地看西方，以译论发展来看，西方标新立异甚于中国，新词迭出，攻其一端，但不及其余；叩问本体较少，打援者多，攻城者少。中国学者学习西方分析性思维的同时，别忘了发挥综合性思维的强项。第二，学习西方敢于立说，在表述中走向成熟。西方将历史、政治、意识形态、文化等要素纳入研究视野，中国也曾有过，但不系统，未专门化，寥寥数字，一语道破，不善于写成专书。我们缺乏系统的逻辑学训练，有必要补课。第三，处理好翻译研究的内外关系。可做玄理研究，可做外部研究，可从外部关照内部研究，但更要注重与本体相结合的宏观研究和外围研究。（该书的图片和出版信息略）

——黄忠廉，黑龙江大学教授，《光明日报》2010-07-14

【例析】译论实为论译的理论结晶。当代西方译论主要呈现为什么样的景观?"围城打援"即是笔者的判断。这一判断来自对西方译论的长期思考,更来自于读刘军平所著《西方翻译理论通史》的心得,所以本文是论说型书评。

段1报道信息之后,亮出观点,立之为靶,下文逐层展开,尝试深入剖析。

段2五个"由……至……"反映了西方译论重心转移。转移是因为译论家出身发生了两路变化,一是出自弱势文化的学者受其制而采取了矫枉过正的话语方式与言说态度;二是由翻译界外跨入界内,造成了围城打援态势,结果是译论离译渐行渐远,翻译之"道"高一丈,翻译之技无暇顾及。因此段3揭示了西方译论失去自我、根基不牢的忘祖迹象。

本书评一反常态,一上来就大批西方译论研究之不足,事出有因,对所读专著它只是"兼评",顺带为之。重点还是在读书反思西方译论研究的总体特点。正因为是书评,所以段4对书与西方译论之优长还是有所反映:第一,要学习西方善于分析、敢于立新标异之长,同时不忘自身的综合思维之优势;第二,要学习西方敢于系统建构与立说的魄力;第三,强调固本培元的立于微观察宏观的辩证研究方法,既攻城,又打援。

全文从立论到解析,最后和盘托出对策,将指明不足到肯定长处顺理成章地接口,力求勾勒西方译论当下的景象。

5. 谈话式

谈话式,即双方仿佛近距离交流思想的谋篇方式。交流双方互动,轻风细雨般,惬意之中表述观点,传达必要的信息。这种方式入题自然,态度亲切,语气平与,语言平实,形式活泼,颇具趣味性。用于通俗报刊，常见于即席学术演讲，也偶见于学术期刊与学术会议。

谈话式谋篇多数是作者把读者当作谈话一方娓娓道来。看书不如听报告，听报告不如交流，三人谈不如对面谈。谈话式谋篇往往呈现为单向式，即作者向读者娓娓而谈，偶用一问一答式对谈方式。

【例54】　　　　　也谈外来语的汉译

《咬文嚼字》第四辑，谈到音译词问题。其实，音译最初只是权宜之计，鲁迅曾以"费厄泼赖"译 fair play（公平比赛），那时西风东渐，一时缺少现成的对等语把它译出，只得音译。"赛先生"、"德先生"也权宜了好几十个春秋，"盘尼西林"、"维他命"也过了一二十年才被"青霉素"、"维生素"所代替。当然，也有从"权宜"而"定居"的，如"咖啡"（coffee）、"沙发"（sofa）、"休克"（shock）、"台风"（typhoon）经过好长的一段时间的使用，人们习惯了，也就承认了。对于外来语的音译应该慎重，有的人故意卖弄乖巧或出于崇洋心理，把 fiancee（未婚妻），译为"飞洋伞"，cracker（饼干）译为"克力架"，殊不可取。

对外来语采用音义兼顾的译法最属上乘。如欧美人上馆子将吃剩菜肴装入塑料袋带回家，英语称为 dog-bag，意即"狗食袋"，港台译为"打包"，今已到处通用。其他如 club 为"俱乐部"，mini-skirt 为"迷你裙"，T shirt 为"T 恤衫"，hulahoop 为"呼啦圈"均很快为人们所接受。

——曾鲁，信息不详，《咬文嚼字》1995（8）

【例析】《咬文嚼字》的文章都不长，专咬嚼文字，似含橄榄，越嚼越有味。本文是在他人谈音译之后谈同一话题，欲说音译属权宜之计，音意兼译方为上策。叙述语言平实简洁，娓娓动听，尤其是 dog-bag 与"打包"音意兼融，g 的轻读无声，把"打包"对应得惟妙惟肖，本是带回给狗吃的剩菜，却成了主要给人吃的"打包"，其间变化，实在是妙，妙不可言。

【例 55】　　　　　漫谈意大利警句

译界均知有一个意大利警句：Traduttore traditore. 句子简单，译好却不易。

《大英百科全书》（*New Encyclopedia Britannica*）里，Translation 词条译为：The translator is a traitor.

可见，其基本含义是：1. 翻译就是叛徒。有人译为：2. 翻译者即叛逆者。

其实可以更简练些：3. 译者即逆者。这是最接近原义的，但较呆板。还可译为：

4. 翻译者，叛逆（徒）也。

5. 译者，叛逆（徒）也。

这样较生动。

6. 翻译者乃叛（逆）徒也。

7. 译者乃叛逆（徒）也。

这样，有力些。主要用双词音"译者"，与表语对衬起来，更明快些。甚至可简为：

8. 译即逆。或 9. 译——逆。

拙译《翻译》（Translation）（《英语世界》总 58 期）采用。

这里将 traditore 译成"叛徒"妥当吗？孟伟根同志提出了质疑，认为应译"翻译者，反逆者也。"（本刊 1991 年 4 期）

浅见是这样。《现代汉语词典》对"叛徒"的注释是："有背叛行为的人。特指背叛祖国或背叛革命的人。"词典的注释还不够清楚。其实，它本来是中性词，不带感情色彩。即前一义。

如说，旧社会、旧传统的叛徒。这里就有褒义，但是常用此词指叛党、国、叛革命者，就带上了贬义。

译为"反逆者"未尝不可，但平淡、拗口，不如"叛徒"明快、有力。

怎样理解此句呢？首先，在形式上，翻译要将种语言完全改成另一种语言。这就是一种背叛。可以有两层意思。

一是消极性。一个好翻译的条件是什么呢？王贤才同志说："翻译工作者不仅要精通外语，还要好的中文根基；翻译科技书籍，还要熟悉专业知识。"（《希氏内科学》译者的话）

谁敢说，自己已完全具备了这些条件呢？因此，任何译文均在某种程度上与原文有出入。佳译会有不足；劣译更是问题百出。鲁迅早就指出，"非有复不可。"复译才能比较、促进，才能产生完善的译本。

二是积极性。在文学作品的翻译中，几乎不可避免地要牺牲作者的某些原意；有的译本据说比原作还要出色。有时人们就认为英国作家爱德华·菲茨杰拉德翻译的奥马尔·海耶姆所著《鲁拜耶特》的"译本"比原作还好。但此时，人们评论的是一种新的、尽管是有源可寻的作品，而不单纯是一种译本。〔注〕

总之，意大利警句就是要求译者不是机械地照原文硬译，而是发挥创造性使译文优美。

注：《翻译》（《英语世界》1991年总58期）

——邹国统，湖北省图书馆研究馆员，《上海科技翻译》1992（2）

【例析】这真是一篇漫谈，出语简洁，分段灵活，视点频变，话锋频转。文章开篇给出原语警句，认为言简难译。给出基本意思后，求其简译，却又嫌其呆板；于是讨论生动、明快的两种译法。峰回路转，又提及异见派的"反逆"，话题转入对"叛徒"的释义，为作者所衷的"翻译者即叛（逆）徒也"作理论注脚。

作者巧妙地将九种译文的序号与行文相融，是用"1."类还是"1）"类较好？本人倾向于后者，这种方式对规范是一种突破，有待规范。

【例 56】　　　　　漫谈 dear

对所有的英语学习者来说，dear 绝不会是个生词，绝大多数英汉词典都将其译为"亲爱的"。如：

She was a very dear friend.

He was very dear to me.

This place is very dear to me——we came here on our honeymoon.

的确，上述句子中的 dear 都有"亲爱的"这个意思，可在书信，尤其是在公文书信的称呼中不能这样理解该词。例如，Dear Sir 就不宜译为"亲爱的先生"。即使在思想解放的今天，汉语中对素不相识的人称"亲爱的"听上去也似乎有点儿肉麻。其实这里的 dear 只相当于 esteemed 或者 regarded，即一种尊称，是很正式、甚至是严肃的称呼，并不说明收信人真在写信人心中占有重要位置，更没有情意绵绵的含义。在翻译中一般可略去不译，若一定要翻译，Dear Sir 大概只可译为"尊敬的先生"，Dear all 只宜译为平淡的"诸位"。

当然，现代汉语中"亲爱的顾客""亲爱的乘客"等呼语也随时可闻，听上去也有"亲热中略带冷淡"的感觉，且商业味很浓。但这一般用于泛指对象，而且给人的感觉是"顾客""乘客"都是暗含的复数。对不熟悉的单数特指对象不会冠以"亲爱的"，如不会说"亲爱的经理""亲爱的厂长""亲爱的刘同志"。

英语中 dear 发展成今天的用法，经历了长期的变化。早在 13 世纪中叶，英语口语中就出现了带 dear 的多种称呼，例如 dear God, my dear friend, dear sir, my dear kinsmen and allies 以及 my dear fellow。据记载，15 世纪时人们开始在书信中将 dear 用于被称呼的人名前，如：Right dear and well-beloved, My most dear lord and father, Dearest brother 等，这些用法均有较明显的感情色彩。到 17 世纪时，"Dear xxx"中的 dear 意思开始含混起来，18 世纪时 dear 就仅仅成为书信、特别是公文书信中称呼的固定格式，没什么感情或友谊可言，更无亲密的涵义。所以少男少女们接到异性写给自己的书信中有 dear 时一定不要怦然心跳，给别人写信用 dear 时也要泰然大方。

笔者曾向数位英美人士请教，他们都觉得 dear 的感情意义不好把握，其亲和力好像特别强，能随后面被修饰的词的变化而变化。Dear Sir 是刻板的称呼，但 dear God 就应理解为"尊敬的上帝"，而 dear mom 无疑有"亲爱的"的涵义。现将其中一位专家列出的英文书信称呼按亲密程度递增的顺序排列在后供读者参考。为叙述方便，假设收信人姓 Smith，名 John。

Sir/Madam

Dear Sir/Madam

My dear Sir

Dear Mr./Miss/Mrs./Ms.　Smith

Dear John

My dear John

以下称呼显然比上面亲密，一般只用于异性之间：

Dearest

My dearest

Darling

My darling

Sweet heart

My sweetest heart

有两点需要说明：1. 这只是大致序列，每个人的感觉可能不尽相同；2. 加不加 my 似乎无明显差别，主要取决于写信人的习惯，因为英语中的 my 是典型的 determiner（限定词），其使用主要是语法的需要，其独占性、排他性不像汉语中"我的"那么强。

——田华，张家口师专教师，《大学英语》2003（9）

【例析】读罢小文，心头一悸：哪怕最常见的外语词，都要小心其文化陷阱！就本文而言，使用 dear 要慎重，不要一见 dear 就心动！dear+名词，可表亲近，可以尊敬，也可泛指一类一群人，这种文化内涵历经了几百年的发展。有鉴于此，作者想读者所想，专门开列了书信称呼亲密用语的清单，真是推心置腹，话掏心窝。末了一段中的两点若排序，要用第"1）"之类，要么直接用汉语"第一"之类表达。

6. 论理式

论理式，即重在讲道理的谋篇方式。这种小文章比较倾向于学理性，摆事实，细分析，讲道理。面对语言事实，或正面肯定，或反面批评，亮出自己的观点。

论理式一定是讲理，理性思考的 WHY 多于事实描写的 WHAT 与具体行为的 HOW。在论理过程中适当的事实陈述与行为描写均是次体，理论分析才是主体，喧宾夺主或理性成分不足的文章则不属于论理式谋篇。论理式小文章篇幅不长，开篇最好提出论点，少做铺垫，给人以观点鲜明之感，一入眼就能抓住读者，然后再展开论证过程。当然，在此也只能是简证。

【例 57】　　　　　小议英语早读

26 年的英语教学实践中，我深深地感到，抓好早读课对提高学生的英语水平有很大的作用，主要有以下作用。

1. 众所周知，随着改革开放的日益深入，我国与各国之间的交往日趋频繁，作为国际交往的必要工具的英语也提到了非常重要的地位，但是目前仍有部分学生不注重对外语口语的训练。上课只是跟着教师读几遍，课后敷衍了事。有些学生虽然在家里读外语，自己读错了，也没人纠正，以致将错就错，形成习惯。因此学校每周安排一定次数的外语早读课，让学生在教师的指导下进行 15~20 分钟的外语早读，这是提高外语教学质量的客观需要。

2. 外语教师在班级认真抓早读课，除了对学生起督促鼓励的作用外，还能及时发现学生的发音、朗读、理解课文及语法概念上存在的问题，并及时给予纠正、示范和指导，从而掌握了学生实际水平的第一手资料。这样就可以有针对性地制订各阶段的教学计划及具体教学安排，有利于提高教学质量。

3. 早读课不像上正课那样规矩严格，师生之间交流也不拘于形式，这样有助于密切师生感情。而这时情感的产生往往在激发学生学习外语兴趣方面起着积极的作用，同时也是推动学生学习的动力。

4. 从心理学的角度来说，早晨是人的记忆高峰期。在这个时期朗读外语、拼读单词、背诵课文或练习语音语调等，能在短时间内收到事半功倍的效果。

下面就我自己如何抓外语早读，本人谈些具体做法：

1. 首先是保证时间。学校规定的早读时间是 7：00 分～7：30 分，我坚持周一、周三和周五早读时来到教室，让学生有 30 分钟的早读时间，同时把早读的内容列入教学计划，根据自己的教学进度，把每次早读的内容、方式、目标等列为备课内容的一部分。

2. 结合教材中的重点难点，合理地安排早读的内容。早读内容包括对单词词汇、短语、句型、对话和文段，在学习一个单元以后，我提前告诉学生早读的内容，让他们课后做好复习。如学生开始学习宾语从句时，在时态的呼应和从句的语序方面，常常会出现错误。因此我用一半的早读时间叫学生当堂背出例句，另一半时间给学生分析在例句中出现的种种时态呼应的特点以及陈述句语序，使学生在背诵的基础上加强了对语法的理解。

3. 跟着磁带录音朗读或教师自己领读。这样做可以避免学生在语音语调方面出现的错误，训练他们语音语调的基本功。内容是挑选重要的段落或难读的句子，让学生跟着磁带录音模仿朗读（并多次反复，直到熟练顺口）。有时遇到比较难读的句子或多数学生学习外语语音的薄弱环节，我就重点指导、亲自领读，让学生反复模仿，直到人人过关为止。

4. 培养和发挥英语课代表和积极分子的作用。英语课代表一般是英语基础较好，发音较准确的学生。在学期的初期，要求她利用好课后时间，认真地朗读课本上的复习内容，然后到老师那里朗读，老师严格检查她的语音语调、语言表达能力，达到要求，让她可以在早读课上起主导作用。同时培养几个成绩好的学生在早读课上领读、领背。总之，外语早读如能从一开始就做到有计划、有目的、有安排，并持之以恒，能收到良好的教学效果。

——许江进，湖南省永兴县香梅学校教师，《成才之路》2010（1）

【例析】一日之计在于晨！晨读是一个越来越被忽视的学习环节。中学有老师抓，大学强调学生学习的独立性与自主性，大学晨读比中学要逊色。作者首段直接摆出观点，再从训练口语的必要性、对教学的作用、师生交流、记忆的最佳时间等角度论证了晨读的作用。整个文章谈独特方法，有高度也有低度，有借鉴价值。

文章前半部分摆理据，谈设置朝读的价值或作用，与题相符。可惜，后半部分介绍了四种措施，是自己如何抓早读的具体做法，有点跑题了。可见，从论理式角度看，本文是篇半成品。此外，文章两大板块均以点展开，一般而言，段首用"1"，随后应有标题，且单独占一行。若无标题，最好用汉语的语篇衔接手段"第一"之类，行文才地道规范。

【例58】　　　　译学亟需方法论

作者李惠红，我并不认识，却因《翻译学方法论》而相识。2010年参加河南大学召开的"全国典籍英译研讨会"，会间青年才俊刘金龙说国防工业出版社的郑艳杰编辑正在推出《翻译学方法论》，当时我心里一亮。郑编辑回京，特快邮来书稿，手捧全稿，这次是眼前一亮。该书比拙著《翻译方法论》多一"学"字，更值得我学！

该书创立学科方法论的勇气令人感佩！据了解，惠红的硕士方向并非翻译学，而是语言学，但她有过一线的翻译实践，对译学极感兴趣，认真研读过译学理论，虽说未走先发文后出书的路子，将专著和盘托出有失常规，却正体现了作者的胆识和抢滩意识！不论其文字是否老道，不论其结构是否严谨，不论其建立的方法论体系是否完善，仅凭这勇气，就应当鼓励！谁不知，奈达并不埋头译事，却从语言学角度提出了等效论！巴尔胡达罗夫借语言学理论，建立了翻译单位体系！文化学派诸多主将更是从其所专的领域切入译学，提出了种种翻译思想！

　　作者从哲学方法、一般科学方法、翻译学专用方法三个层次尝试构建翻译学方法论体系。全书对翻译研究的范式、模式以及翻译的世界观、本体论、认识论、价值论等一一厘定或辨析，彰显其层次，发掘其联系，这等努力弥足珍贵。其中对译学方法论的概念，方法的结构、功能与特点，方法的应用、发展与方向等虽为初步探讨，但向译学方法论研究的系统化和科学化迈出了可喜的一步。全书众采百家，间或抒发己见，占主体的仍然是翻译学自身的研究方法，但作者力求从哲学高度俯察译学方法论的本质，因为哲学或一般科学的方法论思想直接或间接地关涉翻译学研究。

　　方法和方法论高度受重视是现代科学的重要特征。从理论上讲，学科方法论构建途径大致有四：其一，系统研究学科诸领域，走归纳之路；其二，从理论上设计，走演绎之路；其三，借鉴其他学科，走交叉之路；其四，系统总结他人方法，走综合之路。该书融入了后三者，有鉴于此，谈几点建设译学方法论的思路，与惠红共勉。

　　突出本体论。方法论实涉本体论。译学领域有一种现象，内部研究即本体研究不易创立理论，外部研究容易立说。究其因，内部研究只缘身在山中，深知详情，或不善言表，或难于言表，或不敢言说，或慎于言说；而外部研究视对象为一，容易看全整体，看出深浅，更容易从旁的学科切入，实施嫁接，交叉即可创新。正因为如此，任何学科的本体研究才更显珍贵，它是根，根不深，枝不繁，叶不茂。一切译论研究都源于本体，又反哺本体。译学本体就是"翻译"行为，它广涉多面，譬如何人何时何地为何如何译何作，产生何作品，有何影响，八面临"何"，可渡入其后更为广阔的研究空间。

融合事与理。方法论基本有两个用途，向上旨在构建理论体系，向下旨在解决具体问题。①译学方法论实际上是关于译学的学与术的方法论。"学也者，观察事物而发明其真理者也；术也者，取所发明之真理而致诸用者也。"②基于语际翻译的事实，选其精当，观察充分，描写充分，分析充分，最后解释充分③，这样依例说理，方能把译学研究的理说清说透，说得生动，这是步步提升、上向归纳的路径。而纯理思辨，如方法论与世界观、本体论、认识论、价值论等关系的讨论，适当辅以研究实例，事实一旦说话，会以一当十，这是高屋建瓴、下向推演的路径。

讲究大综合。大综合的前提是对译学各领域有所涉及，最好是有所研究。大综合讲求全面了解译学研究对象，分清主次后定点定位，方法论的建构便可大而得当，全而有序，简而不陋，精而不细。大综合要求大视野，既要考虑译学内部的入微式研究，又要顾及译学外部的边缘性研究，既求方法论系统的深度，更求方法论系统的广度。这就要求学者成为驾驭文献的大把式，妙著文章的大手笔。

根植于译学本体，综观整个译学，依事说理，循理征实，

---

① 于根元、夏中华、赵俐等：《语言能力及其分化——第二轮语言哲学对话》，北京广播学院出版社，2002年版，第8页。
② 梁启超：《学与术》，《饮冰室合集》第3册，中华书局，1989年影印版，第12页。
③ 黄忠廉：《翻译研究的"三个充分"》，《外语研究》2006年第5期。

如此走来，自然可以逼近译学方法论系统。杨自俭[①]指出译学方法论系统应该包括翻译实践方法论、翻译理论研究方法论、翻译教学方法论和翻译批评方法论，呼吁译界学人关注、研究、建设这四个子系统。惠红所建的译学方法论体系是主观的，特性的，而系统是客观的，是共性的。为此，倘若每个学者将前人时贤的研究成果按子系统予以归类、整理和提升，再将子系统系统化，译学方法论系统完善之日就可望又可即了。

《翻译学方法论》是惠红的思考所得，更是读书心得，若假以时日，定有新得。

——黄忠廉，黑龙江大学教授；《翻译学方法论》，李惠红著，国防工业出版社，2010

【例析】本文以序言方式呈现，却是一篇论说文字。其谋篇方式与上例有所不同。文章标题即是观点，宛如文眼。因是书评，开头则由书导入。段2点明李书的特点与作用，表明该书做了译学建设所需的工作，也是主题。段3前一半是评价，并未一味褒奖，而是含蓄地指其不足，隐性地表达了笔者的意见，一点点地渗入自己的观点。一面遵守了语用学面子观，一面也对读者负起了责。

写序是对知识内容的再度加工，可以融入作者个人的喜好，阐发自己的观点，往往有借题发挥的成分。段4首先介绍了学科方法论构建的四种途径与方法论，是学科建设所必需的，过渡到自己的想法比较自然。指出该书融入了后三种途径；有鉴于此，谈了三点建设译学方法论的思路，并以三段展开，即"突

---

① 杨自俭：《再谈方法论——〈翻译方法论〉序》，见黄忠廉等，《翻译方法论》，中国社会科学出版社，2009年版，第5页。

出本体论""融合事与理"与"讲究大综合",旨在表明应该系统地研究学科诸领域,走归纳之路,这也正是作者与译学界共同奋斗的方向。

7. 考证式

考证式,即考察论证的谋篇方式。这类小文章重在考察词语或观点的源与流,并作出一番解释,既有通俗性,也含学术性。

考证式文章简单易懂,构篇程序常常是先摆现象,后释义,再述演变历史,还可例证。比如例20《严复翻译始末小考》结构比较紧凑:交代问题—列举不同观点—由严复个人经历分析—结合史料记载探究—结论。全文站在前人的肩膀上继续登高,先说别家之言,经考证,再抒己见。再如:

【例59】　　　　cool 小考

"酷!"或者"哇!真酷!"以及"你的头型真酷!",类似这样和"酷"字有关的话现今常可在中学生、大学生中间听到,但这里的"酷"已失去了它作为汉字的本意,它只是英文单词 cool 的直接音译,是个具有强烈感情色彩的形容词,相当于"真棒!"、"好极了!"、"帅气"、"漂亮"、"真了不起"等表示惊喜和赞美、羡慕之意。它最初是经由港台的中文媒介从英文俚语 cool 翻译成"酷"的(常出现在香港卫视中文台音乐频道节目中,以及港台等地制作的英文版 VCD 所加的中文字幕里),两三年前传入大陆开始流行。

cool 一词最基本的意思和温度有关:①不热不冷的,温度适中的(neither warm nor cold);②凉快的,凉爽的(pleasantly cold),譬如在赤日炎炎的夏季,躲在凉爽的地方(cool place)喝上一杯清凉饮料(cooling beverage),感觉应该也是很"酷"罢!

cool 作为一个俚语，始于美国黑人土语（Black American lingo），并通过被称为 cool jazz 的美国爵士乐而传播开来。相对于美国 30 年代特别流行的、节奏感强烈的（hot）摇摆乐（swing music），cool jazz 具有一种松懈的、轻描淡写的、冷漠的风格。因此，cool 这个词便意味着：出色的（excellent）、潇洒的（smart）、有品位的（in good taste）、善于社交的（socially adept）。它在今天美国青少年的口语当中使用频率非常高。

例如：

1. "You think it's *cool* to rob, rape and murder? Look at me now, stuck in this lousy hellhole for God knows how long."

"你以为抢劫、强奸、谋杀是很过瘾的事情吗？看看我现在的这副样子吧，待在这该死的牢房里，鬼才知道要多久！"（这是一名被判了无期徒刑的罪犯的肺腑之言。）

2. A lot of youngsters who smoke do so because they think it's the *cool* thing to do. 许多青年人吸烟，因为他们认为吸烟很时髦。

3. It's not *cool* for one to turn up at a funeral with a happy expression. 面带喜悦地参加葬礼是不恰当的。

——张子源，信息不详，《英语知识》1999（2）

【例析】本例从 cool 的现象入手，转议其最初由港台音译引进以及两三年前由港台北上进入普通话的过程。cool 本是物质性的，向精神性转化始于黑人土语，转义多于本义，带口语色彩。虽未明指何时产生，但历史语境至少指明是几十年以前的事。为证其使用语境，文末列出了几个例子，只可惜，三个例子均未用"酷"去译 cool，也算扣题不紧，分别译作了"过瘾""时髦"与"不恰当"，看来作者对 cool 是冷眼旁观而尚未接受啰。至少前二例可译作"你以为抢劫、强奸、谋杀很酷吗？……"

与"很多青年抽烟,认为很酷"。

　　文章行文似乎还不十分严谨。据逻辑考察,文章无非要对cool在美国本土进行小考,再对其汉译小考。若按这一顺序写作,则可先讲述cool在美国本土的产生与语义发展过程,再阐明其语义,最后展示该词在中国的引进过程。文中"例如"不应单独成行,宜缀于上段末尾。例1的引号可去。

【例60】为传呼(BP)机正名——传呼机(BP)词源考

　　近年来,现代化的通讯工具寻呼机已悄然步入我们的生活,成为我们对外交往的重要手段之一。然而,报刊、杂志、电视、广播等媒体对传呼机叫法各不相同,有叫BP的,有叫PP的,也有叫BB、PB的,莫衷一是。那么,到底应该叫什么呢?

　　BP机一词来源于英语。英语中有个象声词,叫bleep。根据《牛津英汉词典》(OXFORD ADVANCED LEARNERS DICTIONARY OF CURRENT ENGLISH WITH CHINESE TRANSLATION)的解释,bleep原指电子设备发出的、用于召唤某人或起警示作用的"哔、哔"的声音。后来人们逐渐把这个词转化成动词,将其含义引申为用哔、哔的声音来召唤某人。如:They are bleeping (for) you, doctor.(他们在召唤你,医生。)因此,人们又把这种发出哔、哔的声音来召唤人的无线电叫做bleeper。开始时Bleeper专门用于指医院里医生带在身边供病人召唤的无线电设备。随着无线电技术的发展,这种设备得到了广泛的应用,也就成了我们目前的无线电传呼机。为了方便,人们还将这种传呼机(bleeper)根据英语的习惯缩略成BP两个字,不但简洁,而具谐音,与传呼机发出的"哔、哔"的声音很相近。

　　笔者认为,传呼机简写成BP,还有另一种解释。

很久以前，旅馆客栈没有今天的电话等现代化的通讯工具，如果要找人的话，就得请跑堂的（相当于我国旧时的店小二）大声喊出某人的名字来找那人。这里所说的跑堂的，在英国被称呼作：Pager，英语中的短语 to page someone 即从此义而来。查 Oxford New English Dictionary 中 page 一栏，其解释为：try to find sb. at a hotel, club, etc. by using a servant to call his name.

到了现代，随着科学技术日新月异的发展，人们发明了这么一个小匣子。若需寻找某人，只要通过无线电传呼中心将其代号呼出，就可以寻找到。因此，人们将这种小匣子叫做 Pager，代替了旧时的跑堂。

关于 Pager，有下例为证。1993 年 4 月 23 日香港《明报》刊登的《传呼机是近年来流行的个人通讯系统》一文中就将传呼机译为 Pager，文中另有一词组"多频传呼机"被译为"multi-channel pager"。另外，英国著名的电讯传呼公司的电讯传呼译为 Telecom Pager。

至于 B 字，笔者以为应该是从象声词而来。英语中表示"哔、哔"这种声音的象声词除 bleep 外还有 beep。beep 原是用来指广播整点报时、汽车喇叭等发出的尖锐的叫声，在这里，beep 指传呼机发出的叫声。beep 作动词用时，指传呼机发出哔、哔的声音。beeper 也用来指这类携带式呼叫器。

而当 beep 与 pager 放在一起的时候，beep 作动名词用，就成为 Beeping Pager，也缩写成 BP。

——晓萍、中坤，信息不详，《科技英语学习》1995（12）

【例析】传呼机的英语缩略词 BP 来源于英语的 bleep 与 bleeper，1990 年代在汉语中的叫法可谓五花八门。作者还寻出其另一来源，是更早于 bleep 一词的 paper（跑堂的），从中取用字母 P，而字母 B 取自象声词，既有 bleep，又有 beep 与 beeper，paper 与 beep，组成 beeping paper，则可缩合为 BP，这一考证似乎更丰富，更有来头。

8. 随笔式

随笔式，即采用散文体的谋篇方式，随笔式文章除了遵循逻辑外，其篇幅短小，形式活泼，走笔自由，似乎属于随情而作，既可抒情，也可叙事，还可议论，或借题发挥，或夹叙夹议，可一事一议，也可综合而述。

外语类随笔出自外国语言、文学与文化，学习研究三者时的感悟、体验之类，稍有观点，略有发现，均可流诸笔端。许多外语和非外语学界的学者，无论业内，还是业外，其出国见闻、知识介绍、有感而发等等常见于各大众报刊，成为人们茶余饭后的谈资。

【例 61】　　　　university 的故事

中世纪的英国，文化教育由教士或僧侣所垄断，他们唯尊神学，竭力压制新知识的出现，但在弥漫全英伦三岛的宗教气氛下各种灿若群星的先驱人物（pioneers），客观上通过经院哲学（scholasticism）促进了教育事业的发展。

12 世纪英国有一个叫约翰的学者，他首先把柏拉图与亚里士多德的书籍介绍到英国来。

从 12 世纪中叶，牛津（Oxford）已逐渐形成为一个学术中心。1167 年英国国王 Henry II 与法国国王发生争吵，他一怒之下，把在法国留学的大批英国学者从巴黎召回牛津，创立了牛津大学。从此学校的学生一年比一年多，校运昌隆，英才辈出。牛津大学生因此飘飘然，个个少年气盛，对自己的身份过于自豪，使周围市民颇为不满,时常发生冲突,1209年,大学生和城市市民发生械斗,一位女市民被杀死,市民们气愤至极,冲进校园抓住了几个牛津大学的学生。其中两名不善妥协者被国王下令绞死。因此,约3000名师生深感恐慌,逃到剑桥城(Cambridge)创办起剑桥大学,牛津也因此停办了5年。university 一词原来的意思就是指这个阶段保护自己免受市民之害的团体。

牛津大学的被迫停办引起了教会的愤怒和抗议,罗马教皇对此大发雷霆。国王屈服于教皇的压力,允许牛津大学复校,同时还作出一个保护学校的决定:授予牛津大学校长对全体牛津大学师生的监护权。

——李建平,信息不详,《英语知识》1998(2)

【例析】在西方,教会与政权之间时而合一,时而博弈,university 的产生即是一证。英国教育早先学习法国,因两国国王不和,英国国王负气召回留法学子,自办牛津。可是牛津恃才而傲,与社会冲突,闹出命案,遭国王惩处,吓走师生,催生了剑桥大学,而牛津停办。university 从中而产生,成了保护师生的团体。而本文似在考证 university 的来源,却以故事娓娓道来,不经意间引出了 university 一词的来由。

第2段与上下文衔接不紧,内容上跳跃性太强。第3段首句"12世纪中叶,牛津已逐渐成为一个学术中心"略显突兀,第2句又跳至1167年英法国王争吵的故事。第3段的"1209年,大学生与城市市民发生械斗,一位女市民被杀死"据考并非"械斗",而是误杀。第4段所写之事件,据查是:牛津大学暂时关闭,师生离开造成了极其严重的后果,是英王约翰(John)请求罗马教皇英诺森三世(Innocent Ⅲ)调停此事,以促师生能重返牛津。

【例62】 　　　　　　初学法语趣事

因工作需要，我们15位来自茂名、东莞、佛山、中山和省城机关、大学的劳动人事干部将被公派法国培训。赴法前，我们集中于广东外语外贸大学强化学习法语，历时三个月。初学法语趣事多，过后想起亦不禁哑然失笑。

取了莫名其妙的法国名字

老师给每个学员都取了一个法国名字，并以之称呼学员。我们到法国时，法国人也将用我们的法国名字称呼我们。因此，每个人务必熟悉自己的法国名字。我的法国名字叫"安德烈"，这和我的中国名字"汉平"扯得上关系吗？我百思不得其解。有个男同学的法国名字叫"于连"。此君个子高挑，相貌堂堂，是个帅哥。有人拿帅哥寻开心："于连——红颜杀手，敢胆向我班女同胞下毒手，我们男士一千个不答应！"于连同学只是摇头苦笑。我们晓得法国文学家司汤达有部名著《红与黑》，该书男主人公名字叫于连，是个名符其实的"红颜杀手"。此于连不是彼于连，我们不过是拿于连同学开玩笑罢了。有个男学员的法国名字叫"亨利"。有人说法国历史上出过名字叫亨利的国王，没人认真辨其真伪，也拿亨利同学调侃一番："亨利国王，到了法国可别忘了尽地主之谊，好好款待你的中国弟兄！"亨利同学随声应答："一定，一定。"煞有介事，卖疯卖傻，引得众人忍俊不禁。

既是问好，怎可骂人"笨猪"？

法国是个礼仪之邦，讲文明、讲礼貌，见面问"你好"，告别说"再见"，这是人与人交往必不可少的常用语。法语"你好"的中文发音近似"崩殊"。有人脑瓜子转得快，歪嘴和尚念歪经，故意把"崩殊"念成"笨猪"。课间休息，甲同学对乙同学大声问候:"笨猪!"乙同学愣了一愣,马上回过神来,不甘被愚弄,同样高声回敬一句:"笨猪!"大家都会心地哈哈大笑。

你敢"关门打虎"?

老师自始至终以"听说领先法"教授法语,几乎每堂课每个学员都要讲法语、翻译句子。讲多错多,难免闹出洋相,法语"你叫什么名字"的中文发音近似"嘎么吾阿xx吾"。大多数人读得流畅,顺利过关。有个同学过于紧张,舌头僵硬,咬字不准,连续两遍都不行。老师要求重来,此君越发紧张,又急速读了起来。老师快速挨近此君,指尖顶住耳朵,侧着身子倾听,急促发问道:"什么?什么?我听到你好像读作'关门打虎'?你的胆子真大啊!"被老师风趣地幽了一默,此君羞得脸颊通红,引得众人一阵哄堂大笑。

"地里的苹果"是什么

若将外国语言直译,往往让人如坠云雾中,摸不着头脑。法语有段句子直译为:我饿得像有36只狼,意译即是:我饿极了。又如:请回到你的羊群里。此句子的意译是:言归正传。又如:地里的苹果。奇怪,苹果不是长在树上,挂在空中么?莫非法国这个地方例外,苹果可以结在泥土里呢?若按直译思路走,必钻牛角尖,贻人笑柄。法语"地里的苹果"是指:土豆。量你有再丰富的想象力,也想不出来吧?

——邓汉平,信息不详,《创业者》2000(12)

【例析】成年人学外语,难于少年儿童,生理与心理的原因不说,单说他们的知识与阅历有时会成其障碍,有时又会成其生趣的机缘。一个名字会叫他们浮想联翩,一个谐音会叫他们捧腹大笑,一个误听会让他们南辕北辙,一个奇异的短语会让他们忍俊不禁……这种种学语言的趣,每人都会遇到,谁有心拾掇，谁就是有学习情趣的人。本文作者就是这样有心有趣之人！随意采写几则趣事即可成文一篇，有意者也不妨来个小文章接龙。

文章各部分小标题采用问句形式，颇能引人兴趣，用语幽默，叙事风趣，深得趣字之妙。在结构上，采用总分式，首段叙述趣事发生的背景，并以"初学法语趣事多"一句，照应题目总括全文主题。第2—5段则取不同类型的"趣事"，按照具体内容各归为一类，内容安排上从名字、日常寒暄用语到句子发音与文化差异等逐层深入的方式，既符合语言学习循序渐进的过程，又显得层次分明，称得上是谋篇布局的范例之一。

9. 商榷式

商榷式，即为解决某个问题而展开讨论或交流意见的谋篇方式。为了商榷，可能先摆出问题，以事实说话，甚至是先扬后抑，在肯定中指出问题，然后讨论。这时态度宜诚恳，语气宜和缓，方法宜科学，少意气用事，在交流中尊重对方。

比如，例42中汉语出版物使用字母词合理与否，原因很多。如果愿意，还可对批评再商榷：第一，相关政策与法律的漏洞。国家相关部门虽然在《语言文字法》里有相关的政策，但叙述比较笼统，关于媒体报道中外文词汇的使用量、使用范围、注释方法等，都没有具体的说明。第二，媒体缺乏明确的标准规范字母词的使用。2010年4月，广电总局向央视等媒体下发通知，要求在主持人口播、记者采访与字幕中不能再使用诸如NBA、GDP、WTO、CPI等外文字母词。赞成者维护母语的纯洁性；反对者认为外文字母词丰富了汉语文化。大家对此也是看法不一。第三，对受众诉求的忽视。不能单单只考虑语言的经济原则，还要考虑受众的理解程度。第四，不该一味鼓励，应当适时提醒大众，不可一味地追时髦，追求新奇效果而最终导致字母词的泛滥使用，以免影响母语的纯洁性。再如：

【例63】　　　　　闲话"可口可乐"

1886年问世的可口可乐，已经成为风靡全球的饮料。它的成功，显然和广告宣传是分不开的。遥想当年，约翰·潘伯顿先生在自己家后院发明可口可乐时，大概决没有想到今日的辉煌。这位美国乔治亚州亚特兰大市的商人，只是把糖浆拿到附近的药房去出售。第二年年初的一天，有人偶然把糖浆和碳酸水混合起来，发现这竟成了别有风味的饮料。然而，当这种饮料推向市场时，连一向好奇的美国人，也只是瞪大眼睛观望，不敢贸然尝试。据说，当时只卖五美分一杯，第一天卖出九杯。一年下来，才赚了五十美元！

1888年，潘伯顿去世。有一个名叫约瑟·甘度拉的商人，买下了可口可乐的配方。他一心在促销上下功夫，可口可乐于是声誉日隆，五年之内，饮誉全美国。饮用可口可乐，成了美国人的一种生活方式。1912年，可口可乐向世界各地渗透。1928年，可口可乐进入中国，当时曾精心组织了一次促销活动：该公司的亚洲业务部公开征求可口可乐的中文名称。中国人尽管对可口可乐还很陌生，但都想一试才华，应者云集，最后由留学英伦的一位学者夺冠。他取的名字便是可口可乐。这一名称，音义兼顾，节奏明快，读来既有一种阅读快感，又有一种心理满足。作为饮料名称，确实妙不可言。

今日，可口可乐已经家喻户晓，但生产公司并没有放松宣传攻势，由此可见其高人一筹的生意眼光。不过，可口可乐广告，也并不都是无可挑剔的。比如有这样一则广告语:"尽情尽畅,永远是可口可乐。"其中的"尽情尽畅"一语,尽管可以和"可口可乐"成为妙对,但还是经不起推敲。

设计者看中"尽情尽畅"一语,无非是想把可口可乐的饮用感觉形容到极致,所以一连用了两个"尽"字。问题在于,"尽情"是可以的,《现代汉语词典》便收有这一词条,其义为"尽量满足自己的情感,不受拘束";"尽畅"则不合汉语的用词规范。在词典中,你可以查到尽心、尽职、尽力、尽兴、尽忠、尽欢……但查不到"尽畅",因为"畅"者,即尽情之谓也,何必再加一个"尽"字?再加上"尽情"是动名结构,而"尽畅"是动形结构,两个不同的结构形式,构成联合词组,显得十分别扭,结果给人留下的是为了推销产品而有点急不择言的感觉。

——达到,信息不详,《咬文嚼字》1995(2)

【例析】本例是先扬后抑式商榷。在谈约翰·潘伯顿、约瑟·甘度拉发迹之后,肯定了 Coca Cola 在汉语世界译名的成功,转而批评其后续广告的不足。最早的汉译是"蝌蚪啃蜡",一名含三"虫",谁还敢喝?译作"可口可乐",三"口"爽人,哪个不乐?后来广告创意人借可口可乐的结构,仿造"尽情尽畅",按汉语造词法,是不妥当,可是置身上下文语境,开口尽情,开怀畅饮,有些许陌生感,不也有一丝新奇么?

【例 64】　　　　NBA 的队名赏析与汉译指误

世界上的篮球队数以千计,但名称取得最好的要数 NBA(National Basketball Association〔美〕全国篮球协会)各队了,几乎个个精彩。这些队名好就好在可联想,有意境,它能告诉你一支球队的性格(至少是理想中的性格)。像新泽西网队(New Jersey Nets)和迈阿密热队(Miami Heats)这样的队名也许不算最出色的，但也还是透着想象力，值得咀嚼——前者暗示的是这项运动组织严密，精确无比，经走纬织，行云流水的风格，而后者传达的则是激烈火爆的气氛，让你不由得想起 NBA 广告上那两句夸张滑稽、充满热情的话：It's fantastic! I love this game! 另外，在美国俚语中，heat 还有炮火、射击之意。说来真可谓"名不虚传"，这样的"炮火"曾几次轰垮鼎盛时期的公牛队。

还有更绝的。"汽车城"底特律的球队叫"活塞"（Detroit Pistons），波音公司总部所在地西雅图的球队名"超音速"（Seattle Supersonics），"宇宙城"休斯敦的球队谓"火箭"（Houston Rockets），顺理成章，天衣无缝。明明是人，却以机器冠名，但这些名称让你感受到的不是机器的冰冷、单调、机械，而是借助强劲飞动的机器渲染人的活力。而芝加哥作为美国最大的农产品贸易中心和牲畜贸易中心拥有一支名叫"公牛"（Chicago Bulls）的球队，也就再自然不过了。有着这样队名的球队可真成了城市的"最响亮的名片"。

菲尼克斯太阳队（Phoenix Suns）更是联想多多。从这队名中你仿佛看得见亚利桑那高原上特有的明媚阳光，看得见那一个个身手矫健、技艺超群，不满足于做在高空闪烁的"星"，而要成为在中天燃烧的"太阳"的球星们。而菲尼克斯本是"凤凰"之意。在西方文化中，"凤凰"是再生的象征。传说这来自阿拉伯的神鸟在生命终了之时，用香草筑巢，然后振翅引火自焚而化为灰烬，在灰烬中获得新生。如此，在美丽的传说的映照下，从这队名中我们还看到了一只从燃烧的太阳之火中奋飞而出的凤凰。这样的名字真让人玩味不尽。体育不仅要育体，而且也要育（娱）心才是。

密尔沃基雄鹿队（Milwaukee Bucks）同样堪称地名和队名

完美结合的佳例。密尔沃基来自印第安语,原意是"河边汇聚之地"。把美洲土著居民的河边汇聚地和雄鹿合在一起,透着一股敏捷剽悍的气息。在英文中,buck 一词还有"羚羊"、"美元"之意,稍早些时,人们还把穿着入时、举止优雅的时髦人物称作 buck。因此,如果我们为该队队员画一幅漫画,那应该是一个以美国中西部原野为背景,像雄鹿、羚羊一般轻灵迅捷,口袋里塞满绿绿的美元的时髦小伙的形象。可以说,buck 在英文中暗示的是多个或明或暗、有远有近的形象叠加在一起的画面,含义丰富而微妙,但这种效果却是另一种语言无法完整地表现出来的。

此外还有被汉语译者误译,使我们无从领略个中妙处的。例如,Indiana Pacers 在汉语中常译作"印第安纳步行者队",也有人译作"印第安纳遛马队",这是误译。即使按常识也讲不通。一个生龙活虎的篮球队怎么会冠以慢慢悠悠的"步行者"三个字呢?"遛马"云云就更是匪夷所思了。其实,只要译者当时查一查词典,就会知道,这里的 pacer 等于 pace-maker 或 pace-setter,指队列中的标兵或田径赛中的领先者或领跑者,所以这一队名应当译作"印第安纳标兵队"或"印第安纳领先者队"才是。

"费城七十六人队"也是误译。任何人稍一琢磨,就会觉得这里有问题。篮球比赛一方上场队员不过区区 5 人,这个队养活 76 人做什么?俱乐部再有钱,也决不会如此挥霍。原文是 Philadelphia Seventy-sixers,这里的 seventy-sixers 不指 76 个人,而是指生活在 1776 年或活跃于 1776 年的人。不妨举一个类似的例子。1848 年,加利福尼亚发现了金矿,第 2 年,来自世界各地的淘金者蜂拥而至。这样的淘金者常常被称作"四九年人"(Forty-niners)。费城是美国独立革命时期的圣地,1776 年的美洲大陆会议就是在这里召开的,《独立宣言》就是在这次会议上通过而颁布的。因此自然地,1776年是费城人的骄傲,是费城人永恒的记忆,Philadelphia Seventy-sixers 这一队名正是体现了费城人的自豪感。这个队名,译得刻板一些,可译作"费城七六年人队";其实按我们的思维方式,译作"费城老革命队"恐怕也无甚不可。

还有一个队名,虽不能说译得有多离谱吧,但至少是毫无表现力。这就是 New York BP,时下报刊上通常译作:"纽约尼克斯队"。所有的 NBA 球队队名都是有意义,有讲头的,我们也都是用意译的方法来翻译的,唯独这里来了一个音译的"尼克斯",显得颇有些别扭,而且没有把原文的意义表现出来。我们知道,纽约是由荷兰人最早开发建设的,当时的荷兰人把这座新兴的城市叫做"新阿姆斯特丹"。19世纪初,大作家华盛顿·欧文写了一部书,名为《纽约外史》(*A History of New York*)。作家杜撰出一位早期荷兰移民后裔尼克勃克(Knickerbocker),假称这部书是他的作品。从此,尼克勃克便跟纽约连在了一起。那些世居纽约的市民有了一个别号——尼克勃克;纽约出过一份名叫《尼克勃克杂志》的期刊,常给这家刊物供稿的几位作家也被一起称作"尼克勃克派";人们甚至把相传是早期荷兰移民喜欢穿的一种膝下扎带子的半截裤也叫尼克勃克裤。后来,大概是人们嫌尼克勃克这个词儿太长了,于是就时常把它缩略为"尼克"(汉译名"尼克斯队"中的"斯"实际是原文中表示复数的词缀)。可见,对于美国人来说,这"尼克勃克"就是"老纽约(人)"的意思,一如我们说"老北京"或"老广州"一样。如此说来,这一队名不妨登床架屋译作"纽约老纽约(人)队",当然,像台湾人那样,老老实实译成"纽约荷兰后裔队"也行,总比"尼克斯"要强。

——张耀平,山西大学教师,《英语知识》2000(10)

【例析】本例全面地商榷了美国 NBA 各译名,有理有据,开人眼界,要不然,我们一直还蒙在鼓里呢。可见,翻译有时让人们半信半疑,不无道理。同时也警告译者时刻明白自己的职责,翻译不可儿戏。

人降于世,父母授名,或自我取名,总有所期待。名如其人的不少,反映人的特征;人如其名的也不少,说明人生以名为目标产生了后效。NBA 各队取名,也求名寄其情,名寓其志,个个有来历,这可难坏了汉译。"新泽西网队、迈阿密热队、底特律活塞队、西雅图超音速队、休斯敦火箭队、芝加哥公牛队、菲尼克斯太阳队、密尔沃基雄鹿队"这八个译名可谓成功,而"印第安纳步行者队、费城七十六人队、纽约尼克斯队"则相形见绌,如分别改为"印第安纳领跑者队"、"费城 76 开国先锋队"与"纽约宗先队",是否更好些?

第六章　走向大论文

大论文是相对于小文章而言的。通常所说的大论文还可细分为学术论文、（学士、硕士与博士）学位论文，博士学位论文已是专著规模了。硕士与博士学位论文不是本书的兴趣所在，因此主要涉及一般学术论文与学士学位论文，尤其是前者。

不同时期会产生不同的选题。有的选题囿于时间、条件、需要等，暂时只能写成小文章，随着认识的加深，条件的成熟，有了必要，可以写成大论文。要把小文章做大，使其成为大论文的一部分，有必要了解二者的差别、大论文的写作格式与要求、由小到大的拓展方法。

小文章一般简短，较长文章介于小文章与大论文之间。因此先写小文章，进而写较长文章与大论文，可以稳步成长。

第一节　大论文概说

大论文包括一般学术论文与学位论文两大类。

1. 学术论文的特点

学术论文一般以 4500 字（大致相当于 A4 纸 3 个页面）为

底线。这种论文与小文章相比,更注重论点、论据、结论,一般直接或间接包含提出问题、分析问题与解决问题三过程。也有部分学术论文只是在字数上大于小文章,不是选题的大小,而是形式与规模的大小。因此,有必要单说大小文章的格式与特点。

小文章看似简单易行,实则学问很多。如何寥寥几千字把科研做得层次分明、结构清晰、有理有据、有价值,都是值得深思的。小科研其实不小,着实考量作者的真本事。能把小科研做得好,大科研也不会太难,因为做小科研已经积累基本的经验或方法,训练了一定的研究思路。

小文章与大论文的显著区别就是新颖有趣、小而精。内容上,大论文与小文章的区别在于:论题较专,知识含量较大,新信息较多,思想较深,理论性较强,论述逻辑更严,等等。

相对于小文章,规模的大小是小文章与大学术论文的形式区别。大论文一般形式较为复杂,比小文章更规范更严谨,有一定的模式与程式,包括:标题(或带副标题)、作者与机构名等、中英文摘要与关键词、正文、结论、(注释)、参考文献、作者相关信息、联系方式等。详见表4。

2. 两类大论文比较

毕业论文或学位论文是本科生与硕士生在完成教学计划规定的全部课程后必要的重要培养环节,是毕业前的最后学习与综合训练阶段,是深化、拓宽、综合所学知识的重要过程,是学生学习、研究与实践成果的全面总结,是综合素质与实践能力培养效果的全面检验,是学生毕业及学位资格认定的重要依据。

在校外语专业本科生一般以写小文章为主,研究生最好平时多写小文章，同时尝试写一般性学术论文，毕业时则能水到渠成地写学士或硕士学位论文，通过答辩获得学士或硕士学位。

毕业论文一般由封面、摘要与关键词、目录、正文、参考文献、附录、致谢等部分构成，详见表4。

表4　一般学术论文与学位论文区别

章目		学位论文	一般学术论文
封面		封面包括论文题目、学院、年级、专业、姓名、学号、指导教师。	无
摘要与关键词		中外文摘要是对论文内容不加注释与评论的简短陈述，要求扼要说明研究目的、主要内容、研究结果、结论、科学意义或应用价值，是一篇具有独立性与完整性的短文。中文摘要一般为200—400字左右。 中外文关键词是供检索使用的，主题词条应为通用专业词汇，一般为3—5个，按词条外延层次（学科目录分类）由高至低顺序排列。中文摘要、关键词内容必须与外文摘要与关键词完全对应。单独一页。	摘要性质的段落（不一定有）
目录		目录按2～3级标题编写，要求层次清晰，且与正文标题一致，主要包括摘要、正文主要层次标题、结论、参考文献、附录以及致谢。	无
正文	前言	国内外研究述评，说明选题目的、背景与意义、主要内容，对所研究问题的认识，以及提出问题等。前言只是文章的开头，可不写章号，也可不出现"前言"二字。	写得更简
	主体	论文主体是论文的主要部分，应该结构合理，层次清楚，重点突出，文字简练、通顺。	几乎相同
	结论或论语	是对全文主要成果的归纳，应突出论文的创新点，以简练的文字对论文的主要工作进行评价。若不可能得出应有的结论，则需进行必要的讨论。可以在结论或讨论中提出建议、研究设想及尚待解决的问题等。	有

续表

参考文献	引用是学术论文的重要写作方法，"参考文献"是论文中引用文献出处的目录表。凡引用本人或他人文献中的学术思想、观点或研究方法、设计方案等，不论借鉴、评论、综述，还是用作立论依据、学术发展基础，都应编入参考文献目录表。参考文献应是作者亲自阅读或引用过的，不应转录他人文后的文献。 期刊　[序号]主要责任者.文献题名[J].刊名.出版年份,卷号（期号）：起止页码. 专著　[序号]主要责任者.文献题名[M].出版地：出版者,出版年：起止页码. 论文集　[序号]主要责任者.文献题名[C].主编.论文集名.出版地:出版者,出版年:起止页码. 学位论文　[序号]主要责任者.文献题名[D].保存地：保存单位,年份. 报告　[序号]主要责任者.文献题名[R].报告地：报告会主办单位,年份. 报纸文章　[序号]主要责任者.文献题名[N].报纸名,出版日期（版次）. 电子文献　[序号]主要责任者,电子文献题名[文献类型/载体类型].电子文献的出版或可获得地址,发表或更新的期/引用日期.	有
附录	不宜放在正文中但有重要参考价值的内容（如公式的推导、程序流程图、图纸、数据表格等）可编入论文的附录中。附录序号用"附录一、附录二"等字样表示。	无
致谢	对导师和给予指导或协助完成研究的组织与个人表示感谢(与论文写作无直接关系的人不宜列入)。文字要简洁、实事求是，切忌浮夸与庸俗之词。	一般无

3. 学术论文过渡例析

在明确小文章与学术论文与学位论文的区别后，从小文章走向大论文需经过渡环节，在过渡中明差异。要训练大论文，注意抓点击破，尤其是在不同点上力争一次规范到位，而在相同点上加深加厚。反对急功近利，求大贪全，既使做专题研究的论文，题目也是由小到大，要小题大作，一般不要起步就做大文章，因为欲速则不达。

请看想做成大论文的小文章，细析其有何不成熟之处。

【例65】 浅论中国品牌英文名称的设计

作为国际知名品牌的 Sony 几乎是家喻户晓，但是恐怕没多少人知道其更名前的名称："Tokyo Telecommunications Engineering Company"（东京通信工业公司），1958年改名时，其创始人盛田昭夫经受了巨大的压力，但是更名后这家名不见经传的企业一跃进成为全球闻名遐迩的商业巨擘，由此可见一个好的英语名称对一个品牌的国际化之路是何等的重要。可以说，如果一个品牌想称雄全国乃至走向世界，首先要有一个精彩的名称。

品牌英文名称的设计的确可以称作一门学问，其中有很多要注意的地方，尤以下几点最为重要。

1. 避免雷同，超越时空

这是一个最基本的要求，否则品牌的英文名称不但不会起到相应的积极作用，反而有可能会引起推广上的阻力甚至会引发纠纷，从而成为品牌推广的羁绊。1988年联想在知道海外已经有了很多 Legend 公司的情况下还是给自己取名 Legend，因为不管当时的联想人多么雄心勃勃，恐怕也不会想到他们的公司规模大到像今天这样，成为中国 IT 业真正的"传奇"。时至今日联想再想进军海外市场时才发现，这个早已被上百家公司注册过的"Legend"成为他们发展上的一块绊脚石。不得已，联想痛下决心，于2003年4月18日将用了十几年的 Legend 改为 Lenovo，而这也意味着在国内积淀了上百亿的品牌价值付之东流。另外一个例子是PATRIOT（爱国者）在近期改名为aigo，可以说和联想一样都是取名不当的教训。要避免命名的雷同，有一点一定要注意：一些很常见的意义和读音都很好的单词往往已经被抢注，要想避免这种情况，首先要有超前的意识，再者就是要以一种创新的精神去创造。

2. 力求创新，丰富内涵

避免雷同的同时还要尽量避免落入俗套。由于在没有哪家机构或哪部法律在这方面有任何限制，所以企业就有了广阔的创意空间，可以充分发挥自己的创造力，这样一来很多令人拍案叫绝的创意应运而生。如Kodak并非是一个现成的单词，只凭眼观让人觉得无非就是几个字母的简单拼凑，但是一读就会发觉其精妙之处——咔哒——这不正是相机快门的声音吗？就这样柯达的知名度很快就和她的名子一样响亮了。中国的Haier也是一个成功的范例：在中国人眼里Haier无非就是海尔的汉语拼音，在外国人眼中虽然不是一个单词但是又似曾相识（因为英语中有好几个单词与它'长相'颇像），另外它的发音和Higher（更高的）又几乎是相同的，真可谓是既好看又好记又好听，后来海尔走向了世界，事实证名这个名称很容易被欧美人士所接受。爱国者的新英文名称的创意也可谓是一个很好的范例，Patriot（爱国者）出于国际化的需要，于2003年10月更名为aigo，这个名称极具创新精神。对于这个新英文名子，爱国者自己的诠释是："'aigo'是'爱国'的谐音，'a'是顶尖的，卓越的，'i'是自我的，自由的，而'go'则是敏捷的，具行动力的，这就是aigo的DNA"。看得出来，爱国者吸取了以前的教训，在新名称上下足了工夫。可以说这个名称是独一无二的。

3. 简洁明快、过目难忘：

一个品牌的名称若冗长拗口就对其推广十分不利，Sony 更名的故事已经体现了这一点。所以在简洁明快这一点上一定要引起足够高的重视。TCL 的全称是 Telephone Communications Ltd.（电话通讯有限公司），TCL 正是取了其全称的每个单词的第一个字母，这样一来十分干脆利落朗朗上口。当年 TCL 在电视机不景气的时候涉足电视机的生产并一炮打响，可以说这个响亮的名子也是立了一大功的。又如同样在家电行业很成功的 Amoisonic（厦新）最近更名为 Amoni（夏新）同样也基于简洁易记的考虑。有人会提出疑问：知名品牌 Adidas 和 Panasonic 不也是有些拗口吗？其实，这两家企业已经为此在几十年的发展过程中付出了代价，即便今天它品牌叫的如此响亮，但是据笔者所知很少有人能把它们没有错误地拼出来，而和他们比肩的 Nike 和 Sony 多数人却见过便能记住其拼写。

4. 中西兼顾、力避歧义

品牌有了一个简洁响亮且富有个性和深义的英文名称还不算完，还要注意其当今和未来面向对象的社会习惯和文化背景，避免一切可能出现的歧义。比如上海产的白翎钢笔在国内口碑很好，但是出口到英语国家却鲜有人问津，原来它的英文名称被译为"White Feather"，而英语中正好有句成语——To show the white feather（临阵脱逃），这里的"White Feather"象征的是儒夫胆小鬼。同时，品牌的英文名称也要考虑到我国国内的实际情况，如世界知名管理咨询公司 KPMG Consulting 先前被译为毕马威，让人听着觉得有点像"弼马温"，感觉确实不雅。后来公司因为安然丑闻进行改组，同时英文名称改为 Bearing Point，中文叫法也改为"毕博"，取"群贤毕至，博采众长"之意，的确这个"毕业的博士"

在去掉读音歧义的同时也显得文雅大气多了。

一个品牌的英文名称直接影响到其在国际市场中的形象，选择不当会让企业在未来发展中吃尽苦头，至少会增加品牌推广的难度；中途换名又意味着要放弃得来不易的品牌价值，所以在最初名称设计上一定要慎之又慎。希望本文对从事这方面设计的朋友们有所启发。

参考资料：

1.《SONY的故事》作者：盛田昭夫 翻译：赵健章《SONY的发家史》

2.《从Legend到Lenovo"变脸"记》（北京晨报）

3.《中国IT企业更名之痛》作者：王宏亮 博客中国 www.blogchina.com

4.《商标英语》贺川生（1997）湖南大学出版社，长沙。

5.《广告、标语、招贴用语评析400例》于根元，龚干炎等（1992）中国社会科学出版社，北京。

6.《胡平商业文化论集》胡平，中国商业出版社，北京。

7.《国际贸易实务新编》熊良福（1998）武汉大学出版社，武汉

8. 网文《摆脱毕马威的日子》

9.《厦新正式更名夏新》新华网福州。

10.《正式启用aigo，华旗爱国者迈向国际化》[摘自周末·星期五]

11.《爱国者更名广告》，载于《电脑报（2003年下半年合订本）》

——左洪芬，中国地质大学本科生，《大学英语》（学术版）2004

【例析】本文的理论性不强，以之为反例，可说明大小文章之间的关系。

取名是门艺术，人名如此，商标亦是如此！中国产品要成功走出去，其中少不了品牌名称外译的成功！文章说是谈论"中国品牌英文名称的设计"，从四个方面涉及，兼顾音形义，还涉及文化视野，作为一个大学本科生，完成此等小文已是相当不易。叹服之余，其美中不足，切不可忽略。

第一，定位。"浅论"表明作者要做"论"文，既然想定位于学术文章，追求理论性，刊于《大学英语》（学术版），文章开头宜阐明中国品牌英文名称设计的必要性或重要性，而非仅以例子开头。文章实谈"中国品牌英文名称设计注意事项"或"中国品牌英文名称设计原则"：避重另创、意趣拟声、简洁易记与文化消歧。这就在学术性上混淆了小文章与大文章的界限。

第二，内容。本文理论性不算高，实例分析很多，理论分析很少。并非"浅论""试论""初论"等就显示文章之小而忽略理论性问题，尤其是"初论"要慎用，某个问题第一次论及，才可取名"初论"。"浅论"也要"论"，只是程度没大论文那样深。作者四个方面的论述很少，每段开头仅有一两句话，其余全是例子的分析，而分析所要服务的理论观点缺乏相应的阐明与论述解释，则不能以理服人，中心观点也不会深刻突出。

第三，规范。既然取名为"浅论……的设计"，就应有如何设计、为何这样设计的内容，可是本文所列出的四条貌似作者自己的分析总结，因为参考文献并无设计方面的专业文献，给人印象不像是论说文，这是论文大的方面的不规范。与之相应的是参考文献也失规范，无一条符合业界规范，"参考资料"

也不对，一般为"参考文献"；打印错误较多，如"企业一跃进成为""事实证名""英文名子"等；标点使用不正确，各小节标题之后不能打冒号，标题中前后四字格之间的逗号与顿号不统一。上述问题不知是错在作者，还是编者，但终在编者把关不严。

第四，语言。文章语言还可更简练，去口语化。如"还应注意其当今和未来面向对象的社会习惯和文化背景"可改为"还要注意当今与未来受众的社会习惯与文化背景"。段2的"尤以以下几点最为重要"可改为"以下几点尤为重要"，"尤"与"最"意义相重。"要提起足够高的重视""品牌有了一个简洁响亮且富有个性和深义的英文名称还不算完"等过于口语化。

第五，用例。文章题目为"中国品牌英文名称设计"，则分论点选例都应以能够证明此观点为宗旨。文章第四小点却提到"品牌的英文名称也要考虑到我国国内的实际情况"，并且以 KPMG Consulting 译为"毕马威"为例，显然分论点与选例都未能与题目保持一致。

以上不足正表明外语本科生缺乏基本的学术训练与相应的人文素养。

第二节　由小至大的拓展

由小文章到大文章或大论文不是字数的简单差别，文章内容的详略、文章的逻辑严密性、对读者的参考价值以及对相关专业领域的推进作用都略有不同。大论文观点的得出必须有理有据，说明详细。发表在专业刊物上，必须保证所得出观点的可靠性。

会写小文章之后，再写大论文应该是有了一定基础，有几种拓展机制可以借鉴。为节省篇幅，所引大论文可从CNKI下载，此处不赘。

1. 并联式拓展

若干小文章不分主次地并列构成大论文，这属于由小到大的并联式文章拓展机制，这一扩充方式易学易用，因各部分之间逻辑性要求不高，学术含量便略显不高。其特点是容易操作，分合自由，分则为短篇，各有一个中心议题；合则为长篇，共享一个中心议题。

整个并联过程说是不分主次，有时还是可以略显依据的。具体可分为两种情况。一是多人合作，围绕一个论题，按其中的每个小论题分头分工写作，然后并联起来。二是独自完成，先写出一篇小文章，后来又写出相应的小文章，多个小议题构成大议题，合并起来，便是篇大论文。

【例66】　　　　　学译札记一束
一、译家还是译匠
二、剪碎与凑成
三、炼词的工夫
四、罄"皮"难书
五、反对洋八股
六、炼词是为了创新
七、形似还是神似
——黄邦杰，清华大学教授，《外语教学与研究》1979（4）
【例析】作者本是著名的翻译家与译论学者，将从译从教中的翻译心得撮要缀合成篇。从题目来看，每小节都可以单独成文：第一节是受演艺启发谈译家与译艺；第二节是受清李渔编戏记的启发谈剪碎与凑成；第三节从诗词炼字联想到翻译的炼字；第四节谈套用四字格（尤其是成语）的文化陷阱；第五节由党八股而译八股，批评翻译腔；第六节"炼词是为了创新"实可命名为"熟词新译"，以区别于第三节；第七节入木三分地讨论风格问题，用例十分典型。

细细品味全文，似乎是循着译艺—理解—表达—风格的思路构篇的，是否与作者的写作心理暗合，不得而知。除第三、六节属于同一小议题可以调整归拢外，其他几节内容上没有直接关系，只是在主线上都属于翻译而已。这种形散神连正是札记的特点之一。

2. 串联式拓展

若干小文章依次逐个连接成大论文，这属于由小到大的串联式文章拓展机制，这一扩充方式用得较多。其特点是全文展示的是聚少成多、积短为长的过程，或按时间顺序，或按空间顺序，或按逻辑顺序排列长论文的各组成部分，而各部分本身都可单列成小文章。

从实践来看，依次连接有两种原因：一是写作时间上有先后，但篇章布局上则按逻辑顺序排列各部分。二是多篇小文章在逻辑上有先后，但导致写作时间选择上有先有后。

【例 67】 shall 和 will，should 和 would 的分类及其他
——读书札记
一、关于 shall 和 will，should 和 would 的分类问题
二、关于 shall 和 will 表示将来时间的谓语结构问题
三、关于 shall 和 will 用法上的微妙区分

1. Shall（we）?（= Would you like me（us）to...?）主要表示探询对方的意见。

2. will you? 一般是探询对方的意愿问题，不同于 Shall you? 表示"纯"将来的问题。

——周发邠，信息不详，《广西民族学院学报》（哲学社会科学版）1980（1）

【例析】作者将本文同样定为札记，是"读书之余随手录下"的，"很不成熟。望能起抛砖引玉的作用，并希同志们批评指教"之类的谦词是当时中国知识分子谦虚的一个缩影，可见当时文风之一斑。

作者可能是先考虑 shall 与 will、should 与 would 的分类问题，再考虑 shall 与 will 表示将来时间的谓语结构问题，最后思考 shall 与 will 用法的微妙区分。当然，作为札记，也可能是三个方面都零零星星地考虑了，最后归为三类，而写作时按上述顺序依次表达而已。不论怎样，展现在读者面前就是三个环节，它们环环相扣，有先后的逻辑顺序，从分类到结构再到用法区分，也顺理成章，显示了串联的特点。

3. 组合式拓展

在原先小文章基础上扩充与补写相应的部分，使小文章增幅，内容更丰富饱满，形式上前后相接，这属于由小到大的物理式论文拓展机制。其特点是在原先的小文章之前或之后或中间某个地方完整地添加内容，使之达到大论文的篇幅。如果是在小文章末尾添加，有点像续补式拓展。

这种拓展虽能产生大文章，其内部性质却变化不大，只是外形发生了变化。某篇小文章启动了某个论题的写作，而大论文是这一论题的延续与发展,二者形成源流关系。

【例 68】 双语科技词典词目宜标重音

对于大多数笔译者来说,似乎没有必要了解词目重音;但是在大量使用口头交际的国际交流和对外贸易中,笔者就亲身感受到词典词目不标重音所带来的麻烦。笔者曾随团去俄罗斯就化工产品等与俄方厂商洽谈,随带比较实用的《便携俄汉大词典》(商务印书馆,1989 年)、《汉俄科技大词典》(黑龙江科学技术出版社,1992 年)和《苏联地名译名手册》,(商务印书馆,1991 年),其中后二者的词目无重音。洽谈当中,中方主谈人突然想了解俄方是否有二氯乙醚(亦称氯醚)。汉俄词典注明此词的俄文为 хлорекс,我念成 хлорѐкс,俄商两手一摊,不明白。我又重复一遍,他才恍然大悟,说应该念 хлòрекс。后来遇到 поливинилхлорид,我推测应读为 поливинилхлорѝд,可是又错了,应读为 поливинилхлòрид。在俄乘车问路、买票时也常发生类似的麻烦,如 хабàровск 误说为 хабарòвск,хàрьков 误说为 харькòв,Еврѐемов 阳误说为 Евреемòв 等。这些都给我们在俄罗斯的工作与生活带来不便。

不仅翻译有这类苦衷,科技人员在学习和使用科技词汇时也有同感。为了解一个词目的重音常常要查几部词典,不但麻烦,且稍有不慎便会出错。

双语科技词典词目无重音的现象不在少数。据笔者对江汉石油学院图书馆馆藏的俄汉、汉俄科技词典的不完全(有的已被借出)统计,各类专业词典共 52 部,其中词目标有重音的为 25 部,占 48.1%,词目未标重音的为 27 部,占 51.9%。而英汉、汉英科技词典绝大部分未注国际音标。究其原因,大致如下:

① 科技专业人员编撰的词典大多仅注重词目释义的科学性

与准确性，而忽视重音问题。

②外语人员编撰的词典，因考虑到教学的需要和使用的方便，一般都给词目标有重音。

③较之于外汉词典，汉外词典更不注意词目的重音问题。

④编译过来的词典，词目是否带重音取决于原词典，编译者很少有加标重音的。

⑤凡带有"简明"、"常用"、"通用"、"小"等限定语的科技专业词典，一般都标有重音，大概是编撰者考虑到了词典的使用面和通用性。

精益求精，主动发现并解决这一问题的词典还是有的。如《俄汉机电工程词典》(修订本)(洛阳工学院修订，机械工业出版社，1984年)在前言中就表明："为了方便读者，并全部标注了重音。"如果每个编撰者都能为自己的"上帝"——读者着想，那么双语科技词典的编撰工作会更上一层楼。为此，笔者提出如下建议与设想，以引起辞书界的关注：

①外语词目均标重音符号。

②英汉、汉英科技专业词典最好是注国际音标标明重音。如果要想节省篇幅，或为了方便起见，也可不标国际音标，而借鉴使用俄文词目的重音标注方法：在重读音节的元音字母上方或在重读音节的后方打上重音符号。

③对外国人名地名的汉译，采取相应的重音标志形式或符号。比如，或在重读的汉字下边标上着重号、下划线、波浪线等，如 Washington ['wɔʃiŋtən]、华盛顿、华盛顿、华（**华字之下加上波浪线！！！！**）盛顿；或用黑体字、斜体字等印刷应重读的汉字，如 Tadzhikistan [tɑːˈdʒikiˈstɑːn]—Таджикистàн—塔吉克斯坦。这样有助于人们正确地念出外国人名、地名的音，

不然念起来一人一调，别扭得很。在中俄边贸中，曾使用过与后一种方法类似的办法来标明重音，实际效果还不错。

——黄忠廉，华中师范大学副教授，《辞书研究》1997（4）

【例析】本文写于1990年代初笔者从事中俄边贸之余，即因经贸翻译困惑而作。国内双语词典编纂史上，双语科技词典的重音历来不受重视，一则认为不必；二则没有良方，未作大胆探索；三则因为重音标注主要为口语口译而设，而当时及以前口语口译还未达到目前需要的程度。因此，本文的选题算是冷门话题。

笔者从自己翻译所遇困惑出发，分析了双语科技词典未标重音带来的诸多不便，并对所在高校图书馆词典室的俄汉、汉俄科技词典进行统计，分析包括英汉、汉英科技词典在内的双语科技词典未注重音的原因，最后向辞书界提出几点建议。后来觉得这一问题尚未说清，或者还有续说的必要，十年后又讨论该如何标注重音。

【例69】　谈双语科技词典中外语术语的注音问题

摘要：调查发现，我国双语科技词典绝大多数的外语术语和外语释义术语未注读音，在国际交流日趋频繁的今天，这给双语科技词典的读者带来不便，为此本文提出了四种双语科技词典术语注音法：全部注音法、部分注音法、打重音符号法和注音与重音符号混合法。

关键词：双语词典；注音；外语词；调查；改进

1. 问题的提出
2. 英汉双语科技词典英语词注音状况调查
　2.1 调查

2.2 结果分析

　　2.2.1 英汉科技词典

　　2.2.2 汉英科技词典

3. 改进方法

　3.1 英汉科技词典英语词的改进途径

　　3.1.1 全部注音法

　　3.1.2 部分注音法

　　3.1.3 注音与重音符号混合法

　　3.1.4 打重音符号法

　3.2 汉英词典英语释义词的注音改革方法

4. 结语

主要参考文献

——黄忠廉、邹春燕，黑龙江大学教授与华中师范大学讲师，《中国科技术语》2007（5）

【例析】这是一篇中型的大论文，一般学术论文的格式，如摘要、关键词、正文、参考文献等一应俱全；从论说文内容逻辑结构看，也有提出问题、分析问题与解决问题三个板块。比较两文，例68只提出了问题，呼吁宜标注重音；例69开头则问题重提，并有所拓展；为证实其必要性，对英汉、汉英科技词典中英语词的注音现状作了详尽的调查与分析，最后提出4种注音方式，这才是本文的重点，也是解决问题的出路。

　　通过两篇文章的比较阅读，扩写心得如下：

　　第一，结构上以物理性扩张为主。例69分三个层次：源起、详细调查分析、改进方法。例68也分三个层次：源起（不同身份使用者的不便）、简单统计现象发展的程度及进一步分析、提出建议。整体上文章结构有微调，基本轮廓未变，更加优化与论文化。例69只是比例68的实验部分数据更加详细,调查样本更为科学,具有典型性,故实验结果更可信,说服力更强。第三部分改进方法是补写最多的部分,是物理扩张的重点,也更为全面、说明透彻,让读者可以亲身实践操作,自己检验结果。

第二,例68对比例69,后者对描写对象的界定更明确更专业。比如:例69题目中"注音问题"比例68标题中"标重音"概括的更加全面。且例69中2.1第一段写明"注音包括标注音标和打重音两种情况",间接地弥补了例68之不足。例69中"3.改进方法"这一段说明"具体而言是外语词目和外语释义词的注音问题"相比例68"词目"这一笼统的说法,显然更准确又专业。

第三,例69更有层次感,思路清晰,版块性更强,是例68的细化。由此可见,小文章只是普及,发出一定的声音,让大众认识到这一问题。而大论文则是小文章的具体化,并提出解决这一问题具体方案,有理可循,有据可依。

第四,例69所做调查很科学,并且解释充分,继而得到了较为全面的结论。文中采用了定量调查法,调查样本是长江大学理学院图书馆的双语科技词典。该校图书馆购书经费足,大陆、港澳台出版的双语科技词典均有一定收藏量。且调查涉及几乎所有科技专业领域,这些词典也分属于不同的年代。由此可见,定量分析能够得出科学、可信、精度较高的数据资料,该调查样本具有很强的代表性。观察是研究的第一步,并且需要多层次、多方面的观察,才能发现规律。对于规律的描写,文中又进一步运用了定性的方法,使理论分析更具深度,认识更加全面。

第五,将俄语注音的优势用于英语注音,取长补短。语言学习也可融会贯通,将优势发扬,避开劣势。善于将俄英语结合,是互通有无,为二者的词典编纂寻得更为简洁经济的办法,加强了不同语言之间的比较、分析与利用。

两文发表时间相差十年，十年间笔者将例 68 中的问题全部改正，深化了研究。

4. 融合式拓展

研究之中，常觉得此前自己或他人对同一类选题已有研究，却不深入。随着研究的推进，又有了许多新的思考，且需将原有研究成果先解构，再按自己的新思路予以重新建构，这属于由小到大的融合式论文拓展机制。其特点重在对原作解构，建构新作，即将原先的小文章打散，据各部分内容需要，在其之前或之后写入相关内容，是对小文章的稀释或扩张，得到的是融合性成品。

这种拓展机制不仅形成了新的文章，关键是多半发生了质的变化，主要是结构发生了变化，内容更是得以优化或改造。为使构建新作达到游刃有余，有必要对原作庖丁解牛，对原作反复研究，掌握了谋篇规律，以便建构时能得心应手，运用自如。一般是打散原作结构，其前提是全然了解原作或原有研究，取其精华，舍其杂芜，至关重要的是发现其所弱所缺所误。

而重构或建构才是深化研究至关重要的手段。建构者从自己文章中心出发，按自己的思路重新而布局谋篇，将原有研究成果融入自己的结构中，成为关键的信息源，对原有成果有所丰富、超越与发展，不仅仅是规模上，更重在深度、广度与高度上。为求"三度"，除了创建更优化的论文逻辑结构，重点有三：第一，针对原作所弱，原地强化，以丰盈的思想昂立；第二，针对原作的所误，纠偏匡正，以鲜明的思想出现；第三，针对原作的所缺，强力补入，以新颖的思想亮相。

【例70】 "外语"及相关词语的演变考

史料记载，汉语中指称外语的词语始于13世纪的元代至元二十六年夏五月，忽必烈在元大都设立回回国子学，培养外语人才，教习波斯文、亦思替非文等。[1](P7-8)当时以"专名＋类名"的方式指称外语。

元以后，明代继续与西域往来，亦注重外语教育，于永乐五年创立四夷馆，教习境内少数民族与亚非国家通行的语言。除了"专名＋类名"的方式外，明人还用"番语"、"番文"指代外语，如嘉靖二十八年，明廷规定："各馆在本馆选年深、通晓番语的通事1人，立为教师，教习本馆通事"。[2](P2)18世纪初，因北方边关事务的需要，康熙四十七年京师创办俄罗斯文馆，教习"俄罗斯文"，仍然用"专名＋类名"的方式。从19世纪30—40年代起，因为战败与不平等条约的屈辱，清人用"夷"字指代西方列强，如道光、咸丰、同治三朝称针对西方的官修外交档案为《筹办夷务始末》；魏源《海国图志》提倡"师夷长技以制夷"；公私书牍凡涉及西方事物，均冠以"夷"字，涌现出"英夷、米夷（美国）、夷馆、夷船、夷商"等词。相应地，"夷文、夷语"用来指外国的语言文字，尤其是西方的语言文字，附有贬抑的感情色彩。

洋务运动时期（1860—1890年），清政府非常重视外语教育。在当时的奏折、谕批和回忆录中暗含贬义的"夷文、夷语"逐渐被"洋文、洋语、方言、西文、西语、外国语言文字"及"专名＋类名"的方式取代。[3][4]值得注意的是"外国语言文字"，应译自英语 foreign language。从词语结构、语义取舍与指称对象来看，它无疑是"外国语"的全称形式。"外国语言文字"首见于同治元年，奕訢等奏呈《遵议设立同文馆折》，请求开

办外语教育，说："请饬广东、上海各督抚等分派通解外国语言文字之人，携带各国书籍来京……"[3](P37)

20世纪初，"外国语言文字"开始缩略成"外国语"。光绪二十九年十一月二十六日，清廷颁布《奏定学堂章程》，其中的《奏定中学堂章程》、《奏定高等学堂章程》、《奏定大学堂章程》等均使用了"外国语"。该词沿用至民国，且屡见于教育文件中。[4](P567-578)"外国语"再缩略就形成"外语"。在教育史文献中，它见于民国末年。1948年3月，上海《大公报》社组织部分大中学教师等召开外语教学座谈会，当月28日在第5版刊发会谈的文字材料内有"外语"一词。[5](P188-210)

可见，表达外语概念的词语演变经历了变化（13世纪末到19世纪末）与缩略（20世纪初到20世纪中）两大阶段。"专名+类名"贯穿始终，是较为客观具体的表义形式。明代的"番文、番语"到清代时较少使用。清代的"夷文、夷语"主要用于鸦片战争前后，"方言、洋文、洋语、西文、西语、外国语言文字"多用于洋务时期，"外国语、外语"分别见于清末和民国。从"番语"、"夷文"、"方言"到"洋文"、"西语"、"外国语言文字"，不只是词汇的变化，实为国人对西方认识的提高，由思想观念的变化所致。洋务人士用"方言"指称外语，一方面说明在华夏中心观的影响下，他们或许认为其他语言都是附庸于汉语的"四方之言"，另一方面表明在当时人们对语言没有形成科学客观的认识，没有将"语言"与"方言"区别开来。"方言"自20世纪初以来被"外国语"、"外语"所取代与现代语言学学科的建立有关，因为19世纪末至20世纪初我国由传统的语文学向现代语言学转变，建立起了现代语言学，开始关注语言学理论，重视对活语言的研究。学科的建立有助于人们将"语言"与"方言"区分开。

虽然元、明、清初教习外语,但总体说来对外语教育持保守态度,不予普及,具体表现是:一、外语教学机构仅设置于帝都;二、学生大多为统治阶层的后代与贵族子弟,如元代招收"公卿大夫与夫富民之子",明初选择"国子监生",清初指定"八旗子弟";三、规模小,人数少,如回回国子学最初设定30个名额,四夷馆"每考只取二三十人"。洋务运动起,统治者终于明白惟"语言通、文字辨"才不遭人欺蒙,在全国设立外语学校的同时,将外语定为其他类学堂的必修课。当时使用的诸多词语反映了教育局面的转变。

光绪二十九年十一月二十六日,"癸卯学制"颁布,规定:"中学堂以上各学堂,必全勤习洋文,而大学堂经学、理学、中国文学、史学各科,尤必深通洋文而后其用乃为最大……"[4](P206)学制还说通商口岸的高等小学堂也可设置外语。教育的逐步推广使"外国语言文字"的缩略不可避免,同年颁布的《奏定学堂章程》不再使用"外国语言文字",而用"外国语"。[4] 1912—1913年,民国政府颁布了包括女子教育在内的系列文件,将外语教育的目标与内容进一步具体化的同时,又扩大了其范围。至民国晚期,外语教育进入全民生活,受到社会的广泛关注,媒体(如《大公报》)也参与宣传,此时"外国语"有了再度缩略的契机,"外语"由此形成。

今天,在指称外语的诸多词语中,除"专名+类名"、"外国语"和"外语"延续至今以外,其他词语基本不被现代人所用。"专名+类名"通常用来特指某种外语,"外国语"多见于机构与学科名,"外语"在日常言谈和媒体中应用普遍。

[参考文献]

[1] 付克.中国外语教育史[M].上海:上海外语教育出版社,1986.

[2] 吕维祺.四译馆增定馆则[C].北京:国家图书馆,1991.

[3] 高时良.中国近代教育史资料汇编·洋务运动时期教育[C].上海:上海教育出版社,1992.

[4] 舒新城.中国近代教育史资料[C].北京:人民教育出版社,1961.

[5] 李良佑等.中国英语教学史[M].上海:上海外语教育出版社,1988.

——高晓芳、宋志明,华中师范大学教授与高级工程师,《学术研究》2009(3)

【例析】外语是外国语言、文学与文化学习者或研究者所必备的工具,其来历一般人不很清楚。除文章介绍之外,还可得出如下认识:

第一,在"外语"各种指称的历史发展过程中,各语种的具体指称可能早于总的指称,后来一直并存,不同时期有过侧重。外语的具称一直按"专名+类名"方式命名沿用至今,外语的统称则经过了夷语/文→胡语/文→番语/文→洋语/文→方言→西/东语或西/东文→外语/文的流变。第二,"外国语言文字"向"外语/文"演变的过程经历了外国语文/语言/文字→外国语/文→外语/文的过程。第三,"外语"一词最晚出现于20世纪初。在以"外语"占主导的突出外国语言文字的当下,"外文"有保留"文学"内涵的倾向,因此"外文"成了"外国语言文学"的简称。正是文学甚至是人文分量的减轻,表明外语专业失去了其精髓与灵魂。第四,"外语"一词的历史形成,折射出汉民族在外语命名上的天朝心态、大国心态、华夏中心观、崇洋心态、西方中心观、中西平等观、内外参照观等演变的轨迹,揭示了汉民族对外语的认识由心理空间走向地理空间、由主观走向客观、由中原走向世界、由自我中心走向外族中心、由不平等到走向平等的过程。

读高宋文章,更新了上述认识,产生了扩写的冲动。请看笔者的融合式拓展:

【例71】 中国"外语"源流考

摘要:"外语"一词大致历经了夷语、胡语、番语、洋语、方言、西语和外语的发展过程,历经了天朝心态、大国心态、华夏中心观、崇洋心态、西方中心观、中西平等观、内外参照观等命名心态的演变,对外语的认识经过了由心理空间走向地理空间、由主观走向客观、由中原走向世界、由自我中心走向外族中心、由不平等到走向平等的过程。

主题词:外语;术语;语言史;考察

1. 前言
2. 具称与统称
    2.1 具称的模式
    2.2 统称的流变
        2.2.1 夷语/夷文
        2.2.2 胡语/胡文
        2.2.3 番语/番文
        2.2.4 洋语/洋文
        2.2.5 方言
        2.2.6 西/东语或西/东文

3. "外语"/"外文"的定名

   3.1 "外国语言文字"全称的出现

   3.2 从"外国语言文字"到"外国语文/外国语言/外国文字"

   3.3 从"外国语文/外国语言/外国文字"到"外国语/文"

   3.4 从"外国语/文"到"外语/文"

   3.5 "外语"与"外文"的语用条件

4. 结论

参考文献

    ——黄忠廉，黑龙江大学教授，《中国外语》2012（2）

【例析】2004年，华中师范大学同事高晓芳写博士论文《晚清洋务学堂的外语教育研究》，曾就文中清朝俄语考试试卷咨询过笔者，当时笔者就觉得考古式研究颇有趣。2006年其论文在商务印书馆出版，赠书一本，笔者兴趣盎然地读过，做了不少笔记，其中有一处引起了探究的兴趣，即"外语"一词的产生。于是，我深入阅读文献，追索更早的使用情况，越追究兴致越浓，写成拙文。有趣的是，高氏又以之为题，与宋氏联合撰文简论这一问题，算是一种自我批判，自我拓展。而拙文也是受高氏专著启发，是深入阅读产生的心得，在其发表小论文前曾传她一阅。2009年投稿《中国外语》，直至2012年第2期才发表。因此拙文既可视为读高著的心得，也可视为续读高宋文的心得。

    第一，建构新文框架。在解构高文之后，分清外语的具称与统称，且认为具称早于统称，这是第一层次；又以具称为参照，梳理统称的流变，这是第二层次；再从统称中单独列出最后的统称"外语/外文"，亦即文章的重心，这是第三层次。例71以学术论文格式为准力求构思巧妙，层次分明，层层剥笋，层层掘深，彰显论证的逻辑力量。

第二，丰富高宋的思想。例71追求思想性外，更求概括性与学术性。如何挖出较深的思想？文章中尝试弄明原有观点的历史来源，即掌握原文的总观点、各具体观点体系及其关系后，再向前追溯，发掘史实。比如，高宋文认为清朝时用夷指西方含有贬抑色彩，但未指明"夷语/文"始于何时，拙文将其出现定于西周时期。又如，据高著考证，"外语"一词已见于1948年3月28日上海《大公报》。这一观点值得商榷，依据就是拙文的史料发掘。经比较，得出新的观点，即这一时间还可前推34年："外语"一词的出现最晚应是20世纪初。

第三，增强论述性。同是考察统称的流变，同样与历史文化相关，例71更讲究趣味、有层次而不失理论性。例70属于小文章，受篇幅制约没法细入。例71属于大论文，广查文献，辅以例证，自然多点可读性。"统称的流变"一节论述夷语/夷文→胡语/胡文→番语/番文→洋语/洋文→方言→西/东语或西/东文→外语/外文各小点，均遵循了如下论述结构：

X语/X文

X语X文是……与……相对的结果。

说文解字或者引例分析

揭示"X语X文"折射出的文化心态

整个论述照这个模式推进，很有规律，也就显出层次感了。重要的话说三遍，那么流变的论述模式化在文中重复七遍，会冲击读者的视网膜，在反复申述中突出思想性。

第四，补高书文所缺。例71以"'外语'与'外文'的语用条件"为小标题，简论了"外语"与"外文"与中国当下外语人才培养的窘境与需要改革的方向，这也是对当下的一种批判。在以"外语"占主导的突出外国语言文字的当下,"外文"有保留"文学"内涵的倾向,因此"外文"成了"外国语言文学"的简称。正是文学甚至是人文分量的减轻,外语专业正失去其精髓与灵魂。今后"外语学院"改不改"外文学院"倒不是主要的,重要的是在培养内容与目标上应加强人文内涵,尤其是文化的内容,语言只是工具,过于突出工具性,便会忽略人文性。

5. 双向式拓展

以某一作品整体或部分内容为基础,向前向后予以拓展,形成一篇新的作品,这属于由小到大的双向式论文拓展机制。原作的内容可以完整移入,也可变通采用,或摘选精华,或重编结构,或转述,或浓缩。向两头扩展的部分与中间内容弥合得天衣无缝,浑然一体。

向前向后拓展是空间上的形式划分,而内容的多少,则取决于宏观布局的需要,或前多后少,或前少后多,也可能前后信息量大致相当。结构上前加内容可能是铺垫,也可能是时间或空间或逻辑上应写的部分,如时间的前奏、空间的前端、逻辑上的前提、原因或条件等;后附内容可能是补充,也可能是时间或空间或逻辑上应写的部分,如时间的后续、空间的后端、逻辑上的结果等。

例20《严复翻译始末小考》就是基于例72双向拓展而成的,例20的段9便是取自例72的核心内容。先请看例。

【例72】 严译《天演论》究竟始于何年

光明日报国学版2007年10月11日《严复与〈天演论〉》一文认为,严复"从1896年起到1908年间,先后翻译1894了赫胥黎的《进化论与伦理学》(严译《天演论》)……1894年,自称是'达尔文的斗犬'的赫胥黎发表了《进化论与伦理学》……"其中,《进化论与伦理学》的出版时间有误,不是年,应是1891年;而《天演论》的始译时间与出版时间有待商榷。

《天演论》的始译时间不易确定,但出版时间至少可以确定,一般按首次出版时间认定。国内目前有几种不同的看法:如有人认为"严复于1879年回到中国,仅一年过后,使他闻名于世的译著,即基于托马斯·赫胥黎(T. H. Huxley)的《进化与道德》翻译而成的《天演论》出版了。"(《中国翻译》2006年第1期第6页)又如王宏志在专著《重释"信达雅"——二十世纪中国翻译研究》中明确写道:"严复的翻译活动开始于1892年,最早译出来的是宓克(A. Michie)的《支那教案论》(Missionaries in China),……1897年,严复翻译及出版了赫胥黎(T. H. Hux-ley)的《进化论与伦理》中《序论》及《本论》两篇,名为《天演论》。"再如刘梦溪认为"严复的译事开始于1898年,他以精熟的海军战术和炮台学的留英学生的身份,而去译介西方的人文学术思想著作,这本身就值得注意"。(《中国现代学术经典·总序》,河北教育出版社,1996年第48页)其实,严复最早的翻译活动始于他留学伦敦的1878年11月,时年24岁,译蒲日耳著《游历日记》,又译《泰晤士报》报道文章《中国初次遣派驻英钦差大臣将启程离英》,送呈驻伦敦中国公使郭嵩焘。1879年回国,并没有马上投入翻译事业,但不至于晚到1898年。而《天演论》译出的时间也不是1780年和1897年。

《天演论》到底译自何年?这与甲午战争的进展密切相关。

1894年7月25日,日本对驻朝中国军队发起进攻,这年干支为甲午,史称"甲午战争",直至1895年4月17日,《中日马关条约》签字,甲午战争结束。1894年7月下旬至9月下旬为第一阶段，主要是朝鲜境内的陆战，9月下旬同时爆发了黄海海战。战争结果如何，似乎也难以预测，这时严复动笔译《天演论》的可能性不大。

第二阶段，1894年10月26日，日军突破清军鸭绿江防线，清军全线崩溃。同一天，在军舰掩护下日军在旅顺花园口登陆，11月22日，日军攻陷旅顺口。清军节节败退，不可收拾，陆海两条战线均显败绩，严复应该受到当头棒喝，此间可能萌发翻译的念头。

第三阶段，1894年12月—1895年3月，清军在山东半岛和辽东两个战场全面溃败。1895年2月17日，威海卫海军基地陷落，北洋舰队覆灭。此间，尤其是1894年12月—1895年1月，严复最有可能翻译《天演论》。甲午战争还未结束，严译《天演论》1895年3月就问世了，可见严复受国运刺激之深，译书反应之快。北洋舰队的覆灭，应该是严复最大的痛。北洋水师学堂为海军培养人才，北洋舰队大小将领有的是严复的同学，更多的是他的学生。更为重要的是，同样是向西方学习军事，创建海军，中国败给了日本，这不得不促其反思。痛定思痛，得寻找战败国衰的根源，要从思想上寻求出路。

上述是从国运时势与翻译的关系的推算，下面试从出版方面推算。现今发现《天演论》最早的译本是1895年3月陕西味经售书处刊印的《天演论》，无自序和吴汝纶序，无译例言，且文字与后来译本有较大出入。这表明：第一，一部五万字左右的小册子严复独译，毛笔书写甚至是誊抄，大约需要两个月。译稿从天津传至陕西，加上刻版、校对、印刷、装帧等，大约需要一个月。从译到印，前后至少得三个月。从1895年3月往回推算，起译时间也应在1894年底至1895年初；第二，该印本无自序和吴序,表明是初稿,或是他急于让人印出以传播,或是有人一睹为快,欲印之以传播,来不及做这些次要的工作;第三,文字粗糙,与后来的版本有出入,正说明初译不完善,也来不及完善,却反证是应急之译,情急之译。

甲午战败是严复翻译《天演论》的外因,严译《天演论》起笔于1894年冬或1895年早春,初稿落笔于1895年春,1895年3月由陕西味经售书处初印,1898年6月由湖北沔阳卢氏慎始基斋私自木刻印行问世,为第一个通行本;1898年12月由天津侯官嗜奇精舍石印发行,是刻印质量最好的版本之一。1905年由商务印书馆正式出版。由于1895年的版本后来才被发现,现在也不易找到,认定《天演论》正式出版于1898年,则是学界的共识。

——黄忠廉,黑龙江大学教授,《光明日报》2008-05-12

【例析】《光明日报》国学版2007年10月11日刊发了李宪堂撰《严复与〈天演论〉》,读后我觉得文中认定《天演论》汉译时间不对,会误导读者,因此便写下了例20这篇札记。抓住选题,可与之争鸣,同样投给反应较快的《光明日报》,以正视听。

例72的选题完全是偏得。2005年笔者进入黑龙江大学博士后流动站,选题是《严复变译思想考》,其中就有对《天演论》译于何年的小考,后刊于光明日报。由此将严复翻译生涯的纵轴向前向后双向拓展,便促进了本文选题的框架,再将博士后出站报告中散见于各处的史料加以缀连,就变成了文章的血肉。

不过例72仍是较长的小文章,因《读书》不登学术论文式长文。如何在千字文上前挂后伸,扩至3000字左右?

第一，向前拓展，追溯严译之始。一个人半辈子专注一件事，人们通常关注事件的发端。例20段1展示了国内学界如何经常混淆《天演论》始译时间与初版时间以及严译肇始的年份；段2—7列举了近十年国内认定《天演论》始译与初版时间七家代表性的观点；段8考证了严复翻译活动具体的起始年份。

第二，转述短文，承上启下。既然论题由《天演论》引起，不能搁下它不管，得回答。从学术规范看，不能将小文章全部置入；从文章拓展看，小文章不是全部合用；从发表园地看，小文章篇幅过大；从新作谋篇看，其核心内容仅是新作撰写的缘起，也只是新作的过渡环节，因为新作要考察的是严译的始与末。因此，已刊于《光明日报》的例72只需转述内容，于是成了新作的中间板块，起过渡的作用。

例20段9共670字，只占其母体例72的40%，占例20的25%。例20段9的其他内容读者可以自行比较，现仅就与甲午战争进程相关的三个阶段用表5对比，以便一目了然：

表5　双向拓展式内容前后比较

例72（短文）	例20（长文）
1894年7月25日，日本对驻朝中国军队发起进攻，这年干支为甲午，史称"甲午战争"，直至1895年4月17日，《中日马关条约》签字，甲午战争结束。1894年7月下旬至9月下旬为第一阶段，主要是朝鲜境内的陆战，9月下旬同时爆发了黄海海战。战争结果如何，似乎也难以预测，这时严复动笔译《天演论》的可能性不大。	一八九四年七月二十五日，甲午战争爆发；
第二阶段，1894年10月26日，日军突破清军鸭绿江防线，清军全线崩溃。同一天，在军舰掩护下日军在旅顺花园口登陆，11月22日，日军攻陷旅顺口。清军节节败退，不可收拾，陆海两条战线均显败绩，严复应该受到当头棒喝，此间可能萌发翻译的念头。	十月至十一月为战争第二阶段，清军陆、海两条战线均显败绩；

续表

例72（短文）	例20（长文）
第三阶段，1894年12月—1895年3月，清军在山东半岛和辽东两个战场全面溃败。1895年2月17日，威海卫海军基地陷落，北洋舰队覆灭。此间，尤其是1894年12月—1895年1月，严复最有可能翻译《天演论》。甲午战争还未结束，严译《天演论》1895年3月就问世了，可见严复受国运刺激之深，译书反应之快。北洋舰队的覆灭，应该是严复最大的痛。北洋水师学堂为海军培养人才，北洋舰队大小将领有的是严复的同学，更多的是他的学生。更为重要的是，同样是向西方学习军事，创建海军，中国败给了日本，这不得不促其反思。痛定思痛，得寻找战败国衰的根源，要从思想上寻求出路。	十二月至次年三月为第三阶段，清军在山东半岛和辽东两个战场全面溃败；一八九五年二月十七日，北洋舰队覆灭

第三，向后拓展，追溯严译之末。译事规律与人的生命规律似乎很是合拍。许多译家从译常常是前紧后松，前急后缓，不少人夙愿难竟，给人以强弩之末之势。严复也不例外，从严复38年的翻译生涯看，前16年基本无成就，除《天演论》外，其余七大名译成于后22年（1894—1916）。1912年，零星从译，或续译未竟之译而终未果，或译教育小册，或做英语写作，乃至最后五年，不再涉足翻译。

翻译篇

翻译练笔可以磨砺思维，有人说，译者寿，正在此理。翻译可以检验双语，只有经过翻译，才知外语不够通，母语未真懂。翻译让人获得异域思想，长见识，扩思路，增想象，得智慧，促成小文章，催生小课题；翻译也是成才之道，不少人由翻译走上了专家之路，更有人荣升为院士。

小译文分为学术性与大众性译文，翻译的方法更灵活，全译与变译相结合。有些文章浅显易懂，全文有用，可以采用完整性翻译，即全译的方法。有些文章内容过专，过于复杂，或者过深过难，国内读者读起来晦涩难懂，可以采取变通式翻译，即变译的方法。

第七章 全译策略

根据译作与原作内容与形式的相似度，可将翻译策略分为全译策略与变译策略两种。

所谓全译，简言之，指完整性翻译，具言之，指译者将甲语文化信息转化为乙语以求风格极似的翻译活动，转化手段有转换，转移内容，更换形式，旨在化解形义之间的矛盾，包括直译与意译两种全译方法，下分对译、增译、减译、移译、换译、分译、合译七法。

翻译方法是对翻译实践的总结，要想提高翻译水平，必须多实践、会实践，在实践中体悟方法，才可习得方法，学得方法，才知自己译得有无根据。所译方法可以指导实践，更多是对实践的检验，让自己译起来有底气，知其然，更知其所以然。

第一节 全译七法

从翻译策略看，全译作为小科研方式，其前提是原文内容有价值，篇幅不长，比较适于发表。首先，要符合国内要求，凡违背国家文化发展的不能译；其次，要符合读者需求，已往信息或者于读者无益无用的内容不必译；第三，凡超报刊版面规定的长文不宜全译，若要译，只能采取第 8 章介绍的变译方法。

从全译具体操作，即从具体的全译方法来看，也有其所必须遵守的条件。在此只简介与例证对译、增译、减译、移译、换译、分译、合译等七种全译方法。有关全译的方法坊间翻译教材不少，可以参阅。欲知全译方法详情，可参阅余承法之《全译方法论》、黄忠廉之《翻译方法论》《科学翻译学》、黄忠廉和余承法主编的《英汉笔译全译实践教程》等。

1. 对译

对译，即对应式全译，指逐词、逐语、甚至逐句式全译，指双语形式依次对出、内容逐一对等且具同等交际价值的全译方法，包括音对译、词素对译、词对译、短语对译、小句对译、复句对译、句群对译。对译原则是对形且对意。

【例 73】　　　UN English is unEnglish.

译文 I：联合国英语不是英语。

译文 II：联合国英语是非英语。

译文 III：联合国英语即非英语。

【例析】本例巧用缩略语 UN 与前缀 un 评价联合国文件所使用的英语。译文 I 将 is unEnglish 语内转换为 is not English，译作"不是英语"，算不得词素对译；译文 II 属词素翻译，"非"对 un，使"非英语"成为一个概念，产生了一个临时术语，可惜"是"与"非"组合在一起，念起来需在两字之间略作停顿，否则就含作了"是非"；译文 III 较适于书面语，全句是小句对译，由四个词对译合成；"非英语"与 unEnglish 是词素对译 + 词对译。

【例 74】This has been my life. I have found it worth living, and would gladly live it again if the chance were offered me. 这就是我的生活。我发现它值得一活，且乐意再活它一回，如果机会垂青于我。

【例析】原文为句群，前一句是小句，译文完成了小句对译。后一句是三重复句，也照译成了复句对译，其中前两个分句共一主语，后一分句也按小句对译。整个句群丝丝相扣，实在难得。

2. 增译

增译，即增加式全译，指根据意义、形式与表达效果的需要在译文中增加一些必要的语言单位的全译方法。包括词增译、短语增译与小句增译。增译原则是增形不增意。

【例 75】They stood and stared at each other, pale as culprits. 他们站在那儿面面相觑，面如死灰，像一对犯人。

【例析】原文描写两个人站着你看我我看你，因惊愕而面如死灰。句首的 they 与句末的 culprits 以及语境所暗示的人数，据此为"犯人"添上"一对"，将原文语法上的复数形式变成汉译的词汇意义；此外，"一对犯人"与"面如死灰"，四字格两两相对，颇有节奏，一如原文简洁明快。这是词的增译。

【例 76】But the tamping-iron rubbed against the side of the shaft, and a spark ignited the powder. 但是铁棍撞击洞壁，迸出火星，引燃了火药。

【例析】原文可以译作"但是铁棍与洞壁相撞，火星点燃了火药"，显示原文两个小句之间简略的逻辑推理。不过，在原文的复合判断中，简单判断与简单判断之间及其相应的命题之间,似乎缺少了中间环节(金属与硬性物体相撞)会产生火花(火花可以引燃火药),若要在逻辑上补出相应的深层语义,语表上就得增译小句。

3. 减译

减译,即删减式全译,指从原文出发根据意义、形式与表达效果的需要删减原文中不必要的语言单位的全译方法。包括语素减译、词减译、短语减译与小句减译等。减译的原则是减形不减意。

【例77】Zeena always went to bed as soon as she had had her supper, and the shutterless windows of the house were dark. 季娜总是一放下饭碗就上床睡觉,无板窗外黑洞洞的。

【例析】受句末 dark 的后管控,描写的时间是夜晚,因此 supper 中表"夜晚"的义素减去;句中 house 也是多余,不言而喻,因语境而省去。本例涉及语素减译与词减译。

【例78】From Florence the river Arno ran down to Pisa, and then it reached the sea. 阿诺河从佛罗伦萨流经比萨入海。

【例析】原文为复句,汉译则将 ran down to Pisa 译作介宾短语"经比萨",由英语的并列复句译作汉译的连动句,语表上由英语复句减为汉语单句。

4. 移译

移译,即转移式全译,指转移原文语言手段位置或将意义加以引申的全译活动。移译是应意义、形式与表达效果的需要而进行的语表形式变化,只是在形式上发生转移或意义引申,而意义力求不变。移译的原则是移形不易意。

【例 79】On the average, oceans are two and one third miles deep. 海洋的平均深度为二又三分之一英里。

【例析】由译文可知，average、oceans 与 deep 在语义上汇拢，语表上则是 deep 又转至 average 之后，再整体转至 oceans 之后。从全句来看，英语句子结构的语义重心得以调整，以适应译语习惯，性状重心转为主体重心。

【例 80】I began to ask a question, but Lyonya put his fingers to his lips. 我刚要提问题，雷昂亚把手指伸近嘴唇，要我别吱声。

【例析】put his fingers to his lips 属于体态语描写，具有一定的文化价值，其交际作用就是示意对方别作声，译者添加了"要我别吱声"，语表上是小句增译，意义上是体态语的内涵引申，以无声代有声，以言行事，只有这样，才利于译语读者理解。

5. 换译

换译，即交换式全译，指相对或相应的语言表达手段相互交换的全译活动。换译是因意义、形式与表达效果的需要而进行的语表形式互换，交换的是位置，而意义力求不变。换是双向行为，包括语言单位换译、肯否换译、句式换译、主被换译、动静换译、虚实换译、词类换译等。换译的原则是换形不换意。

【例 81】The dining-room was inconveniently crowded. 餐厅非常拥挤，很不方便。

【例析】原文中副词 inconveniently 属于外位状语，带有评价意义，在英语中可行，若译作汉语保留原文的修饰与被修饰关系，语义搭配上别扭。汉译处理类似现象，通常是将评价词独立出来，放在其他内容之后，末尾表态。从翻译单位上看，则是词换译作小句，原文由单句变成了复句。

【例82】To ease his constraint he said: "I suppose they'll be setting a date before long."为了不那么拘谨,他说道:"我想他们就要选日子了。"

【例析】原文句首的状语曾有人照译为"为了松一松他的拘束",一来欧化,二来松散,有失凝练。原文本意是使紧张拘束变得缓和一些,不如"为了不那么拘谨"来得简练自然。这样,原文的肯定的表达在译文中就成了否定的表达,属于肯否换译。

6. 分译

分译,即拆分式全译,指将原文拆成若干片段,使其中的词、短语或小句译成相应的译语单位。就应用范围而言,小至词语大至复句,甚至是语气都可分译。分译时,必须考虑被拆部分的意思相对完整,顾及前后各部分的逻辑联系。分译的原则是分形不损意。

【例83】我们不了解情况,把人家结婚被子也借来了,多不合适呀! How could we know we were borrowing her wedding quilt? It's too bad...

【例析】原文是复句,语气是直陈句+感叹句。从翻译单位看,复句分译成了句群,语气由直陈+感叹换译为疑问+陈述。原文表达惊讶之情,含自责之意;译文表达质疑之态,也有自责之意。

【例84】I hesitate to spend so much money on clothes. 花这么多钱买衣服,我犹豫不决。

【例析】汉译将原文中作介词宾语的不定式短语 spend so much money on clothes 独立出来,置于句首,再受主谓短语 I hesitate 的评价，是受了汉语"叙述+评价"表达思维的规约，结果导致原语单句分译为汉语的复句。当然也可将汉译中间的逗号去掉，这样"花这么多钱买衣服"就成了话题。

7. 合译

合译，即融合式全译，指几个原语单位整合为一个译语单位。合译可以避免语言拖沓与重复，使译文更加严谨、简洁、紧凑与洗练。合译能提供比较完整紧凑的信息，可以使译文主次分明，意思连贯，文字精练。合译的压缩若是简略得读不明白，则适得其反了。合译的原则是合形不损意。

【例85】Theory is based on practice and in turn serves practice.

原译：理论的基础是实践，又转过来为实践服务

改译：理论基于且回馈于实践。

【例析】原文为复句，汉译是常见于报刊的译法，也不错。改译具有书面性，与原文似乎也如数相对，将原文复句合译为汉语单句，妙译妙合，十分简洁，颇具格言之风。

【例86】We have the determination to win honor for our socialist motherland.

原译：我们有为社会主义祖国争光的决心。

改译：我们决心为社会主义祖国争光。

【例析】"有……的决心"与短语 have the determination 词词对应，也是受形式左右的欧化译法，意为 determine on，即"决心干……"。因此原文可译作"我们决心为社会主义祖国争光"。语表上看，短语 have the determination 译作汉语的词，属于合译，其机制是减去虚义动词 have 与定冠词 the，剩下动名词 determination 转化为其动词形式，得出核心意义"决心"。

第二节 全译例话

外语短文,译起来暂无版权之忧,全译刊于某些专业或非专业报刊也较方便。2006年笔者给本科生上翻译课,考试形式是每人自译一篇未译之作,并鼓励投稿。施雪花同学译《做快乐之人,不做可笑之人》投给《俄语学习》,刊于当年第6期。下面是各法综合运用七大全译方法的两例。

1. 全译例析之一

【例87】　　　　Coca-Cola Slogan Calendar
　　　　　　　　　可口可乐历年口号一览

Creative slogans throughout the years have kept Coca-Cola "king of hill". Here are some of the slogans which have made Coca-Cola forever famous.

历年充满创意的口号使可口可乐一直保持霸主地位。下面就是使可口可乐经久不衰的一些口号。

1886 Delicious and Refreshing 美味怡神

1922 Thirst knows no season. 渴不分季节。

1925 It had to be good to get where it is. 可乐美不胜收。

1927 Around the corner from anywhere. 可乐无处不在。

1929 The pause that refreshes. 心旷神怡的那一刻。

1936 It's the refreshing thing to do. 令你心向神往的可乐。

1944 Global High Sign 全球欢腾

1957 Sign of Good Taste 高品味的象征

1963 Things go better with Coke. 可乐更添妙趣。

1969 It's the real thing. 真材实料。

1976 Coke adds life. 可乐增添生活情趣。

1979 Have a Coke and a smile. 喝可乐令你开心微笑。

1982 Coke is it! 这就是可乐！

1986 Catch the wave. 赶浪潮。

Red, white, and you. 红白与你相辉映。

1995 Always Coca-Cola! 永远的可口可乐！

COKE THE LEADER 领导潮流的可乐

Coca-Cola has been the world leader in every department of the soft drink industry. They were the first to put their drink in bottles. Coke was also the first to use aluminum cans. After years of research Coke introduced plastic bottles for their product. Coca-Cola introduced the first low calorie soft drink, "TAB". In 1982, Coca-Cola made history with the introduction of "DIET coke". Coca-Cola pioneered the fruit-flavored Colas with "CHERRY COKE".

可口可乐一直是世界软饮料工业每一部门的先驱者。他们创先把饮料注入瓶子中。率先使用铝罐。多年研究后可口可乐公司又推出塑料包装的产品。可口可乐首先投放了低热量的饮料"TAB"。1982年可口可乐又开历史先河，推出"减肥可乐"。还最新尝试把果味加入可乐中，推出了"樱桃可乐"。

——徐振芳，信息不详，《中学英语之友》（初二版）2008（3）

【例析】本文是一种独特的全译，即采用逐段对照形式，便于了解文化，也便于初二学生排除生词之难。下面分头探讨使用或可用全译七法的译文。

对译（1986+末段的标题）：Catch the wave. 与"赶浪潮"完全是动宾结构的一一对应；末段标题 COKE THE LEADER 增

译为"领导潮流的可乐",也可以对译为"可乐——弄潮儿"。

增译(1979):原文 Have a Coke and a smile 为动宾结构,译者识得 Coke 与 a smile 的因果关系,将喝 Coke 的"果"与 smile 的"因"——"愉快"揭示出来,便增译了"开心",并将喝可乐与爽心笑的使役关系显出,于是增译了"令"。

减译(1963):Things go better with Coke 译作"可乐更添妙趣","可乐"形式上是译句的主语,逻辑上却可能是添趣的工具,省去了介词 with;译文省去 things,催人想象多多:什么可增添妙趣?这正暗合了 things 的内涵。

移译(1929):The pause that refreshes 是名词带定语从句,从句前移,译作汉语则成了偏正结构"心旷神怡的那一刻",若改作"心旷神怡的瞬间"或"心旷神怡那一瞬",岂不是更简练更有味?

换译(1886):Delicious and Refreshing,前一形象词换译作名词"美味",后一形容词则换译作动宾短语"怡神",二者合一,原文整个联合结构活译成了主谓结构,译活了!

分译(1969):It's the real thing. 先减去系表结构的标记,只剩下了 real thing,本可以译作"真实材料",但"真""实""材""料"再次组合成两个同义的偏正结构"真材"与"实料",二者再并联为联合结构。

合译(1957):Sign of Good Taste 译作"高品味的象征",实为高雅的意趣,可以进一步词化,译作"雅趣"。

当然,最后一段原译文还有可商榷之处。例如:(soft drink)industry 应为"(软饮料)行业"而非"(软饮料)工业";department 译为"部门"有隔靴搔痒之感,不妨译为"(世界软饮料业的每一)领域";they 译为"他们",指代不明,实指"可口可乐公司";"创先把饮料注入瓶子中"语言稍显生硬,不妨改为"开创了将饮料瓶装之先河";"率先使用铝罐"显得突兀,改为"还率先使用铝罐"在文气上更为连贯;"又推出塑料包装的产品"语义重在"推出产品",与原文意义有出入,而且"推出"未能表达出 introduce 一词的意义,应改为 "率先使用塑料瓶盛装其饮料";"可口可乐首先投放了低热量的饮料"容易给人可口可乐公司推出的第一款产品是低热量饮料之错觉;"还最新尝试把果味加入可乐中"失去了原文 pioneered 这一重要意义,应为"开创了果味可乐之先例,推出了樱桃可乐"。试改译如下:

可口可乐公司一直以来,都是世界软饮料业每一领域的领航者。该公司开创了饮料瓶装之先河,还率先使用铝罐。多年研究后可口可乐公司又率先使用塑料瓶盛装饮料。可口可乐开创了低热量饮料之先例,推出了 TAB。1982 年可口可乐又开历史先河,推出了"减肥可乐"。可口可乐公司还开创了果味可乐之先例,推出了"樱桃可乐"。

2. 全译例析之二

【例 88】This game requires nine counters — four of one colour and five of another: say four red and five grey.

Besides the nine counters, it also requires one player, at least. I am not aware of any game that can be played with less than this number: while there are several that require more: take cricket, for instance, which requires twenty-two. How much easier it is, when you want to play a game, to find one player than twenty-two! At the same time, though one player is enough, a good deal more amusement may be got by two working at it together; and correcting each other's mistakes.

原译：这个游戏需要九个筹码：四个同一种颜色的，剩下的五个用另外一种颜色。例如，四个红色的和五个灰色的。

筹码准备好以后，即使一个人也可以开始游戏了。我们知道，任何游戏的参与者都不能少于一个人，很多游戏需要多人来参与：比如，板球需要22个人。想要玩游戏时，找到一个参与者比找到22个参与者要简单许多！虽然游戏一个人就可以玩了，但如果两个人或多个人一起玩并且互相帮助，那么游戏将更加有趣。（186字）

——刘易斯·卡罗尔著，王旸译，《逻辑的游戏》（中英对照）

改译：本游戏需要九个筹码：四个同一色，五个另一色，比如四红五灰。

筹码有了，至少要一人参加。我们知道，无人不成戏，况且，不少游戏要多人参加：比如板球22人。想玩游戏，找1人比找22人容易！还有，玩游戏，一人是够，二人同戏，互相配合，会更有趣。（115字，比原译少71字）

【例析】作者刘易斯·卡罗尔英，英国人，《爱丽丝漫游仙境》的作者，牛津大学数学讲师，并非职业童话作家。原文选自其科普作品《逻辑的游戏》，全书点缀着诗歌，以讲故事的形式教授逻辑，具有一定的故事性。

段1的原译颇为啰嗦，改译几乎是对译，原文朴素简明，汉译不必嘴碎。浅易读物或科普作品的通俗易懂不等于啰嗦，不等于口语的直录。

Besides the nine counters译作"准备好"，介词动态化，也不错，改译"筹码有了"，更口语化；nine承前减译。at least本在原语句末，有补说味道，汉语无法如此处理，只有移译至句首。

I 应语境由单数换译作复数"我们",可以不换,作者本是一人嘛;若换作复数,即可包括读者,有现场感,有亲和力,令人亲切。am not aware of any game that can be played with less than this number 即使译作"不知道有无人参加的游戏",仍不理想;否定形式上否定主句,实际上否定从句,"少于一人"不就是"无人"吗?受"无川不成军""无巧不成书""无酒不成席"之类结构的启发,可以高度融合,套译为"无人不成戏","戏"在此指"游戏",不难理解。While 在此显示对别关系,应该译出。when you want to play a game 本是插入主句的从句,移译至句首以保证主句完整。原译漏译了 At the same time,属于不当减译。though one player is enough 译作"玩游戏,一人是够","是"并非 is 的对译,而是受下文 a good deal more 的后管控,对比意义得以加强;"是"正好有此功能,用于动、形的谓语前,重读,有坚定或肯定之意,相当于"的确""实在"等。将"two working at it together"前移,译作"二人同戏",与"一人是够"对应;and correcting each other's mistakes 也跟着大转移,译作"互相配合",并非误译;其实立于全书理解这一短语,发现原书表达不确,游戏彼此间配合,而非纠错,即使是偶尔包含纠错行为。最后才是二者对比的评价"会更有趣"(more amusement),符合汉语先摆事实后作评价的思维方式,同时发现其中的"更"与前述的"是"原来都源于 more,可见词义一分为二,各走一边。

第八章　变译策略

所谓变译，简言之，指变通性翻译，具言之，指译者根据特定条件下特定读者的特殊需求，采用变通手段摄取原作有关内容的翻译活动。变通手段有增、减、编、述、缩、并、改、仿八种，分别组合成摘译、编译、译述、缩译、综述、述评、译评、译写、改译、阐译、参译、仿作十二种变译方法。据小译文的规模，变译一般只采用摘译、编译、译述、缩译四种，其间关系以及与其他变译方法的关系见下图。欲知变译策略，可参阅《翻译方法论》《翻译变体研究》《变译理论》等。

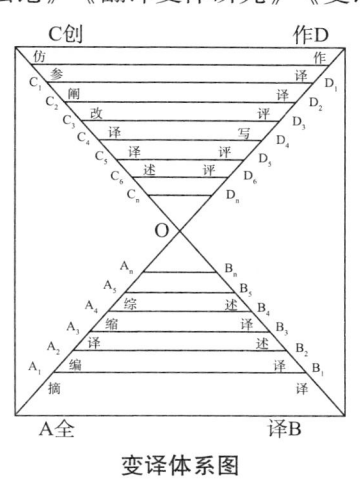

变译体系图

第一节 摘译

1. 摘译概说

摘译，指先摘取原作部分内容然后全译的变译方法，旨在采撷原作精华。摘译是最简单的变译方法，如《钢铁是怎样炼成的》曾有过摘译本，后来才补译原先所删的几万字的内容，全译本才浮出世面。

摘译重在"摘"，要求译者全面理解原作，确定有用部分，如果是文章，则将其无用的词、语、句、段一一删去；如果是书，则将其无用的章、节一一删去；如果需要，再删去其中的词、语、句、段。摘译文一般采用原作标题，摘译成文后，一般在译文标题下标注"某某摘/节译"，或在文末注明"某某据……摘/节译"、"某某摘/节译自……"，或注明原文作者、原文标题全称以及文献出处，包括刊物出版的时间、图书出版的时间、地点等。

2. 摘译例话

摘译是最简单的变译方式，有舍才有得。原文内容或因写作质量不高，或因内外读者有别，译时必有取舍。

【例89】　Optical fibres detect tumours

［1］A NEW TECHNIQUE for detecting tumours with light could save patients from having to undergo biopsy operations, writes Roger Dobson.

［2］Optical coherence tomography （OCT） gives a clear

picture of body tissue without the need for surgery.

［3］The technique has been developed by a team from the Massachusetts Institute of Technology and Massachusetts General Hospital. It bounces infrared off the tissue, allowing visualization of individual cells without damaging the tissue.

［4］One of the traditional ways of detecting cancer is to surgically remove a piece of tissue for laboratory examination. It is a costly, time-consuming process and because in some cases it involves surgery and anaesthetics, it carries a small risk for patients.

［5］OCT is based on optical fibre technology and works in a similar way to ultrasound. In OCT, infrared light is used instead of sound.

［6］The OCT technology shines a beam of infrared light down the fibre into the target tissue, and the reflections, measured from different positions, form an image of the terrain within.

［7］Because of the high resolution—10 times higher than high-frequency ultrasound—early signs of disruption in tissue typical in cancer can be detected and treated.

［8］The infrared light used in OCT is beamed to the tissue by means of a small catheter which means it can be used virtually anywhere in the body without the need for surgery.

(*The Sunday Times*, 14 Sep. 1997)

【全译】　　　　　光纤维能检查肿瘤

［1］一种新的肿瘤检测光学技术能免去患者活组织检查手术之苦。

［2］该技术被称为光相干层析X射线摄影法（OCT），无

需手术即可看清人体组织。

［3］该技术由麻省理工学院和麻省总医院的研究小组共同研制，通过被测组织反射的红外线可观察到某个细胞，而不破坏该组织。

［4］传统测癌方法之一是切取一片组织进行实验观察，既费时又费钱，因为有时要手术和麻醉，病人还会有些许风险。

［5］OCT 基于光学技术，操作方式类似于超声波，OCT 用红外线替代超声波。

［6］OCT 将一束红外线顺着光纤射向目标组织，各处观得的反射光形成了该组织的内部图像。

［7］OCT 分辨率很高（是高频超声波的 10 倍），可测癌症病变的早期症状，并予以治疗。

［8］OCT 将红外线通过一段细导管射向组织，换言之，不动手术几乎可检测人体的任何部位。

【摘译】　　　　　光纤维能检查肿瘤

［1］一种新的肿瘤检测光学技术能免去患者活组织检查手术之苦。

［2］该技术被称为光相干层析 X 射线摄影法（OCT），无需手术即可看清人体组织。

［3］该技术由麻省理工学院和麻省总医院的研究小组共同研制。

［4］传统测癌方法之一是切取一片组织进行实验观察，既费时又费钱，因为有时要手术和麻醉，病人还会有些许风险。

［5］OCT 将一束红外线顺着光纤射向目标组织，各处观得的反射光形成了该组织的内部图像。

［6］OCT 分辨率很高（是高频超声波的 10 倍），可测癌

症病变的早期症状，并予以治疗。

［7］OCT将红外线通过一段细导管射向组织，换言之，不动手术几乎可检测人体的任何部位。

【例析】原文是新闻报道，可能是时间紧等原因，写得并不精炼。至少有些信息是可以删除的，首段如数译过，只是删除了原文的报道者。从全文来看，从小单位到大单位可删减的内容有（举例而已）：

第一步，词语摘译：原文段1末的 writes Roger Dobson 在原文中是新闻文体的必备要素之一，而进入汉译信息传播中则属于冗余信息。

第二步，句的摘译：原文段3句2与段6重复，可删去段3句2。

第三步，段的摘译：原文段5句1与段1相重，可删；而句2与段8部分相重，也可删，结果整个段5就删除了。

第二节　编译

1. 编译概说

编译，指对原作加工整理然后翻译的变译方法，旨在优化原作内容。

就编译顺序而言，是先编后译。编译的加工是指将原作制成新作，加工旨在使原文更加条理化，调整局部秩序，使之有序化。从内容看，编译可能有删有增，所删的是原作中重复、次要或于译语读者无用的内容，所增的是连缀思想、加强逻辑性的词、语与句，但不增加思想。

除删减外,编译比摘译又多了合并、调序、增添等手段。编译程序是:通读原作抓主题,根据主题删减与主题疏远、不相干、重复或于译语读者无用的内容,合并原作中松散的词、句、段,调整原作中颠倒、混乱的语篇结构,得出内容完整、主题明确、条理清晰的编译作品。小译文所做的编译一般是单篇文章的篇译,编译文的标题既可直接采用原作标题,也可另拟标题,原则是标题要突出编译文的中心内容。

对编译作品可标明"XXX 著,XXX 编译",也可像摘译一样在编译文末注明相关信息。

2. 编译例话

变译是因人而异的,如果例 89 的摘译还不能满足读者需求,比如在相关内容结构上摘译略显零碎,就需要做一些编辑工作,这时采用的变译方法就是编译法。编译可能以摘译为基础,此时摘是编的手段之一。

【例 90】　　　　光纤维能检查肿瘤

[1]一种新的肿瘤检测光学技术能免去患者活组织检查手术之苦。

[2]该技术被称为光相干层析 X 射线摄影法(OCT),由麻省理工学院和麻省总医院的研究小组共同研制。

[3]传统测癌方法之一是切取一片组织进行实验观察,既费时又费钱,因为有时要手术和麻醉,病人还会有些许风险。而 OCT 无需手术即可看清人体组织,而不破坏该组织。

[4]OCT 基于光学技术,将一束红外线顺着光纤射向目标组织,各处观得的反射光形成了该组织的内部图像。其分辨率很高(是高频超声波的 10 倍),可测癌症病变的早期症状,并

予以治疗。

【例析】全文的编译程序如下。

第一步，明确主题："光纤维能检查肿瘤"。

第二步，宏观构篇：主题→研制者→与传统区别→工作机理

第三步，分块操作：

第一板块，导语：段1照译。

第二板块，研制者：取段2句前半部+段3句1，技术名称及其研究者。

第三板块，与传统的区别：段4+段2后半部+段3句2，本技术与传统的区分。

第四板块，工作机理：段5句1前半部+段6+段8+段7，合并同类内容。

第四步，得出译文：通过摘、分、合、调等，重新构篇，得出编译文。

第三节　译述

1. 译述概说

译述，指译者用自己的语言转述原作主要内容或部分内容的变译方法，旨在转述原作精华。

译述是译与述的结合，用译语读者喜闻乐见的语言形式再现原作内容，不受原作形式的束缚，对原作全部或部分思想的转述。译述重在"述"，也可是"述"中含"译"。译述程序是：通读原文，决定原作内容的取与舍，再据内容的重要性与读者需要确定何处全译，何处转述，或者全部转述。转述过程中会

用到摘译、编译所用的方法，如删减、合并、调序等，但其最大的特点是转述，主要方法是定向复述，即在翻译之前确定转述的方向与线索，可以沿袭原作的线索，也可在抓住原作中心与重点后另定复述方向，后者通常需要对原作整体进行结构调整。

对译述作品可标明"XXX 著"，"XXX 译述"，也可像摘译一样在编译文末注明相关信息。

2. 译述例话

如果读者需要例 89 的大意，了解最新技术，那么可采用译述法。该法一般以摘与编为基础，表达上更自由。

【例 91】　　　　　光纤维能检查肿瘤

［1］麻省理工学院和麻省总医院共同研制了一种新的肿瘤检测光学技术——光相干层析 X 射线摄影法（OCT）。

［2］OCT 基于光学技术，将一束红外线顺着光纤射向目标组织，各处观得的反射光形成了该组织的内部图像，而不破坏该组织，能免去患者活组织检查手术之苦。其分辨率很高，可测癌症病变的早期症状，并予以治疗。

【例析】由于译述可能含有摘译、编译的程序，与上述两节相同的步骤此处不赘，只作相应罗列。

第一步，明确译述方向：由题可知，报道了一则新闻。

第二步，顺方向定主线：紧扣光纤取舍内容，段 4 讲传统方法，可以舍去；研制者与技术合多为一，因此段 3 句 1 与段 1 前半句与句 2 前半句可组合；新技术的工作机制是段 5 句 1 前半部 + 段 6+ 段 1 后半句的功效 + 段 8+ 段 7。

第三步，合并同类内容，语言要更简练流畅，整理成文。

第四节 缩译

1. 缩译概说

缩译，即压缩性翻译，指以很小的篇幅再现原作主干内容的变译方法，旨在浓缩原作精华。

"很小的篇幅"指所译文缩至原文的十分之一，甚至是千分之一，以便读者很短时间内了解原作大意。"缩"就是去粗取精，将原作大幅度缩短，抽取主干，保留最精华、最核心的内容。典型的缩译仿佛将一短篇文章译成一句话新闻。

缩译程序是：通读原作，确定信息线索与内容框架，决定内容取舍，再采用摘译、编译、译述的技法。小译文所做的缩译对象多半是文章，通常采用如下几种方法：

抓关键词句法 文章一般围绕某个主题展开论述，其核心概念、命题与论点可以在关键词句（比方说小标题等）中找到。因此，抓住了关键词句就意味着抓住了原作最核心的思想。

中心思想归纳法 文章大都围绕一个中心思想进行论述或描写。在某些书文中，不易找到关键词句，就可以采用中心思想归纳法，概括原作的主旨。

摘要、结论扩充法 如果文章有摘要与结论，可以其为基础，再略作扩充，即可得到较好的缩译。

对缩译作品可标明"XXX 著"，"XXX 缩译"，也可像摘译一样在缩译文末注明相关信息。

2. 缩译例话

如果读者还想了解例89最核心的内容，可用三五句概括，这便是缩译法。缩译之初可能需要摘、编、述等方法，也可以直接抓住核心词句而整体浓缩。

【例92】 光纤查癌

麻省理工学院和麻省总医院共同研制的光相干层析X射线摄影法能将红外线顺着光纤射向目标组织进而获得其内部图像，可测癌症病变的早期症状并予以治疗。

【例析】循着前三节训练介绍的思路，现来个反向思考：只选所需要的信息。

第一步，定主题，同译述，顺之抓关键词句。

第二步，不用删除法，而用选词选句选段法：段1选 A NEW TECHNIQUE for detecting tumours with light could save patients；段2选 Optical coherence tomography；段3选 developed by a team from the Massachusetts Institute of Technology and Massachusetts General Hospital；段4与段5舍去；段6全选；段7选 early signs of disruption in tissue typical in cancer can be detected and treated；段8舍去。

第三步，调整关键司句，按如下思路缀联：谁研制出什么技术，有何工作原理。

第四步，整理成文，题目用双音节"光纤"替三音节"光纤维"，用单音节"癌"替"肿瘤"，与查构成双音节，题目更简了。

课题篇

课题是所要研究、讨论或亟待解决的主要问题,做课题是系统集中训练从事某项研究的科研方式。课题立与不立,做与不做,参与或主持,都相差悬殊。不经风雨怎能见彩虹?经过课题的磨砺,过程体验、思想境界、学术视野等均会发生变化,至少更懂得研究程序,更会看问题,眼界更开阔,气象更清新。

第九章 小课题立项

课题常由科研立项来落实，立项的前提是有好的项目申报设计。项目申报设计是一门学问，不仅考验专业知识，其实更显人文素养，比如辩证考察问题的哲学观、换位思考的伦理观、整体设计的美学观、敬惜文字的语言观等。既然项目训练如此重要，不论是有上级支持的纵向课题，还是有资金相助的横向课题，或是无人支持与资助，真正爱研究的人，都会一视同仁。把每个小课题都当作项目对待，或自设项目，是研究者自我训练、自我完善、科研自立的重要步骤。

小课题在此多指系、院、校、市、厅五级所设的课题。

第一节 项目申请概说

项目一般需要申请，由主管部门批准才可立项。项目有助研究者成长，其原因之一即在于项目申请书严格规定的基本格式。

1. 项目的作用

小课题常常是各级单位作为创新能力培养而设立的，旨在鼓励与支持申请人参与创新活动，培养与增强其创造、创新、创业的意识与能力；通过课题，可以发展个性，发掘创造潜力，锻炼创新能力。

立项，不论大小，均要求申请人知过去，明当下，瞻未来，对其知识、智慧、组织力与执行力等素质均是考验，经过科班的训练，上述方面必将有所提高。

2. 项目申请书格式

小课题的项目申请书一般包括如下几大要素（可参见例93）：

封面：编号、项目名称、项目负责人、（专业与年级）、专业领域、所在单位、（指导教师）、申报日期等。

数据信息：研究项目的信息、负责人自然信息、成员信息、备注等。

项目论证：研究现状述评、意义、基本内容、主要观点、重难点、创新点、研究思路、研究方法、研究计划、研究基础、参考文献、预期成果等。

经费预算：研究期间对各项研究开支的具体经费预算。

推荐人(导师)意见：对申请人学术水平、项目可行性、价值、申请书论证等提出意见。

审批意见：专家组审查意见与项目评审委员会意见。

第二节　项目申请书设计

项目获批一是选题好，二是论证妙。选题来源可见第2章，而论证颇有讲究，因篇幅受限，在此只简述立项申请书的基本要求，通过申请书填写例话，具化这些要求。

1. 立项基本要求

小课题通过评审才可立项。能立项，原因林林总总，至少可归为三项基本要求：

第一，明确做什么，即选题要好，题目要精。要明确所研究的对象，它是否真是一个值得研究的问题？能否用一段话表达？能否一句话揭示内涵？能否用一个术语概括？选题是大了还是小了？内涵与外延如何协调？标题用语恰当与否？题目凝练与否？究其实，就是填表前要考虑：选题当与不当。选题好，论证次，有可能矮子里挑将军，可以获批。选题一般或陈旧，论证再好，也会被否。因此，项目名称要出新有亮点，要突出项"目"，使之凝练，有新术语，含价值判断，力避熟即俗的毛病。

第二，明白为何做，即为什么要做"这个"题。基础研究要求有一定的创新，应用研究要求能为解决某个具体问题提供方案，产生实用价值。因此填报前，要问：理论上有何价值？实践上有何作用？前人已涉或未能解决？当下情况如何？未解决的问题有哪些？无人做，是无做的价值，还是目前无法解决？我能做到什么程度？可行性有多大？究其实，就是要告诉评委为什么你要做此课题。

第三，知道如何做，即为什么评委会相信你能完成这一课题。填表前，要明白：何时何地何人能做其中的何事？成员邀请多少？各人能力与分工如何？进度如何具体设计？能否在所定时间内完成？有哪些条件可用？还需哪些措施保障？方法已掌握了哪些？还需哪些方法？还有哪些困难？重点突破何在？究其实，本人不仅知道要做什么，知道为什么做，更知如何做，知道解决问题的途径与方法，知道如何组织人才物解决一个个具体的问题，直到最终完成研究任务。

2. 申请书填写例话

明白了上述三项填表之"道"，如何填表就剩为"技"了。申请书各部分都有基本要求与填写注意事项，但并非人人都懂，尤其是初次申请者。现以张小川同学2009年申请的某校级项目为例，逐条简析如何填写。因篇幅有限，其表格本身有所变形。

【例93】

XXX大学学生学术科技创新项目
申　请　书

项 目 名 称　　汉语欧化与汉译"一量名结构"研究
项 目 负 责 人　　张小川
专业、年级　　英语语言文学2007级
指 导 教 师　　黄忠廉教授
申 请 日 期　　2009年3月23日

类别：
　　□自然科学类学术论文
　　√人文社会科学类社会调查报告和学术论文
　　□科技发明（含设计）A类
　　□科技发明（含设计）B类

研究项目	名称	汉语欧化与汉译"一量名结构"研究				
	所属类别	人文社会科学类学术论文				
	项目性质	A. 基础研究　B. 开发研究 C. 应用研究			起止时间	2009年4月 —2010年4月
	申请经费	3000元				
项目负责人	姓　名	张小川	性别	男	出生年月	1982年7月
	年　级	2007级	专业	英语语言文学	联系方式	13009710820
	现学历	A. 大专　B. 本科　C. 硕士研究生　D. 博士研究生				
	所在单位	研究生学院	学制	3年	入学时间	2007年9月
参加人员	姓　名	性别	年龄	学历	所在单位	
备注						

注：项目参与人不多于3人。

一、项目论证（1.项目的基本内容与重点和难点；校内外研究现状调研结果；项目的理论与实践意义；2.主持人及参加者的研究水平、时间保证、资料设备、研究手段等。）

1.1 本项目将系统研究汉译"一量名"结构产生的规律，分析目前汉译"一量名"结构存在的问题及原因，以期提出一系列建设性意见，既丰富母语，又避免过度欧化。项目研究的基本内容为"一量名结构"的概念、汉译"一量名结构"译源考察、汉译"一量名结构"定量研究、汉译"一量名结构"与欧化研究、语境对汉译"一量名结构"的管控研究与汉译"一量名结构"变体研究。

1.2 项目的研究重点是汉译"一量名结构"研究框架的建立、汉译"一量名结构"译源考察、汉译"一量名结构"与欧化关系的研究。研究的难点是如何阐明欧化与汉译"一量名结构"现存问题的关系。同时，由于研究较为前沿，现有研究资料较为分散，需要对大量资料长期地、系统地整理。另外，汉译"一量名结构"的定量研究需要进行大量问卷调查工作。

1.3 综观校内外研究现状，校内目前没有学者关注汉译"一量名结构"的问题。在校外，汉译"一量名结构"的研究也属空白。因此需扩大半径，在汉语"一量名结构"研究文献中查找资料，进行研究。汉语"一量名结构"研究可分为两个阶段：量词阶段与"一量名结构"专门研究阶段。在量词研究阶段，标题含有"量词"

的文献共 1029 篇，几乎都含有"一量名结构"的例子。但其中涉及"一量名结构"的文章只有 20 余篇。其中 1959 年邢福义老师的《"数词＋量词"是词还是词组？》为第一篇涉及"一量名结构"的文章。在量词阶段，对于"一量名结构"的理论探索还没有开始，尚处于萌芽状态。

2003 年盛林的《汉语中"一＋量＋名"结构的语用研究》揭开了"一量名结构"专门研究阶段的序幕，从 2003 年至今已有 29 篇文献。理论探讨已开始深入，其中硕士论文有 3 篇。主要从认知、语用、语法角度探讨"一量名结构"，同时其他文章的研究领域已拓展到"一量名结构"的功能、译源、语境对"一量名结构"的制约、"一量名结构"变体等等方面。

从翻译角度探讨"一量名结构"的文章还没有出现，而英语界也没有对这一问题给予关注。但恰恰英语界在这一问题上比较严重，因为汉译"一量名结构"受英语的不定冠词＋名词结构影响较大。目前英语界关注较多的是英汉语表量结构的异同与英汉语表量结构互译的问题。

1.4 项目的理论与实践意义在于通过探讨汉译"一量名结构"在汉译过程中产生的规律，可以分析目前汉译"一量名结构"存在的问题及原因。在对"一量名结构"现状研究的基础上，可以提出建议，使汉译"一量名结构"更加符合汉语规范，既丰富母语，又避免过度欧化。另外，鉴于目前我国正处于翻译的新一轮高潮，保证译文质量是重中之重。本项目有望填补翻译届对"一量名结构"研究的空白状态，有益于规范汉译"一量名结构"的使用，具有现实意义。同时，从理论层面讨论"一量名结构"的变体研究与"一量名结构"的译源研究可以推进"一量名结构"的研究状况。

部分参考文献

1. 何杰，现代汉语量词研究，民族出版社，2000.9
2. 李宇明，汉语量范畴研究，华中师范大学出版社，2000.10
3. 黄忠廉、李亚舒，科学翻译学，中国对外翻译出版公司，2004.1
4. 邢福义，"数词＋量词"是词还是词组？华中师范大学学报，1959.3
5. 盛林，汉语中"一＋量＋名"结构的语用研究，潍坊学院学报，2003.2
6. Eugene A.Nida，Language and Culture—Contexts in Translating，上海外语教育出版社，2001
7. Peter Newmark，A Textbook of Translation，上海外语教育出版社，2001
8. 褚佩如、金乃逯，汉语量词学习手册：汉英对照，北京大学出版社，2002
9. 李湘，"V+-量 N"结构对量词的选择与限制，保山师专学报，2008.7
10. 王春燕，《红楼梦》中的量词"一场"探析，大庆师范学院学报，2008.5
11. 许实年，"V一临时量词 N"结构中"一"的省略与保留，西昌学院学报（社会科学版），2008.3
12. 高山、谭红论，"吃了一＋'量词'＋骨头"结构中动词与后接名词的语义关系，广西大学学报（哲学社会科学版），2007.5

13. 杨西彬,"一+量词+NP"结构中量词和"一"的隐现机制,华中师范大学研究生学报,2006.12
14. 周锦国,"一盘饺子"和"一盘子饺子"的量词表达差异,大理学院学报,2006.11
15. 胡清国,"一量(名)"否定格式对量词的选择与限制,汉语学报,2006.8
16. 许璟明,量词的审美情趣——"一峰骆驼"引发的思考,江苏省教育学会2006年年会,2006.6
17. 于玲,名量词在"一+X+N"结构中的两个作用,锦州医学院学报(社会科学版),2006.5
18. 薛秀娟,"一+量+名"结构中量词的认知研究,山东师范大学,2006.4
19. 赵贤德,"V成一量"格式对V和量词的管控,华中科技大学学报(社会科学版),2006.3
20. 黄大祥,量词为动量的"A_1一量A_2一量"格式初探,河西学院学报,2006.2
21. 徐慧文,"一头黑发"式"量词短语"浅析,赤峰学院学报(汉文哲学社会科学版),2005.8
22. 黄大祥,量词为名量的"A_1一量A_2一量"格式,河西学院学报,2005.6
23. 田皓、甘智林,"V+数词(一)+动量词+N"的认知分析,衡阳师范学院学报,2003.4
24. 甘智林,"V+数词(一)动量词+N"的认知分析,苏州大学,2003.4
25. 潘宇文,"单位量词+of+名词"结构小议,西华师范大学学报(哲学社会科学版),2002.3
26. 张一舟,成都话"一+量词"的省略式使用情况考察,方言,2001.2
27. 徐世华,英语不定冠词与汉语"一"加量词的对应关系,上海师范大学学报(哲学社会科学版),1996.5
28. 覃晓航,从汉语量词的发展看壮侗语"数、量、名结构"的词序变化,广西民族学院学报(哲学社会科学版),1988.4
29. 赵静贞,"一+量词"的表达的功能,汉语学习,1987.8

二、年度研究计划及预期进展最终预期研究成果,有助于理解、评审的现有技术和参考文献检索目录。

(一)年度研究计划及预期进展最终预期研究成果
1. 2009年4月——2009年5月 完成项目的研究框架、综述与绪论。
2. 2009年5月——2009年6月 完成资料收集与调查问卷涉及等基础工作。
3. 2009年6月——2010年2月 撰写项目正文。
4. 2010年2月——2010年4月 修改与总结研究成果。
5. 研究成果:论文《汉译"一量名结构"与欧化研究》4000字。
(二)部分参考文献检索目录
1. 何杰,现代汉语量词研究,民族出版社,2000.9

2. 李宇明，汉语量范畴研究，华中师范大学出版社，2000.10
3. 黄忠廉、李亚舒，科学翻译学，中国对外翻译出版公司，2004.1
4. 邢福义，"数词＋量词"是词还是词组？，华中师范大学学报，1959.3
5. 盛林，汉语中"一＋量＋名"结构的语用研究，潍坊学院学报，2003.2
6. Eugene A.Nida，Language and Culture —— Contexts in Translating，上海外语教育出版社，2001
7. Peter Newmark，A Textbook of Translation，上海外语教育出版社，2001

经费预算	3000		单位：元
申请总经费	2009 年	2010 年	年
经费摘要	1500 元用于资料收集、材料影印	1500 元用于外地调查往返路费	
其他经费来源		金额	
指导教师意见：（项目的可行性、预期成果、研究方法、建议资助金额） 张小川同学所选课题《汉语欧化与汉译"一量名结构"研究》属于其攻读硕士学位期间研究的主要领域。迄今为止，汉译"一量名结构"汉译时由于受到英语冠词的影响，不经意间或无意识地过量使用，因而导致部分欧化现象。同时，翻译实践中译者对"一量名结构"在译文中的使用一般缺乏清醒的认识，当用不当用，何时当用，何时不当用，有时缺乏判断的理据。针对翻译界尚未系统研究的现象，张小川同学选此为题，具有较大的理论意义与实践意义。从理论上讲，量词是汉语的特色，英语中有表量结构，汉译时如何发挥汉语的优势又不能将优势过度发挥，导致汉译语体上的失衡，都是值得认真思考的理论课题。从实践上讲，"一量名结构"研究成果有助于汉译时对其使用的理论指导，也有助于英汉互译教学具体问题的解决。 整个报告设计比较合理，结构分明，有亮点，有思想，相信能做出像样的成果来，这种小题大做的研究风格应该提倡。身为导师，我愿意推荐。 指导教师签字：			

校专家组审查意见、拟定经费：
　　　　　　　　　　　负　责　人：
　　　　　　　　　　　单位盖章：
　　　　　　　　　　　　　　　　年　　月　　日

校学生科技创新项目评审委员会审查意见、批准经费（是否立项，如同意立项其立项金额）：
　　　　　　　　　　　项目审查人：
　　　　　　　　　　　审　批　人：
　　　　　　　　　　　盖　　　章：
　　　　　　　　　　　　　　　　年　　月　　日

【例析】

封面 制作宜精细，自己所填部分应以内容最长者为准，采取中心轴对称的方式，字体可用楷体加粗，字也可大半号，整体上方圆相间，以求整体美观大方，赏心悦目。试改为：

XXX 大学学生学术科技创新项目
申 请 书

项 目 名 称	汉语欧化与汉译"一量名结构"研究
项目负责人	张小川
专业、年级	英语语言文学 2007 级
指 导 教 师	黄忠廉
申 请 日 期	2009 年 3 月 23 日

信息数据 如实填写。参与人员一般不空，包括理论指导者、实践完成者。例中既然要求"项目参与人不多于 3 人"，最好填上 1—3 人。题目居中，楷体加粗，字体可大半号。如：

名称	汉语欧化与汉译"一量名结构"研究

项目论证序列格式 论证最好能按所要求的顺序格式设计，这是游戏规则，应遵守。比如项目论证要求有两点，均应按其顺序填写。这是最大的规范，显得有层次而严谨。要么按汉语序号体系，要么按西语序号体系设计。如：

汉语序号体系

（一）项目的基本内容与重点与难点；校内外研究现状调研结果；项目的理论与实践意义。

1. 项目的基本内容与重点与难点

（1）基本内容

（2）重点

（3）难点

2. 校内外研究现状调研结果

3. 项目的理论与实践意义。

（二）主持人及参加者的研究水平、时间保证、资料设备、研究手段等

1. 主持人及参加者的研究水平

2. 时间保证

3. 资料设备

4. 研究手段

西语序号体系

1. 项目的基本内容与重点与难点；校内外研究现状调研结果；项目的理论与实践意义。

1.1 项目的基本内容与重点与难点

1.1.1 基本内容

1.1.2 重点

1.1.3 难点

1.2 校内外研究现状调研结果

1.3 项目的理论与实践意义。

2. 主持人及参加者的研究水平、时间保证、资料设备、研究手段等

2.1 主持人及参加者的研究水平

2.2 时间保证

2.3 资料设备

2.4 研究手段

现状述评 包括国内外研究动态综述＋评论。综述语言杜绝描述，主用叙述，少用论述。分清国内外，各自 3 段左右，段首有 8 字左右的标题，后空一汉字。段内分点论述，各点之间可用";"号分离；也可内部分层，用序号"1)"等，序号后若用标题，标题一定要精短，各点是同类观点的提炼综合。最好对国内外与总体作出简评，以反证本课题的价值。例 93 有综述要求，做得也较充分，却无简评要求。不妨参照下列方式改造：

1.1 国内学术动态

1.1.1 性质优劣判定 汉译语言是常批的对象，形成了褒中贬三类意见。1)**评判观** 五四前后至 1950 年代，翻译腔引起广泛关注，多是价值评判，如胡适、钱玄同、傅斯年、鲁迅、瞿秋白等多论态度，做批评，提建议，以改造白话文，构建新文学语言。2)**贬义观** 理论上金堤与奈达 1984 年较早用"翻译体"译 tanslationese，1999 年刘宓庆将其定性为贬义：充满斧凿痕迹，不为人待见，是不顾双语差异、语表机械对应转换的结果；2005 年牛新生重识翻译症：译文偏重词层对应，违背译语习惯，生硬拗口，晦涩难懂，甚至意义失真。3)**风格观** 1999 年何三宁定翻译体为风格，是原语文化的传真；2006 年程熙旭认为翻译体是某一时期的产物，具有历史性；2007 年王建丰指出翻译体属于语言常态，有别于创作体；2008 年朱一凡则认为是受翻译文学影响产生的新表达方式与句式的总称；2009 年杨普习等将翻译腔/体合定为风格。4)**辩证观** 1986 年孙致礼认为既要保存洋味，又要避免洋腔；2001 年吕俊对翻译腔功用一分为二：破坏译语风格，却能引介新词语、改进表达；2002 年林玉鹏确定翻译腔属于偏离了译语共核的有标记文体；2005年倪红艳认为翻译体有助于认识汉语。

研究意义　意义可从政治、国策、战略、文化、社会发展、学科、理论、现实、实践、方法论等方面择要阐述。例93意义写得较为充分。

基本内容　内容最好板块化，即3—5段为宜，按内容的逻辑性排列，每段设标题8字左右，后空一汉字，再展开每段的具体内容；如果每段内容很丰富，各段内还可用"1）"类分层次。例93基本内容过简。不妨参照前面的"现状述评"改造。

重点难点　重点是同类事物中重要或主要（具有重大意义或作用或影响）的内容，单写至少3点。难点是不易或很难（做起来费事）解决的内容，是对要解决的问题的反映，单写至少3点。重点最好与难点分开，如果觉得难分，混写，至少写5点，按重要性排列，每点1—2行。例93重难点过简。

研究水平　主持人及参加者已取得的前期研究成果（包括书、文、奖、项）信息、所受学术教育、理论基础、相应的实践能力、研究方法训练等。例93无此要求。

时间保证　个人的时间支配、单位的时间分配、可用于研究的时间比例、有无学术假、出校出国学术调研机会等。例93无此要求。

资料设备　研究所需的硬件与软件，已有哪些设备，拟购哪些设备等；已备好的理论资料、实践语料等；与研究相关的图书、报刊、网络资源等条件如何等。例93将此与后面的参考文献混淆了，也未写充分。

研究手段　主要指研究方法，从哲学方法、一般方法（新老三论）、本学科方法中至少挑选4种方法，分条说；给方法命名，不超过6字，给通常的方法加定语；再展开方法的具体内容，给人感觉是该选题专用的方法。例93无此填写。可参照如下：

1）平行类比法 采用平行比较法，原文与译文比较，比出译文之异；N种译文比较，比出腔/体之异；译文与汉语作品类比，见出原文之异，判别失规或超规；见出转化艺术，显示汉译之高下。

研究计划 将研究总时间一般分为4个左右时段，写明每个时段所要完成的目标（6字左右）及其具体要做的内容。例93写得过简，可参照如下：

1997.01—2018.12 **查检腔/体语料**（含已开始的工作）英俄书面与口头汉译腔/体现象手检与机检相结合，手检可直觉判定新现象，机检便捷量大，科学准确，以反映汉译腔/体的百年进程。

预期研究成果 分为中期与终期成果，中期成果一般是文章，终期可为报告或系列论文或论文集。例93预期的论文4000字，略少，不成规模；另，还应写上结项报告。

参考文献 根据内外、新旧、书文、老少等原则，选出10-30篇代表性文献，一般汉语在前外文在后、书在前文在后，按重要性排列。综述中点名提到的重要文献应列在此。例93将参考文献与资料设备未作分流处理，前面的资料设备涉及较广，后面则是具体的文献，量上未规划好。另，参考文献或按音序排列，或按重要性排列。中外文不能混排。

指导教师意见 例93也未完全按项目的可行性、预期成果、研究方法、建议资助金额几点填写，只重点写了选题的来源、选题的缘由与价值等，或涉可行性，但对预期成果、研究方法、建议资助金额等，尤其是填写中的不足均未涉及。

其他部分 由评审与主管部门填写。

成 果 篇

"文章乃经国之大业,不朽之盛事。"(曹丕《典论·论文》)可见古人对文章之重视。

任何外语小科研都呈现为一定的结果,成果的产出或是自主的,研究者有发表的欲望或诉求;或是要求的,比如得到了某机构的项目资助,要求以相应的成果形式验收或结项。小科研成果产出的类型主要是小文章,其次是小译文,偶尔是小报告。报告或含前二者,多数时候前二者是因,有了一定的前期成果,可以报小课题,写出小报告,产出更多的小文章与小译文。无前期小文章或小译文,但有所思考,也可报课题,主要是针对科研起步的学生。

第十章　成果与去向

小科研，无论立项与否，都将产出思想的结晶，或小文章，或小译文，或含有二者的小报告。它们都有自己的去向，只有设计好研究程序的来龙去脉，研究成果才能适得其所，才能既得受训过程，又获受训成果。身为作者或译者，只有知己知彼，才可百研不殆。知己，即做好内功，撰好文，译好文，写好报告；知彼，即明了成果的归宿，嫁得好人家。

第一节　成果形式

成果虽是研究的结果，在产出之前必经前述"写作篇""翻译篇"或"课题篇"的训练，练好内功：写出喜闻乐见的小文章，译出适应贴切的小译文，填好稳妥完善的小报告。

1. 乐见的小文章

研究的主要成果形式是文章，可分大小，有些大刊大报（如《读书》《光明日报》等）的小文章分量也不轻。小文章要让人喜闻乐见，前提是内容好，形式美。

所谓喜闻乐见，暗指小文章写作要有读者意识，即作者在写作过程中分析读者，据其特点、需求或期望调节写作的内容、组织、措辞与语气的意识。读者是个二重概念，既包括为自己写作的"自己"，也包括为他人写作的"他人"。先得愉己，才可愉人。那么，如何写出乐见的小文章呢？

第一，选好类，确立成果类型，是走知识型、译介型，还是学术型？抑或是兼顾型？抑或其他的类型？比如例56，看似作者与读者就dear展开的一篇交谈式文章，文章标以"漫谈"，并没漫天乱谈。文章先借三个例句点出dear的常见义"亲爱的"，下文则阐述dear其实并不亲，不像人们常想的那么肉麻，书信称呼可译成"尊敬的、敬爱的"等等，在公共场所这一称呼甚至夹带冷淡；再介绍dear由亲变为不亲的历史，最后列出书信称呼亲密程度的排序。娓娓道来之中展示了国际交流中言语礼节的用词，轻松之中传播了新知。

第二，明性质。选好了研究的类型，就可明确文章的主要性质，从简要性、知识性、理论性、新颖性、普及性、可读性、趣味性等当中突出某一种或几种，为文定性。比如，例35属于讲述型写作，突出了故事性。起因是老子"文革"无缘学外语，寄希望于儿子。幼教小教不放松，只差补胎教了。可是上了小学，因缺语境，效果差强人意。忽然有一天，狡黠的儿子与小伙伴开始用英语联系接头了，学英语歪打正着，突出了喜剧性。文章以幽默而又充满爱意的对话收尾，平添了几分暖意。文中用了不少方言，如"咋""心急呼啦"等，更加生活化。美中不足的是标题过于平实，可否改成《儿学英语，父急在心》以显父爱深沉？

第三，定层次。小文章有三层次，观察层、描写层与解释层，文章可以仅定其中某一层，也可以一主一次，一主二次。比如例 26，凯鲁亚克的《在路上》表现了美国战后青年的精神空虚与浑浑噩噩的状态。1957 年一经问世，即令舆论哗然，毁誉参半，颇具争议性。它在强调文以载道的中国的译介"经历了一段文化苦旅"。本文多从描写层面出发，以时间与传播空间为主线，经纬纵横地叙述《在路上》汉译之旅。文末一段才点明其译介背后的文化接受度首先取决于其政治价值的内因。若由此再作思考，例文的标题似乎还可改为《译"在路上"》，更有一语双关之效？！

第四，谋章法。古人虽不重句法，却很讲章法——一种高于句法之法。在材料型、讲述型、笔记型、赏析型、正误型、考释型、论说型等七种写作类型之下有列举式、阐释式、图表式、解析式、谈话式、论理式、考证式、随笔式、商榷式等九种谋篇方式，选取哪一种，决定了成果的形态。若是不当，严重者会导致文题不对。比如例 59，作为与考释型相对应的考证文章，其语篇构建意识不强，缺乏整体感。文首介绍汉语"酷"字，由日常口语引出"酷"字。若是单纯介绍"酷"字，尚可。若是谈英语词 cool，则有所不妥，主次不分。章法离不开文与题的相对问题，文要对题，可兵分两路：若不变题，可从 cool 的角度介绍，对其新义进行英语语源考证，顺带指出 cool 传入汉语中，音译为"酷"，再略略介绍"酷"义变化，也许会更符合文章标题与主旨；若是正文不动，则可变题，"'酷'字新义考证"如何？两样修改取其易，何去何从，已见分晓了。

2. 适切的小译文

多一门语言多一双眼，就多一扇看世界的窗口！懂外语是一种幸运，幸而有运地为他人奉上译文，一定要讲适切：适应

贴切。为此,至少做到三点:

第一,选择内容合适、篇幅合适的外语材料,如例2就通过翻译介绍一种生活知识,但这知识源于科学实验与生活之美,因此而更加科学,更益于健康。

第二,确定恰当的翻译策略与方法,是全译,还是变译,若涉及知识产权,还得购买。比如,例89的材料若全译费时费力,就可以采用摘译、编译、译述与缩译,以满足不同读者与不同版面的需要,就能更充分地彰显翻译的价值与原作在异域的使用价值。

第三,适当地考虑译文的有效性,一是要根据读者或发表园地考虑全译的求真与变译的求效;二是翻译要讲究经济效益与社会效益;三是人的行为要合乎目的,讲成效,要看所在或所服务的单位如何对待翻译成果。

请看一则由小译文变为小文章、由译到作的例子。

【例94】　　　　　落英点点的百草园

《科技英语学习》是我常翻常受益的普及型刊物之一。两年前与李亚舒先生合著《科学翻译学》,就用了该刊中不少的译例。就翻译而言,在历任主编的主持下,刊出了许多学者精妙的翻译分析,更提供了可供译论研究者咀嚼的翻译事实,为其拓开了一定的思考空间,营造了一个寻觅和欣赏翻译事实的百草园。

今年5月应上海交大之邀,赴交大闵行校区参加"翻译与跨学科研究国际学术研讨会",会议所赠资料中有范家材教授的专著《英语修辞赏析》和上海交大出版社出版的《科技英语学习》第5期。翻开专著,碰巧读到第4章"洗练";打开杂志,小诗 *Auguries of Innocence* 映入眼帘,两相一对,又发现了一则翻译事实。

先将英文原诗与林翔的汉译录下：

Auguries of Innocence　　　　　　　　**天真的预示**
To see a world in a grain of sand　　　一粒沙中看世界，
And a heaven in a wild flower,　　　　一朵花里见苍天；
Hold infinity in the palm of your hand　把无限置于掌中，
And eternity in an hour.　　　　　　　将永恒握在瞬间。

据译者介绍，2006年春节，英国举行了"中国在伦敦"的文化活动，将中国古代名诗译出传布于伦敦的地铁。作为回应，4月伦敦市长率团踏上"伦敦中国之旅"，上海则将英国诗作译出展于地铁海报，上例就是其中一首诗的前四行。原译为：

一颗沙中看出一个世界，

一朵花里看出一座天堂；

把无限放在你的手掌上，

把永恒在一刹那间收藏。

原译译得实打实，因为原作很实，这是西洋诗的一个特点：语法形态相对丰富，零件批挂比汉语要繁。而地道的汉语诗则空灵跳跃得多，这也是现代白话诗逊于古典诗的地方。与原译相比，林译已是相当洗练了：形体缩短，意象把握突出整体（如"天堂"换作"苍天"等），力求"浅显朴实，短小隽永，朗朗上口"。

诗句应是最洗练的表达。细品之下，林译在量词表达上还有据实移译的倾向（如"一粒"和"一朵"）；既然原诗浅显朴实，汉译则因用了"置于"而文白相杂，与其他动词"看、见、握"也不协调，对原诗的朴素风格是一种削弱；虚词虽说也可入白话诗，但是能不用则尽量不用或少用。另外，林译的第一行和

第三行重用了"中"字。据上分析,不妨改译为:

纯真的兆示

沙中看世界,

花里见苍天;

掌上有无限,

永恒在瞬间。

这番阅读,既是向作者学习,又深化了我们的认识,得到诸多启示。类似的阅读之旅,长人见识,促人思考,不仅悦目,更能赏心。真要感谢园主!!

——黄忠廉,华中师范大学教授,《科技英语学习》2006(12)

【例析】本文是图书撞上了期刊而碰出灵感的例子。从跃跃欲试的重译到有评有说的译评,将小译文做成了小文章,自我炼狱了一把。

如果单从三次汉译来看,笔者的改译也只是一次小诗全译。原诗音步上无规律,四句诗行的音节数分别为9、9、11、8,但押abab韵。又过了十年,回眸拙译,又不满意了:拙译诗行1、2"见"太实,若去之,代替"一"字,是不是更加空灵?!管控诗行3、4的动词是hold,汉译分别改为"有"与"在",又显太静,再次改为"握"与"定",是不是更加动感?!北外孙有中教授为本书作序时,指出heaven在此指西方基督教文化中的"天堂",即便在世俗化的当代西方大众话语中,应该还是有"极乐世界""乐园"的寓意;而flower在此正是"美好""幸福"的象征。改译中"苍天"与美好、幸福、天堂等寓意毫无关系,给人有冷漠、遥不可及、无助的感觉,heaven还是译成"天堂"好。结合徐志摩的译文"一沙一世界,一花一天堂。无限掌中置,刹那成永恒",不妨再次改译为:

纯真的兆示

一沙一世界，

一花一天堂；

掌上握无限，

永恒定瞬间。

本文当时以基于翻译批评的杂文发表，假若当时笔者以 "*Auguries of Innocence* 重译" 为题，便是小译文一篇了。若将上述讨论的三种译文并列，不加任何评论，题目是否再次拟作"小诗汉译三进阶"？评析由读者去，不又是小译文一篇！

若将刚才的再次修改展开成文，加上理论分析，将与本文一样，同属于小文章。一篇翻译批评，还可晋升为大论文"译诗意象更新论"。

3. 妥善的小报告

小报告，即向主管部门汇报项目研究进展及其成果的小型专题报告，以备验收。

小报告是科研结项的主要形式，如何做到妥善填报？首先，突出汇报性，即项目承担者如实向主管部门汇报科研情况。其次，突出陈述性，主要讲做了什么，取得了如何的进展，尚存何种问题，有何打算，既不再论证，也不请求了；第三，突出事后性，即在完成整个项目后的全面总结，但功夫在平时，可做有心人，备好材料，届时一气呵成；第四，突出有效性，眉清目秀地向主管部门陈述本项研究的成果及其可以推广的价值，对哪些领域或部门有借鉴作用，会产生哪些社会效益与经济效益等。

小报告要写得稳妥完善，恰到好处，同时也要写得仔细巧妙。除符合上述要求外，科研小报告一般不以公文方式写作，常以表格为载体，各表的格式大同小异，有封面、（填表说明）、项目完成情况、成果价值、主要成果、最终成果形式、验收鉴定单位意见、项目评审委员会意见等，详见例96。

第二节　成果去向

无论是小文章，小译文，还是小报告，只有发表了，上呈了，才得到验收或首肯，为人所知所用，才会体现科研的价值，才能做出贡献。研究成果与去向是知己知彼的关系。要问世，要上呈，就要知彼，即知道发表的园地与主管部门的要求。

1. 发表及例话

发表，即将自己的小文章或小译文由报刊、书籍或者正式的广播电视等媒体公之于众。网络（BBS、博客、微信、微博等）也能发表，虽属公开，但非正式，至少目前尚未被承认为正式的发表载体。若能参加大型机构或高端场合的口笔译，最好索存文字、声音、录像、摄影、证书等各种证明材料。一般人都想发表，但仍需强调：

第一，具备较强发表意识。史上自娱自乐的译者或作者有之，但当下人们的发表欲胜过历史，只要译了写了，改定了，就应寻找出路，让更多的人分享，这也是一种社会贡献，应当鼓励。发表意识应该时时有，不囿于时空，成为一种研究定势。比如，笔者无论是经商（例22、39等）还是从译（例40、68等），不论是任教（见其他各例）还是专职从事研究（见其他各例）时，一直钟情于翻译及其研究，有所思便有所得，得之成文，成文必投，大文投大刊，小文投小刊或报纸。

第二，了解各类发表渠道。发表渠道至少有四种：1）刊物。国内刊物共6000余种，分专业类与非专业类，学术类与大众类。以前学术大刊，如《中国语文》《外语教学与研究》等都刊发小文章，因受期刊评定等因素影响，许多原先刊发短文的大刊现在也多弃之不用了。非专业类与大众类期刊刊发小文章或小译文。2）报纸。各中央大报、各省市地方小报全国不下2000家，整版刊文的概率很小，多数刊发3000字以下的短文。3）广播电视。能为广播电视投稿也是一条有待关注的途径，各广播电视台常设各种与社会生活相关的栏目，能成为其稿源也是双赢的好事。4）图书。能刊发短文的图书主要是各种文集或以书代刊的集刊，能选入文集的机会也不太多。

第三，拓宽界外发表园地。清楚了发表渠道，但是不少人专业概念过强，不敢跨出自己的小天地。一般人撰文，业内、行业或专业发表意识强，这是理所应当的。武汉某部委高校还明确规定外语教师只能发外语类期刊，若发往汉语类专业期刊不予认可，学科壁垒重重，不利于学术发展，可能出小专家，出不了大专家。此外，凡愿从事研究的人术业可有专攻，发表却可不守一域。一个人思路开阔，生存空间也会大于常人，成果适应面也会宽于常人。由例47可知，徐德宽教授外语出身，从事汉语研究，文发《语文建设》，讨论的仍是翻译问题。例49，马振亚先生，中文系教授，使用《汉语外来语辞典》，探索"保障"的词源，汉外语比较研究，刊发园地属于文献学。文史哲本来就不分家，中外学术可以汇一统。

第四，清楚具体发表要求。投稿命中率低还与不关注所投园地有关。质优形美的短文还得符合发表园地的要求，常关注媒体，了解其特点与要求，明白其版面、选题、文风、作/译者来源、信息来源于哪些国家、地区等。弄清年刊、季刊、双月刊、月刊、旬刊之间，周报、双日报、日报之间的差异。比方说，报与刊的分段及其长短不一样，大众刊物与专业期刊关注点不一样，纸质媒体、电子媒体与音像媒体的符号信息不一样，语言稿与文字稿的载体特点决定了语句长短及其用字不一样，等等。

下面以例 95 为例，分析投稿因何变数而可选择不同的成果去向。

【例 95】　　　　英国的 B&B

B&B 是 "bed and breakfast" 的简称，一种旅馆经营模式，在提供住宿的同时还包含一顿早餐，它简单而不简陋，实际而不奢华。因此深受旅行者，尤其是预算有限背包族（backpacker）的喜爱。如果你是一名喜欢旅游的背包客，来英国旅游时不妨尝试住一晚家庭式的 B&B。

B&B 的历史最早可以追溯到英国的工业革命（Industrial Revolution）时期。由于圈地运动（the enclosure of common land in the 17th century），大批的英国农、牧民失去了他们赖以为生的土地而成为雇佣劳动力（wage labourer），这也导致了人口流动，而为这些找工作的人提供简单住宿和早餐的廉价旅馆便应运而生，这就是 B&B 的来历。到后来，在英国的许多旅游景点和乡村，一些有经营头脑和眼光的人将自家的空余房间收拾、改造成家庭旅馆接待外地游客。这些家庭旅馆一般来说都不太大，基本都是由房主人及其家人打理。因为收费不高，所以也仅仅是提供床和早餐等一些简单的服务，久而久之，在英国 B&B 就成了家庭旅馆的代名词。

第一次住 B&B 是 2009 年 6 月在苏格兰的爱丁堡（Edinburgh）。

那时早已久闻 B&B 的大名，便和妻子、孩子趁到 Scotland 旅游时去亲自体验一下。先是在互联网上预订了一家在爱丁堡市中心靠近著名的 Princes Street 的旅馆，每人每天 18 镑，考虑到交通、购物、游览便利等诸多因素，觉得还可以。这是一家当地人开的旅馆，房间还过得去，而且看起来相当整洁。我们对房间的质量并不十分在意，对第二天早上提供的早餐却十分期盼，因为早就听说英国 B&B 提供的早餐很丰盛。翌日，我们很早就起床直奔餐厅吃早餐。也许是期望值太高，当侍者端上一碗泡着牛奶的 cereals（各种谷类制品）并拎来一架烤面包片时，我们一家十分失望：牛奶是凉的，面包是硬的，枉费了我们一个晚上的期待。后来，我的英国老师告诉我，这种早餐是欧陆早餐（Continental breakfast, a light breakfast, usually consisting of coffee and bread rolls with butter and jam），和传统的英式早餐（full English breakfast）不同，再想想在爱丁堡市中心这种寸土寸金，大街上满是来自世界各地游客的旅游胜地，每人 18 镑钱能够有这样的住宿条件，我心中的怨怨才稍稍有些平复。

　　后来，因为各种机会，我在英国住了不少 B&B，也最终尝到了一些 B&B 提供的英式早餐。传统的英式早餐（traditional full English breakfast）果然很丰盛，一份完全的英式早餐通常要先吃麦片粥（a cereal or porridge），如果麦片粥是用粗燕麦片（coarse oatmeal）做的（正宗的苏格兰风味 in the proper Scottish manner），那就既可口又经济并富有营养，尤其是加牛奶或奶油以及糖或盐一起吃。麦片粥后是一道菜，十分丰富，如几片咸猪肉和两根英式香肠（bacon and sausage），两个煎蛋，一面煎或两面煎（sunny side up or over easy），烤熟的西红柿或蘑菇（fried/grilled tomatoes & mushrooms），茄汁黄豆羹（baked beans），有时是熏鱼或腌鲱（haddock or kippers）。之后，便是涂上黄油和果酱的吐司面包（toast with butter and marmalade），有时还有些水果。英国人在吃早餐时通常喝茶或咖啡（tea or coffee）。一份这样的早餐其营养足以支撑你一个上午的工作，因为英国人的午饭普遍吃得很简单，许多上班族就是一个 hamburger 或 sandwich，加上一杯 coffee 或 Coke 就解决了。可见"一日之计在于晨"（The whole day's work depends on a good start in the morning.）的道理无论是在东方还是西方都是相通的。此外，在亲身实践中我还学会了一个很地道、很标准的英式英语说法——fry up。在英式英语中，因为 fry up 是一份完整的传统英式早餐（full English breakfast）的代称，所以当你称赞 B&B 提供的英式早餐很地道时如果用上了 fry up，英国人常常会觉得你或许是一个地道的英国通。

在我所住过的 B&B 家庭旅馆中，最好的应该是在 Wales 首府卡迪夫（Cardiff）附近的乡村。威尔士的乡村经济早年以畜牧业为主，农场四处可见，如今一些农场主将自己家的空闲房间装修成 B&B 提供给观光客。这种 B&B 大都只有三两间左右的客房，女主人把房间拾掇得相当温馨，给你一种家的感觉。在这里留宿，晚上听着附近的鸡犬相鸣，清晨呼吸着夹带着海风和青草的清新空气，让你宛若置身于远离尘世的世外桃源。而房主给你提供的早餐，更是妙不可言，几乎所有的原材料都来自自己的农场，绝对的 organic（绿色，有机食品）！保证让你有一种不想离开的感觉。当然在北面的 Scotland 和南部的 England 地区，一些 B&B 也非常地道。毕竟，这两个地方从来不乏老建筑，一二百年的老房子司空见惯，三四百年的老建筑也不罕见。有些房主就把这种浓郁老房子布置成旅馆。在这种旅馆里住，一种的古气扑面而来，让人有恍如隔世，置身于滚滚历史红尘中的感觉，杯盏之间难免萌发思古之幽情。

今天，经济实惠的英国 B&B 模式已经被许多西方国家所复制，深受人们的青睐。除了家庭旅馆，一些英国本土的酒店也开始提供经济型的 B&B 客房，甚至一些著名的大学，如大名鼎鼎的 LSE（伦敦政经学院）等也在假期把一些学生宿舍改成 B&B 经营获利。不过，我始终觉得选择 B&B 还是要找原汁原味的家庭旅馆好，毕竟这样你可以更接近当地文化。

——王志永，大连工业大学教师，《英语知识》2010（6）

【例析】作者以轻松的笔调介绍了英国传统的家族旅馆，俨然一篇游记，有历史考证，寓知识介绍于出游。作者在介绍 B&B 的来历，尤其是廉价的床位与丰盛的早餐之后，生动地记叙了一次全家旅行，为最终尝到 B&B 提供的英式早餐埋下了伏笔，地道的早餐大有馋人之效，十分诱人！这不打紧，作者最推举的是威尔士的乡村 B&B，同时为读者介绍了苏格兰与英格兰 B&B 的差别，算是负责任的"导游"！而酒店与大学虽也拓展了 B&B 业务，但不及家庭 B&B 原汁原味，无非是再次强调对 B&B 的眷念与推崇。

就这么一个 B&B，可以做出什么样的小科研？做出什么样的成果，刊发何处？

我们还是采用系统的方法，按三类小科研来设计。

第一，设计成小译文发表。如果查得有关 B&B 的英语稿，作为旅游文化类或全译或变译成汉语，文章可定位于知识性，投稿汉语类报刊，如《世界博览》《中国旅游报》之类的报刊，缩略语 B&B 最好译作"早餐夜宿式旅馆"。还可以英汉对照，投给《中学生英语》《英语世界》等刊。这是最简单的科研形式，介绍异域风情，开国人眼界。

第二，设计成小文章发表。又可分为三种：

1）浅层次文章，即最简单的注释类文章，即将用夹注或脚注释英语文章的生词与文化词，以英语材料取胜，刊于英语学习报刊，如《校园英语》《阅读与作文（英语）》等，作为阅读材料或文化推介材料。

2）中层次文章，即本例的方式，文章定位于知识性，融入了趣味性或故事性，刊于《英语知识》比较合适，题目可以保留 B&B，以其陌生化吸引读者。不过，在构篇上，若仍是发表在《英语知识》，可以保留某些专名的双语注解方式，但方式要统一，比如文多数用"汉（英）"注解方式，如"爱丁堡（Edinburgh）"等，可是"cereals（各种谷类制品）""organic（绿色，有机食品）""LSE（伦敦政经学院）"却反向了；而"苏格兰"在文前出现，Scotland 在下一行才出现，如果说它与 England、Wales 算高一级地名，一般读者应该知道，那么，小地名 Princes Street 是不是该注明汉译呢？连"传统英式早餐（full English breakfast）"第 3 与第 4 段重复注释，普通饮食词汇 hamburger、sandwich、coffee 与 Coke 要不要注释呢？！

3）高层次文章，即研究型文章，将其作为一种大众旅游方式加以研究，在旅游运营方式上做文章，联系国内外家庭旅馆的现状，将其原文材料用入文章，从小文章走向大论文，可投学术类期刊，如《新旅行》《旅游天地》《户外》《走遍全球》《中国旅游》《时尚旅游》《中国国家地理》等。

因此，小文章形式小意义不小，同样可以训练大论文要训练的构思、谋篇、语言等，应该像对待大论文一样重视它，才不会失去训练的意义。

第三，设计成小课题，写成小报告上交。如果有前两种设计，在校外语专业或旅游专业师生即可申请不同层次不同选题范围的项目，如：

A. 英国旅行食宿经营理念研究

B. 欧美旅行食宿经营理念研究

C. 西方大众化旅游食宿方式借鉴性研究

D. 中外大众化旅游食宿方式借鉴性研究

E. 中西大众化旅游食宿方式比较调查研究

F. 中外大众化旅游食宿方式比较调查研究

G. 背包客食宿问题研究

H. 背包客食宿行问题研究

…………

从A到B，由一地拓展到一区域。与A与B不同，C是以东西方为对比视角，突出其长处，旨在借鉴；D与C又不同，则将西方扩大到整个外国。E与F与C与D又有所不同，重在双方调查的基础上进行比较，分出优劣，扬长避短。G与H则突出主体"背包客"，由其食宿问题扩大到食宿行的问题，已不分东西中外的地域性了，只讨论共性问题。

2. 上报及例话

上报，即向主管部门呈送或上交小报告。学生科研结项报告直接上交教务处、学生处、团委、研究生院/处等机构；而教师或研究人员的科研结项报告可能直接呈送主管部门科研处/部，有时甚至由其转呈省、市、区与国家更高级的部门。

报告要写得简明扼要，有条理，以免太长，一般3000—5000字。试看一例，整个鉴定表未按原有版面展示，以省篇幅。

【例96】
XXX大学学生学术科技创新项目成果验收鉴定表

项 目 名 称：汉语欧化与汉译"一量名结构"研究
项目成果名称：　　汉译"一量名结构"研究述评
项 目 负 责 人：　　　　　张小川
主持人所在单位：　　　　研究生学院
验收鉴定时间：　　　2010年6月18日

XXX大学学术科技创新项目
评审委员会会办公室制

一、项目立项、研究内容及任务完成情况

1.1 本项目系统研究了汉译"一量名结构"产生的规律，分析目前汉译"一量名结构"存在的问题及原因，提出翻译意见，既丰富母语，又避免过度欧化。项目研究的基本内容为"一量名结构"的分类研究、汉译"一量名结构"译源考察、汉译"一量名结构"定量研究、汉译"一量名结构"与欧化研究。

1.2 项目的研究重点是汉译"一量名结构"研究框架的建立、汉译"一量名结构"译源考察、汉译"一量名结构"与欧化关系的研究。研究的难点是如何针对汉译"一量名结构"恶性欧化问题提出翻译建议。

1.3 综观汉语界与翻译界的研究，汉译"一量名结构"的系统研究尚未开始，其萌芽研究伴随着英汉表量结构的研究而产生，尚无学者关注到汉译"一量名结构"的现存问题以及对汉语规范性的影响。

汉译"一量名结构"的研究分为量词研究、"一量名结构"研究与汉译"一量名结构"研究萌芽三个阶段。汉语界对"一量名结构"的语义、语法、语用研究最为先进。英汉翻译界对汉译"一量名结构"的译源、功能问题最为关注。

到目前为止，研究已经涉及汉译"一量名结构"的分类、功能、译源、变体与管控等领域，但是各领域的发展并不均衡。其中，对译源与功能问题的研究最为深入。对分类，变体与管控的研究仍待继续挖掘。另外，汉译"一量名结构"的概念还没有明确地提出，研究最为先进的译源与功能问题也需要系统地总结与归纳，汉译"一量名结构"的变体问题还没有得到充分关注。这些问题均为后续研究留下了空间。

1.4 综上所述，本研究项目认为汉译"一量名结构"存在汉译"数量——+个体量名结构"比重过大，功能单一，过量使用的恶性欧化问题。针对以上问题我们提出：（1）面对固定译源时，译者有意识的减少"数量——+个体量名结构"的产出，多用光杆名词结构、"一量名结构"变体结构，尽量减少对量词系统的影响。（2）增加临时译源比重，大胆使用"一量名结构"的多种功能，简洁、直观地传达原文。（3）增加修辞与感情色彩功能，维护汉语重意合特点。

经过一年的研究，目前已顺利完成研究的全部内容，形成研究成果两篇：《汉译"一量名结构"研究述评》、《冻土解冻》。

二、成果推广价值说明

量词是汉藏语系特有词类，量词研究既利于突出汉语语法特色，也利于提高英汉翻译质量。翻译是对母语补充、丰富的有效途径，但历史上我们也曾出现过度欧化、欧而不化等问题。"一量名结构"是汉语量词结构的常用结构，"一量名结构"的翻译问题也是难点之一。

项目的理论与实践意义在于通过探讨汉译"一量名结构"在汉译过程中构产生的规律，可以分析目前汉译"一量名结构"存在的问题及原因。在对汉译"一量名结构"现状研究的基础上，可以提出建议，使汉译"一量名结构"更加符合汉语规范，既丰富母语，又避免过度欧化。另外，鉴于目前我国正处于翻译的新一轮高潮，保证译文质量是重中之重。本项目有望填补翻译界对汉译"一量名结构"研究的空白状态，有益于规范汉译"一量名结构"的使用，具有现实意义。同时，从理论层面讨论"一量名结构"的变体研究与"一量名结构"的译源研究可以推进"一量名结构"的研究状况。

三、主要成果文件目录

1.《汉译"一量名结构"研究述评》，俄语语言文学研究（电子期刊），2010（2）.
2.《汉译"一量名结构"研究述评》，当代教育之窗，2010（4）.
3.《冻土解冻》，中国科技翻译，2010（1）.

四、申请验收鉴定单位意见

项目负责人 意见		项目主持人（签名）： 年　月　日
项目主持人 所在单位 专家组意见		单位负责人（签名）： 单位（盖章） 年　月　日

五、校学生学术科技创新项目评审委员会意见

	主任（签名）：

【例析】上报的鉴定表在格式填写上有可完善之处：
封面：同例 93 一样，做如下完善：

项　目　名　称：**汉语欧化与汉译"一量名结构"研究**
项目成果名称：　　**汉译"一量名结构"研究述**
项目负责人：　　　　　**张小川**
主持人所在单位：　　**研究生学院**
验收鉴定时间：　　**2010 年 6 月 18 日**

第一部分：1.1 与 1.2 是对原有立项的介绍，主要涉及对象、原定内容与重难点；1.3 是对汉译"一量名结构"具体研究领域的综述与总体评价，介绍了真正的研究内容；1.4 则重在简评，并提出研究的对策。最后一段是完成的情况，展示了阶段性成果。

本部分含介绍项目立项情况外，实指真正的研究内容与实际完成情况，比较例 93，可以发现与原先申请设计有些出入，多半是允许的，因为研究时间才一年，又要结项，结果是大大缩减了研究对象，缩小了研究范围。不过，为利于验收，最好是按提示语分点陈述。如：

（一）项目立项情况　　　或 1.1 项目立项情况
（二）研究内容情况　　　　1.2 研究内容情况
（三）任务完成情况　　　　1.3 任务完成情况

第二部分：第 1 段不必交代，这似乎是申报时应写的内容；可直接从第 2 段写起，但本段对成果的推广价值写得不够充分，还可扩写，至少可以添加对翻译理论、汉语规范、翻译实践、翻译教学、双语词典编纂等方面的作用。

第三部分：成果最好按重要性由上而下排列，其中《俄语语言文学研究》为非正式期刊，但校内承认。《冻土解冻》一文宜注明是译文，否则就应放在成果的第一位。

3. 刊发园地精览

本书近 90 例小文章小译文已顺便告知了几十家报刊，但是可发表成果的园地何止千万？不是发不了，只是未想到；思路打开，渠道大开。在此仅精选数百家报刊园地，其他园地大家可入"图（书馆）"索骥，查阅每年的报刊征订目录；也可上网查找，网罗天下报刊以及广播电视台。

表 6　常发小文章小译文的报刊精选

期刊	报纸
爱人　安全与健康　百花（悬念故事）　百科知识　百姓生活　伴侣　兵器　兵器知识　博客天下　博览　博览群书　餐饮世界　畅谈　成长　出版广角　初中英语一点通　传奇故事　辞书研究　大家说英语　大学英语　大众电视　大众电影　大众健康　大众科学　都市人　读书　读与写　读者　读者欣赏　对外传播　俄语学习　儿童与健康　发现之旅　法语学习　疯狂英语　疯狂阅读·英语时空　父母必读　父母世界　格言　故事大王　故事会　故事家　故事林　故事作文　广角镜　国际防务译萃　国际防务译文　海外文摘　海外星云　航空世界　航空知识　环球　环球军事　环球老龄　婚姻与家庭　家人　家庭心理医生　家庭医生　建筑知识　健康　健康生活　健康时尚·乐活　健康之家　健康之路　健康之友　健康指南　舰船知识　教学考试（高考英语）　教育观察　劲漫画　军事史林　看历史　看天下　考试与评价（英语）　科海故事博览　科幻世界（译文版）　科普童话　科学　科学 24 小时　科学大观园　科学世界　科学探索号　科学之友　课堂内外　爱课外阅读　快乐百科知识　快乐大侦探　快乐交友与口才　快乐日记　快乐文学（故事与笑话）　老年博览　老年知音　俪人·闺房	保健时报　北京晨报　北京日报　北京少年报　北京晚报　参考消息　大众健康报　当代家庭教育报　当代健康报　东方女报　读友报　读者报　二十一世纪学生英文报　法制晚报　讽刺与幽默　光明日报　环球时报　环球游报　家庭百科报　家庭保健报　家庭教育报　家庭医生报　家庭与生活报　健康报　健康导报　健康导报　健康人报　健康生活报　健康时报　健康之友　健康周报　健康咨询报　教师报　教育导报　今晚报　京华时报　经济日报　科技日报　科技信息报　科学导报　劳动报　老年康乐报　老年生活报　老年周报　联合时报　旅游时报　旅游新报　每日新报　农民日报　青年报　青年参考　求知报　人民日报　上海科技报　上海译报　少年百科知识报　少年儿童故事报　少年科普报　少年日报　少年时代报　少年智力开发报　社会科学报　生活报　生活晨报　生活日报

续表

期刊	报纸
留学生 旅游 旅游天地 漫画大王 漫画世界 漫画王 美食与美酒 美文 名汇 名师教英语 名言警句 名作欣赏 农家女 农民之友 女刊·瘦美人 女性天地 女友 奇趣百科 气象知识 汽车知识 汽车族 青年博览 青年与社会 秋光·长寿生活 求知 求知导刊 人间 人文杂志 日语学习 少年科普世界 少年时代 少年月刊 少先队员 生活与健康 石油知识 时代英语 时尚健康 时尚小健康 世界博览 世界电影 世界儿童 世界建筑 世界军事 世界知识 世界知识画报 视野 思维与智慧 探索奥秘 探索发现 体育博览 天天爱科学 天天爱英语 童话世界 外国文学动态研究 晚晴 晚霞 文化月刊 文史天地 文史杂志 文史知识 文物天地 文学自由谈 我和宝贝 我们爱科学 喜剧世界 现代妇女·爱尚 现代物理知识 小百科 小聪仔 小哥白尼 小学英语大眼界 校园英语 笑话与漫画 新东方英语 新天地 新闻与写作 新闻知识 新一代 休闲读品 学前教育 学生之友 养生保健指南 咬文嚼字 医药食疗保健 译林 意林 意林绘英语 意林文汇 音乐爱好者 音乐天地 饮食保健 饮食与健康 英语 英语大王 英语广场 英语画刊 英语角 英语教师 英语街 英语沙龙 英语世界 英语文摘 英语学习 英语周报·大学版 优仕生活 优雅 幽默·格言·故事 幽默儿童文学 幽默讽刺 幽默故事 幽默与笑话 幼儿故事大王 幼儿教育导读 幼儿园 娱乐周刊 语数外教学 语文建设 语文世界 阅读与作文（英语） 知识就是力量 智慧东方 中国教师 中国老年 中国少年儿童 中国童话故事 中外群众体育信息 中外少年 中外童话画刊 中外文化交流 中外烟茶酒 中小学外语教学 中学生 中学生英语·外语教学与研究 作品与争鸣	生活晚报 生活与健康报 生活周刊 时代英语报 网络世界 未来导报 文化参考报·娱周刊 文化快报 文化艺术报 文化艺术报 文化艺术报 文汇报 文汇读书周报 文学报 文艺报 现代保健报 现代家庭报 现代教育报 现代女报 消费日报 小学生报 小学生辅导报（英语） 小学生世界 新民晚报 新女报 新知讯报 学生英语报 学生周报 学习报（英语） 学习周报（小学英语） 学英语 养生参考 音乐生活报 英语辅导报 英语学习辅导报 英语周报 语言文字报 语言文字周报 育才报（学英语） 长寿养生报 知识博览报 中国电影报 中国儿童报 中国家庭报 中国教师报 中国教育报 中国科学报 中国老年报 中国旅游报 中国青年报 中国少年报 中国少年英语报 中国社会科学报 中国体育报 中国文化报 中国信息报 中国艺术报 中国中学生报 中华读书报 中老年时报 中学生报 中学生学习报（英语周刊） 周末报 综艺报

科研之道首在得法（代跋）

《外语小科研入门》付梓在即，先生嘱我为跋。身为弟子，诚惶诚恐，思虑再三，拟以读后心得代跋，从入门之策、为文之法与治学之道三方面谈谈感想，以供读者参阅。

入门之策

此书旨在为初涉学坛者提供入门指导，因而力求以小见大，由浅入深，以达循序渐进的效果。

所谓以小见大，即对象小、格局大。对象小则门槛低，易于新手入门，格局大则视野宽，便于提升层次。以此为导向，全书把小文章、小译文、小课题作为起点，兼涉选题构思、设目列纲、谋篇布局、缀文成章、选译发表、立项结题等诸多方面。书中选例多为报章期刊小文，力求展示如何从小处着手，进行科研训练。如《葡萄与葡萄干：各有其味》即源自作者的阅读感悟，挥笔成文，提出文化出版应采取变通方式满足读者多元需求（详见例18）。倘若更进一步，或可生发出新问题：中国文化外译应如何满足国外读者的多元需求？将其细化，即可产生系列大论文与大课题。

所谓由浅入深，即对小问题作大思考。"浅"，取"日常习见"之意，即科研可发端于日常生活感悟，可源自教学读书点滴；"深"，意为运用学术眼光，对直接经验作深入剖析，进而形成独到见解。如作者在湖北恩施听到当地民歌《六口茶》，心生灵感，写出了《小句全译语气转化研析》与《汉译：捕捉原作的生命气息》两篇万字长文，并以"文学汉译生命气息研究"为题申报了教育部项目（详见例29）。可见，以小见大、由浅入深，自能循序渐进，窥得科研之门径。

为文之法

窥得科研门径，尚需"写"出所思所想，方能与同行交流。如何写，即是为文之法。本书谋篇，于布局与用例中见宏观与微观建构，足能说明如何为文。

宏观布局，其特点在范畴化。综观之，全书由概说篇、选题篇、写作篇、翻译篇、课题篇、成果篇六部分组构而成。其中，概说为全书之引，选题是科研之始，论文写作、翻译成文、立项结题是科研之主体，成果发表为研究之终，如此则先后有序。写作以研究为基础，研究靠写作来呈现，二者互为表里，写作之重要性不言而喻，故而该部分约占全书总篇幅二分之一强，如此则详略得当。细察之，每部分结合具体内容，根据特点、来源、层次、类型、过程、方式、策略等子范畴分成若干小类，每个小类细化为若干小点，每个小点以理论阐释辅以例证分析，分步展开。由是，全书以范畴分类为经，理例互证为纬，首尾相连，主次分明，环环相扣，层层推进，实为作文著书可鉴之法。

微观用例，其特点在选例少而精，析例细而深。全书共用

96 例，其中 23 个选自作者本人的论文。例析均结合案例特点，分别从选题特色、题文呼应、标题拟定、内容选取、结构布局、语言表述等角度细细剖析。析他人之例，力求扬其所长，补其所短；析自己之例，力图展现成文过程，反思不足之处。例如阐明谋篇过程之时，作者先以阅读例 43 的所感所想说明如何从他人文章立题，次以表格形式归纳出各要点，再由要点拟出纲目，最后细化成《文化输出需大力提倡变译》一文（例 44）。而后，基于例 44，分析成文修改过程。两例前后贯通，形成"立题→抓点→构架→成形→改定"的逻辑链条，既为理论阐释提供了支撑，亦现身说法，向我们展示了如何由他人的思想读出自己的"私"想，从而提供了渐入学术佳境的为文之法。

治学之道

入学术佳境，更需求得治学之道，方能走得长远。

黄师忠廉受业于汉语语言学大家邢福义先生。邢先生治学倡导务实之风，主张扎根语言事实，遵循观察充分、描写充分、解释充分三原则，从实例事例中发现问题，于研察剖析中提出理论。忠廉师笃行此道，将研究根植于语言与翻译事实的泥土，凡有所论必自现实问题而出，孜孜矻矻，终得累累硕果。反思像我这样的晚生后辈，甫一入门，便忙于理论阅读，以致对现实问题与语言事实的敏感度日渐下降。究其根，在于我们缺乏由事实而问题，由问题而理论的学术训练。《外语小科研入门》之功就在于将此治学之道普及开来。我们倘能籍此寻得为学的本真，达致精神的丰裕与学术的圆满，则善莫大焉。

"世间百诱，只怕心恒定；为学万端，莫若善求师"（李宇明语）。我负笈南下，从师求学，已近两载，虽经恩师耳提面命，所学仍不及十一。《外语小科研入门》是忠廉师专门为学生开设的导读课，从中我们获益良多。相信伴随此书出版，将有更多青年学子受惠于先生所倡导的科研之法。

以上数语是我修读此门课程与研读此书后的心得体会，权作跋！

杨荣广
2017年春
于白云山下